文化史的追寻

以近世中国为视域

黄兴涛 著

中国人民大学出版社

· 北京 ·

圆明园四十景图之曲院风荷（局部），清宫廷画师沈源、唐岱绘

圆明园四十景图之夹镜鸣琴（局部），清宫廷画师沈源、唐岱绘

自　序

　　自踏入历史学门槛以来，我一直都在追寻所谓"文化史"。1998 年，我受命编辑第一本学术自选集时，便欣然题名为"文化史的视野"。就个人而言，我从未经历过什么"文化转向"，文化史之于我，始终只是一个专门方向、一种研究视角而已，它的必要性和重要性，从来没有超过"社会史"，也丝毫不优越于"经济史"和"政治史"。如果说有什么不同的话，那就是性之所近，"文化史"好像更为有趣，对我更有吸引力罢了。

　　但有一种转向——所谓"语言学转向"，我则似乎有所经历。

　　大约是受到郭沫若、陈旭麓先生的影响，我较早就对研究近代中国的新名词问题发生兴趣，并试图去揭示其整体的思想文化史蕴涵。为此，从 20 世纪 90 年代开始，我就陆续搜集了一些有关的资料。1997 年，意大利汉学家马西尼《现代汉语词汇的形成》一书出版，使我深受触动。我在根据积累的资料对其成果进行评介的同时，也正式展开了自己有关的专题研讨。2000 年，我所申请的国家社会科学基金项目《近代中国新名词的形成、传播与学术文化的现代转型》得到批准，从此，我就与有关近代中国新名词的思想文化史研究结下了不解之缘。而语言的社会文化史意义究竟如何认知与把握，历史学者为何要研究新名词、又如何才能使其研究体现出有别于语言学的历史学学科特色和认知优势，也随之成为了困扰自己十余年的理论和方法问题。为了回答这些问题，我不得不进而去思考"文化史"和"思想史"本身，于是又逐渐接触到西方的"新文化史"，以及与之紧密相连的"话语分析"、"概念史"等等"新"事物。可以说，我这方面的理论兴趣逐渐增强，某种程度上也是迫不得已。起初，它与哲学意义的"语言学转换"，只是一种形式上的偶合。

2003 年至 2004 年，我有机会到美国访学，仍带着上述问题去进一步找寻理论资源和研究参照。在那里，我强烈感受到"文化史"的热度，尤其是"新文化史"的时髦情形，这与当时国内史学界"社会史"一头独大的绝对强势，构成明显的反差。尽管"文化史"或"社会史"都只不过是一种名义，在这些名义下所从事的研究各不相同、且相互交叉，但对于我这个多少有些"文化史"情结的人来说，目睹西方在"文化史"名义下的有关研究正如火如荼地开展，还是激发出一点上进的信心，并因此增进了追寻文化史的热肠。

在美国，我接触到德国学者柯史莱克（Reinhart Koselleck）等所开创的"概念史"，这是当时美国"新文化史"正受欢迎的重要研究取向和方法之一。①"概念史"的路径很符合新名词研究的需要和自己的口味，于是很自然地被我所吸纳。本书所收入的关于清末民初现代"文明"、"文化"概念的形成及其历史运用，以及作为淫秽含义使用的"黄色"概念在中国形成的两篇论文，就是这方面较为自觉的尝试。此外，我还讨论了"概念史"视野与深化五四研究的关系等问题。但愿这些探讨，对于丰富戊戌思潮和五四新文化运动的认知，对于理解近代中西文化的关系及传统文化的命运，能够有一点切实的启发。近年来，我这一类的研究相对较多，一般都与近代中国新名词的总体探讨联系在一起，我的方法是：将新名词作为词汇、概念和话语的结构性整体来加以综合考察。

正是从近代中国新名词和重要概念的研究着眼，我对葛兆光先生所倡导

---

① 1994 年，在英语世界很有影响的《文化史主要倾向》（*Main Trends in Cultural History*：*Ten Essays*，edited by Willem Melching and Wyger Velema. Amsterdam，1994）一书，一共收集十篇论文，其中有关概念史的就占了三篇，并以柯史莱克的概念史论文开篇，由此可见一斑。

的"一般思想史"表示认同，并作出自己的一点理解和发挥。我曾经认为并还愿继续强调，"现代意义的'政治'、'经济'、'文化'和'社会'概念的形成、流行，以及它们彼此之间关系的认知，特别是对其关系的唯物主义理解，乃是中国人思想方式和价值观念近代变革的基本内容之一，或者说是中国近现代'一般思想史'的基础部分"（见本书《"概念史"视野与五四研究》）。不知这样的认识，能否得到更多人的理解和认可？"一般思想史"的核心理念，是关注思想、概念与社会互动的社会化维度，这其实也是"新文化史"的重要旨趣。而"概念史"的进路，恰具有一种融合思想文化史和社会史的积极功能。不过我并不迷信柯史莱克乃至剑桥学派斯金纳等人关于"概念史"研究的那些个性化做法。我有着自己的取舍。

对于"概念史"以外的其他"新文化史"的各种取向（参见《文化史研究的再出发》等文的讨论），我也多有认同之处。比如，其强调"实践"的文化认知取向，在我看来就有可能成为文化史乃至整个历史学走向新的高度的一个阶梯。至于有些"新文化史"学者过强过偏的"建构"论或"解构"论趣味，我则宁愿加以抵制。读者从本书关于文化史研究或"话语"分析的几篇讨论中，当不难有所体察。

我喜欢传统文化史那种宏阔的视野，那种"纵横联系"的努力，那种对文艺风格、学术特征的综合透视与时代精神的立体把握，也认定适度的"因果关系"之分析不仅必要，而且可能。在这方面，布克哈特的《意大利文艺复兴时期的文化》、赫伊津哈的《中世纪之秋》这两部经典的传统文化史巨著至今仍深得许多学者厚爱，可谓引人深思。① 事实上，从某种意义上说，横向"联系"和纵向"延续"，正是"历史"的一种神髓。如果一味让"离散"和

---

① 这两部经典文化史著作，当然也有自身的缺陷和不足，参见彼得·伯克著，蔡玉辉译：《什么是文化史》，22～25 页，北京，北京大学出版社，2009。值得注意的是，它们之中也并非没有与所谓"新文化史"相通的方法与特点。如对文学史料的重视，对某些心态因素的关切等等。以赫伊津哈的《中世纪之秋》为例，它就注意揭示"衰落感"、对死亡的恐惧等当时的文化心态一类问题。2003 年至2004 年，笔者在哈佛访学期间，荷兰莱顿大学的 Willem Otterspeer 教授专门在哈佛大学历史系开一门关于赫伊津哈文化史的"seminar"，就题为"Johan Huizinga：The Varieties of Cultural History"。他强调赫伊津哈文化史研究内容的丰富多彩，所使用方法的多种多样，并将其与"新文化史"多方对比。

"中断"的偏执主宰和固化史家的思路，历史学这门学科可以不必存在，甚至中文里"历史"这个构词，也将难以成立。

本书所涉及的鼎盛时期圆明园的园林文化特征，晚清山西寿阳祁氏家族的文化趣味与贡献，以及对乾隆朝《噗咕唎国译语》的编撰的考察等，大体都属于这一类看起来比较"传统"的研究。另外，我还热衷于学术史和新知识传播史的探讨，这也是传统文化史的重要领域之一。不过，本书却没有收录这方面的论文，它们将另外结集出版。

我对所谓新、旧文化史，宁取一种"调和"的态度，因此课题的选择和讨论的路径，可能是"新"的，也可能是"旧"的，更多的时候，则恐怕是新旧杂糅。我希望未来文化史的理想形态，是实现新、旧文化史的双向"互补"，或者高调一点说，是实现某种意义上的"双重超越"。在目前，这当然还只能算是一种美好的愿望。此一重任，只有盼望那些更有条件的同道，去努力完成。

在《文化史何为？一种研究省思》和《文化史研究的再出发》两文中，我大体阐述了自己对于文化史的基本认知和理解。这里不必重复，我只想对前一文中所提到的"文化史事件"问题，再作一点补充。在我看来，"文化史事件"当具有两个基本特征，一是它的存在不局限在语言、思想、学术、文艺、教育、宗教等个别具体的文化门类之内，而是具有着多门类的跨越性，也就是说，它不仅仅是一个"教育史事件"，或者"文学史事件"、"艺术史事件"而已。与此相关，它的影响和作用也能体现出某种文化的综合性、持续性，蕴藏着值得深究回味的独特的"文化史意义"。二是它的发生，往往不是一次性完成，常常要经过一段较长的时间和过程，其文化史意义，有的甚至还需要经过后来人文学者的反思性参与，才能得到彰显。以此相观，像本书中所涉及的现代"文明"、"文化"概念在中国知识精英界的基本形成，像"黄色"一词现代淫秽含义的确立与最早流行等等，或许都可以称得上是某种类型的"文化史事件"了。

对于"文化史事件"究竟如何进行叙事呢？这是一个见仁见智、因人而异的问题。我以为有两个"结合"原则，或许应该得到重视：一是史家应借助多种类型的文化史料、力求逼真再现事件的主要实相，与调动自己知识储备、主动而有节制地诠释其内外"意义"相结合；一是史家应自觉呈现事件中的多种竞争性势力、观念乃至声音彼此博弈的动态过程，并将其与对该事件最终结局的社会成因分析和文化反思相结合。如果"文化史事件"的叙事，总是"胜利者"喇叭的传声筒，或仅是其胜方所持逻辑之单向推演，那将势必在丧失历史复杂性的同时，也失却对于历史和文化的双重反思性。

　　笔者在本书中，曾披露和解读五四运动前一天罗家伦上书北大校方、赶保守派文化人辜鸿铭下讲台的故事。这件事虽谈不上是"文化史事件"，但由于它与五四新文化运动的特殊关联，也不乏值得品味的文化意义。它让我们反思在重大的文化运动中，政治态度与文化选择的密切关联，反思思想倾向、文化选择截然对立的人们，究竟应该如何相处。原来，大义与私意、高尚与卑琐，在历史的运动中有时竟可能是那么复杂地交织在一起。笔者对有关档案的解读，不仅是要揭示一个久藏的秘密、还历史以真相，尚有意解读文化运动在舞台占领和资源争夺、思想竞争和人格较量等许多方面留给后人长久的思考。

　　历史中的各式"认同"，是现今"新文化史"喜欢处理的综合性"实践"问题，也是我近年来比较关注的问题。"认同"中自然有思想指导和选择，有形势和利害分析，也体现为一种内在的情感和精神归属、一种心理和态度趋向，同时还承受着历史和现实的各种制约，存在不得不接受的"处境"。在本书中，我专门讨论了清朝满人的"中国认同"问题，这主要是针对美国活跃的"新清史"的问题意识而作出的某种回应。对于清朝的满人来说，"中国认同"是政治表现，也是文化选择，有国内民族因素的作用，也有近代国际政治的背景，其本身还经历过一个历史演变的过程。这样的问题，传统文化史的研究较为忽略，其实很重要。但笔者的"认同"考察，并不像有的新文化史学者那样，一味沉醉到"解构"的偏执兴趣之中，而是以揭示历史的真相、化解时新的偏谬之见为根本目标。

　　在我自身的文化史追寻中，西方的"新文化史"的确成为一种动力，不过我也深知彼此之间的距离。比如"新文化史"推崇一种超越"民族主义"

的"全球史"关怀，而我在论述问题的过程中，虽努力扩大眼界，在需要的问题上力图具备一点"全球"的视野和普世的情怀，但有些时候，恐怕还是无法摆脱那种本民族深藏的"情结"。这是自己感到无奈并愿意反省的。

本书所寻绎的"文化史"，既有理论方法层面的理解和认知，也有对一些具体问题的研讨。书中那些具体研究，可以说都程度不同地体现了自己目前文化史认知的某些方面和志趣，却又还远非其直接和全面的实践。这一点，实受到自身能力、论文选题与材料，乃至本书容量的多重限制，也应该加以说明。

最后，我还要对引领我进入文化史研究之门的恩师龚书铎先生表示由衷的感谢，多年来，他为指导我们这些弟子付出了许多心血。同时，我还要感谢本书的责任编辑王琬莹，她为本书校正了不少错漏文字。

黄兴涛
2011 年 3 月 7 日
于中国人民大学清史研究所

目　录

一、文化史何为？一种研究省思^①

谈到"文化史研究"，首先要涉及对"文化史"的理解问题。20 世纪 80 年代以来，中国文化史特别是近代中国文化史的研究一直在持续进行，甚至某种程度上还可以称得上繁荣，但该领域的研究者们对于文化史的理论反思，却是始终不足的，即便与国内学界社会史的理论探讨相比，也要远为逊色。80 年代之初，周谷城前辈提倡"草鞋没样，边打边像"，建议文化史的研究者们先按照各自的理解去埋头著述，暂不要过多地去进行理论方面的讨论。这一做法在当时也许存在某种必要性，但由此导致的对于文化史学理论的忽略及其认知的局限性，如今已是越来越成为制约文化史研究进一步深化的重要因素了。

整体性强调与"以文化解释文化"之策略

这些年，国内学界专门探讨文化史理论的论著极少。在笔者所见到的为数不多的专论中，常金仓先生的《穷变通久：文化史学的理论与实践》一书，

---

① 　此文原载《史学史研究》，2007（3）。当时题为《文化史研究的省思》，收入本书时改为此题，同时略作几处文字的改动，文中的标题也是新加。

值得一提。该书作者不满于国内的许多研究停留在文化人物和事件的描述、评判水平，以及对文化各门类的拼盘组合层次之现状，极力强调文化本身及其研究的统一性和整体性，这对于现今的文化史研究来说，不无针砭意义。在这方面，他主要是继承和发挥了日本文化史家石田一良的某些观点。

石田一良指出："对文化史学的最大误解，是将'文化'视为相对于政治及经济的，有关宗教、学术、艺术等的狭义的文化现象，从而把'文化史'看作部分地或综合地记述该类历史的一种特殊史。"① 常金仓加以发挥道："历史学家之所以采取文化史的研究策略，正是要把人类的全部历史当作文化加以整体的考察，正是这个整体性才能克服旧式叙事史的个别性和独特性，从而发现文化发展的一般原理。政治、经济、宗教、哲学、风俗习惯、伦理道德、文学艺术、学术思想都是文化的表现形式，如果把他们割裂开来分别研究，犹如将一个人肢解以后再去研究他的各种生理活动一样。"②

基于此种认识，常氏还明确声称，文化史学的任务就是要超越"处于事件、人物水平上的最肤浅、最粗糙的历史学"层次，而须把"全部注意力集中在由事件人物表现出来的各种文化现象上"，"文化史学家的第一件事就是从大量的事实中捕捉、发现、确定文化现象"，然后加以阐释解析。至于采用何种研究方法可行，他则诉之于所谓的"以文化解释文化"的策略，也就是"把一种文化现象分解为若干相对单纯的文化要素"，再努力去揭示这些要素之间的"组合方式"。在他看来，"文化只有靠它自身才能得到令人满意的解释"，借助于自然环境等文化以外的因素来解释文化，都是无济于事的。③ 此种观点，受到了怀特《文化的科学——人类与文明研究》一书某些说法的影响（怀特曾说："根据文化以解释文化不过是说，文化要素相互影响和相互作用而形成新的综合。"④）。同时，它与法国新一代年鉴学派的有关看法，也有

---

① 石田一良著，王勇译：《文化史学：理论和方法》，144 页，杭州，浙江人民出版社，1989。
② 常金仓：《穷变通久：文化史学的理论与实践》，39 页，沈阳，辽宁人民出版社，1998。
③ 参见上书，43～48 页。
④ L. A. 怀特著，沈原等译：《文化的科学——人类与文明研究》，193 页，济南，山东人民出版社，1988。

一致之处。在法国，新一代年鉴学派的代表人物们也认为，"不可能用文化层面以外的经验来推论解释文化实践"①。阿普尔比（J. Appleby）等著的《历史的真相》一书甚至认为，后现代主义的新文化史研究同样具有此类特点，并指出："后现代的解释理论并不止于强调文化产物的完整性，它们不允许任何人将文化与文化之外或之下的事物扯上关系。不论是将文化与自然环境还是物质条件联系起来讨论，他们都予以质疑。"② 可见，这种观点的确很有影响，值得深思。

常金仓等强调对文化因素予以整体性把握，笔者大体上予以认同，他主张以抓住带有多种文化因素整合而成的"文化现象"为深化文化史关键点的研究方法，笔者也深以为然。不过，他所理解的文化范围毕竟还是过宽了一些，因而对基于这种宽泛理解意义上的整体性的强调和"以文化解释文化"策略的固执和排他，也就多少显得有点偏执。

实际上，文化还是存在其自身界限的，政治、经济等现象在有的时候、一定程度上和一定范围内，的确可以被看作文化，但就其本质来说，它们仍然有着不同于文化的独特内涵。在笔者看来，"文化史"研究其实包含两个方面的含义，或者说它实际由两方面的内涵构成：首先，它意味着一种为了研究方便而作出的论域之相对设定，是要把历史上有别于政治和经济的文化之发展内容作为专门研究的整体对象；其次，它也是一种方法、一种视角，它要求从文化的角度来发现、分析和认知社会历史问题。但它并不把一切社会历史现象都当作纯粹的文化现象，而是认定一切社会历史现象中，都含有程度不同的文化因素（如社会心理、政治态度和经济思想等）。揭示这些文化因素的独特存在形式和活动方式，其内在的互动形态、整体结构及其外发的社会功能，我以为就是文化史的研究任务。以上两方面的内涵，常常要被人看作相互矛盾，其实不然，它们在根本上相互统一。那种认为文

---

① Roger Chartier：*Intellectual History or Sociocultural History？The French Trajectories*，转见阿普尔比等著，刘北成、薛绚译：《历史的真相》，第 6 章中"文化史的兴起"一节，202 页，北京，中央编译出版社，1999。

② 同上书，204 页。

化无所不包的论调无疑是荒唐的。同样，无论何种形式的"文化决定论"，也诚如秦晖所言，可能终究是贫困的。但文化因素及其功能的广泛存在和渗透却不容否认和忽略，这也正是文化史学科所以需要和能够存在的根本理由。

文化史研究的三个层面及其深度追求

依笔者之见，"文化史"的内涵决定了文化史研究大体可由以下三个层面组成：一是相对单纯的文化人物和事件、各文化分支门类自身一般状况的研究，这是综合度相对较低的层面，但却是进一步深化研究的基础。二是常金仓所说的带有多种文化因素整合而成的"文化现象"的发现和阐释，即从各文化因素和门类的相互联系的视野中，找出一些有意义的、相通相贯的文化共像和问题出来，加以解析。其主要任务是揭示文化内部各因素的关系实态。由于其所涉范围、所跨越的时段、所包括的内涵的深度和重要性有别，"文化现象"本身也有不同层面之分。如果研究者不具备广博的知识储备和把握文化整体的能力，甭说解析，即便发现与提出有价值的文化现象与问题来，也将是困难的。三是文化与社会政治、经济等的互动关系的研究层面。这一般要体现到对具体的文化现象和问题的解析中去，但其最高境界，往往表现为对文化时代精神的揭示及其文化社会功能的把握上。它从方法上根本突破了"以文化解释文化"的局限。但这种研究弄不好容易庸俗化、简单化，其等而下之，就是以前许多文化史著前面"政治经济背景"的那种僵硬、割裂式铺陈，所谓"高处不胜寒"正是此意。

在第三个层面上，我们可以听听欧洲当代"新文化史"的杰出代表、剑桥大学文化史教授彼得·伯克（Peter Burke）的有关告诫，他强调不能"简单地用社会的文化史来替代文化的社会史，我们需要同时带着这两种观念进行研究，当然，这可能很难。换言之，能够从辩证的角度考察文化与社会之间的关系，把双方都看成积极的和消极的、决定的和被决定的伙伴，这是最有益的"①。伯克并不把文化单纯看作第二性的被决定的东西，也不提文化的"反作用"，而是认为文化也可以决定社会政治经济，到底谁决定谁，要视具体情况而定。这与唯物史观有别。但他强调新文化史研究不能忽视文化与社会双向互动的历史关系，对于我们却不无启发。就此而言，那种将"新文化史"径直地称为"社会（的）文化史"的做法，可能也是片面和不太准确的，因为它忽略了其中"文化的社会史"的另一个重要取向。如果说"社会的文化史"取向，更注重解释文化现象形成的社会因素；那么"文化的社会史"取向，则更关注揭示思想观念、文化价值的社会化过程、对社会的渗透和影响。这样看来，"文化的社会史"取向不仅不能被取代，倒很可能还是更体现文化史研究特色的所在，不过，其难度显然也更大。以上两种研究取向的具体实践，或可以拿人们经常引用的美国汉学家艾尔曼关于清代经学的研究和杜赞奇在探讨华北农村时力图揭示的"权力的文化网络"形态作为代表。

2001年，笔者曾参加刘志琴、李长莉、左玉河等发起组织的"社会文化史"研讨会，在会上，我作了《也谈"社会文化史"》的发言，提出："社会和文化既不可分，历史更是一个整体。文化有其社会性，社会也含有文化质。……这样一种方法，如果要我来概括，或许可以用两句话来表述，那就是：（一）文化现象的社会考察或探究；（二）社会生活的文化提炼或抽象。"我还强调，这种新的研究方法，"不同于以前流行的那种由学术、教育、习俗、道德、文学等固定板块所构成的带上层精英倾向、分割拼盘倾向、干巴枯燥倾向、片面简单倾向的'旧文化史'（姑且如此称之，未必切当）"。并认定，从已有的研究实践来看，"无论是在本质关怀，还是在基本思路和表述方式上，它都应当有助于真正有效地克服上述'旧文化史'的弊端"。从而表达了对"社会文化史"研究取向的热烈认同。不过那时，我还并没有明确意识到和强调"文化的社会史"这一重要的取向。对于所谓传统的"旧文化史"

① 彼得·伯克著，姚朋等译，刘北成校：《历史学与社会理论》，155页，上海，上海人民出版社，2001。

的心态，也并不是很健全。①

当然，以上三个层面乃是相对的划分，它们彼此之间是交相互渗的关系，其中，后两个层面又往往凝聚着文化史研究的深度追求。换言之，在笔者看来，体现文化史研究的深度和特色的内容，主要是对两种历史"关系"实态的揭示：一则是文化内部各门类和各因素之间互动的关系形态，如语言、宗教、文艺、道德、学术等门类之间，精英文化与大众文化、区域文化和整体文化等类型之间的历史关系；二则是文化与外部社会政治、经济因素的互动关系形态，也即文化的"受动"与"能动"关系，其中，它或许又应以研究文化作用于他者的"能动"关系为主（社会史也要处理这两种关系，但其侧重点应该与此正好相反）。这两种"关系史"的有机组合形态，就构成了一般文化史的主体与核心。

也就是说，作为历史研究者，你在自己所研讨的问题中包含的文化内部各因素及其文化与外部政治经济等因素之间的关系形态的内容越丰富，你所揭示的这些关系形态的内涵越深刻、精彩和微妙，那么你的研究成果的文化史的味道与色彩就愈显浓重，也就越发能体现出来一种文化史的独特追求。

"文化史事件"及其他

由于以上文化史研究三个层面的划分是相对的、互相渗透交叉的关系，所以它们在本质上并没有高下之分。换言之，每一个层面的研究，都可以从揭示文化因素之历史关系形态的多寡和深入程度上，来实现其不同的学术水准。比如，对大文化人梁启超的人物研究，就可以达到多领域多角度透视其言行、深度揭示其文化内涵及影响的更高境界。谁说只有湖湘、广东和江浙

---

① 以"新文化史"名家著称的彼得·伯克就并不完全排斥"旧文化史"。他强调：新文化史的研究路径"并非只是一种新的时髦，而不过是对缺点明显的早期模式的一种回应而已。并不是说所有的文化史家都应该随风跟从。可以肯定，历史风格的多样化并存，总比其中一种独占要好"（Peter Burke，*Varieties of Cultural History*，p. 198，Cornell University Press，1997）。

士人群体的互动才是文化现象，而梁启超的独特出现并产生巨大的文化影响不是文化现象呢？① 谁说只有"五四新文化运动"才算文化事件，而"她"字的发明、论争及其社会文化认同就不是文化事件呢？实际上，关键在于你采取何种研究路径，设定怎样的研究目标罢了。

最近，陈少明教授发表了一篇题为《什么是思想史事件》② 的文章，读后很受启发。其实，我们也可以相应提出一个"文化史事件"的概念。那些具有重要的文化史影响的事件当然是"文化史事件"，而那些当时其影响不大，或影响还没有显示出来，但其本身却具有超越文化各个具体的分支门类，而蕴涵综合性的"文化意义"，且这种意义随着时间的流逝和新的社会文化情境的出现而逐渐清晰的那些事件，也未尝不可说是"文化史事件"。

在前不久中国人民大学举办的一个新史学讲座中，笔者就曾称"她"字的发明、论争、早期传播和最终流行为中国近代的一个"文化史事件"。因为它的诞生和流行，不仅是一种关系语法、词汇的语言变革，也涉及社会性别意识问题，并成为新的现代性别观念的重要载体，此外，它还是影响了现代中国文学主题书写的新的文学关键词，它的传播和早期社会化，不仅构成了五四新文化运动的有机组成部分，还曾激发国人对个人与国家关系乃至国家性质新的想象和认知，并在普遍用来代称祖国的过程中通过与传统"儿不嫌母丑"的孝亲意识相结合，为现代中国人民族主义的强化，提供了新的理性资源和情感动力，等等。其中，现代性问题和跨文化交流互动的问题深刻地蕴涵于其中，从而赋予其丰富的"文化意义"，并因此成为关注"多种文化因素之间及其与社会之间彼此关系形态"的文化史研究之新的对象。

当然，既然是"事件"，就有一个如何叙述的问题，而"文化史事件"与"政治史事件"在叙述上究竟有何差别，怎样才能既吸收传统叙事的优点，又能显出其独具的特色，还能体现新时代文化史的时代精神，这都还需要进行

---

① 多年前，我将"文化怪杰"辜鸿铭作为一个"文化现象"来探讨，就是基于此种思路。参见黄兴涛：《文化怪杰辜鸿铭》，北京，中华书局，1995。

② 陈少明：《什么是思想史事件》，载《江苏社会科学》，2007（1）。

认真的摸索和探讨。①

揭示文化与社会的互动史，的确是目前文化史和社会史研究走向深化的重要途径。它有助于使社会史研究者更加重视思想文化的向度，避免简单僵硬的政治经济解释和缺乏灵智的结构分析，增强思想的穿透力和精神的感受力②；同时也可使文化史研究者尽可能免除空洞化和表面化。比如，关于近代中国同乡观念的研究，就是一个很值得从文化与社会互动的角度去进行开掘的重要的文化史课题，它既有中国特色，又有时代特点。在笔者的《近代中国思想文化史研究》的课堂上，它已经被讨论多年了。几年前，唐仕春在李长莉研究员的指导下曾完成《北洋时期在京同乡会馆的请托与受托——以广东会馆为中心》的硕士论文，相当成功。该文虽是从社会史角度做的，但其关于北京的广东会馆在北洋时期新的环境下社会功能的生动揭示，仍使我们清楚地看到了同乡观念作用于社会的新途径和新方式，读后深受启发。但如果从文化史的角度来研究整个近代中国同乡观念及其演变，它所揭示的内涵当然仍是不完整的。会馆之外，同乡观念还有其他载体，传播也还有其他渠道，作用方式还有其他种表现等等。此外，它本身的构成问题，与时代其他观念的关系等内容，也还需要深入探讨。笔者一直盼望能够见到这方面研究的高水准成果出现。

在进行文化史研究的过程中，关注上层与下层的相互沟通和流动的历史，应该引起更大的重视。如果说，有人强调在本质上，"社会文化史"应主要偏向所谓下层或大众文化的研究尚有其一定合理性，那么，"文化的社会史"则应更关注上层精英意识和精英文化。但在笔者看来，无论是"社会的文化史"还是"文化的社会史"研究取向，其实都应该是全社会各阶层文化的整体性研究。如果偏要强调下层研究的意义，也必须清楚地意识到，这只不过是在

---

① 参见黄兴涛：《"她"字的故事：女性新代词符号的发明、论争与早期流播》，见杨念群主编：《新史学》，第一卷，115～164页，北京，中华书局，2007。（后此文扩展为一部书，《"她"字的文化史：女性新代词的发明与认同研究》，福州，福建教育出版社，2009。在"文化史事件"的叙事上，有所尝试。——作者新注）

② 此句文字较最初发表在《史学史研究》时，有所调整。

目前下层社会和文化研究还十分不足的情况下的一种暂时的策略而已。要进行包括两种取向在内的文化史研究，即使从策略上讲，现在更为迫切的，或者说更具有方法论意义的，也仍该是那些直接以上下层文化沟通为目标的研究实践。以笔者自己正在进行的"现代中华民族观念认同"研究为例，它究竟是怎样由典型的精英观念转化为普通民众的社会文化意识的？这个问题就极其重要，而笔者至今仍没有能力很好地完成它。

　　至于地域文化史和跨地域文化史的关系，应注重地域性的流动和整体性的渗透之互动研究，也可以作如是观。

二、文化史研究的再出发^①

　　20 世纪 80 年代初，重新恢复学术活力的中国大陆史学界，接续民国时期的史学传统，几乎同时复兴社会史和文化史两股研究潮流。尽管这两个领域里的研究都取得了不少创造性的成果，且彼此之间也一直在不断地互动着，但相比之下，无论是在新颖程度、理论自觉还是学术声势和对外交流等方面，社会史研究或者说在"社会史"旗号下所进行的研究，似乎都要略胜一筹。不过，三十年河东，三十年河西。当新世纪之交，社会史已然成为中国史学研究的明显主流，传统文化史研究者备感彷徨的时候，从西方却又逐渐响亮地传来了一股强劲的、以"新文化史"为符号的时髦浪潮。这对于中国既存的社会史和传统文化史研究来说，究竟意味着什么，稍具敏感的学者都不会完全无动于衷。

　　在西方，"新文化史"大体酝酿于 20 世纪 70 年代，80 年代时已颇具声势。1989 年，美国史学家林·亨特（Lynn Hunt）等人已正式揭起"新文化史"（New Cultural History）的大旗。即便从 80 年代算起，欧美新文化史的

————————————

　　① 本文原为《新史学》第三卷《文化史研究的再出发》一书序言（北京，中华书局，2009）。曾部分刊载于《中国图书评论》，2009（12）。

发展也已有了三十多年的历史。近十年来，对于西方的"新文化史"，海峡两岸都陆续有学者进行专题研究、介绍和评论。尤其是近五年，它更是引起国内历史学者越来越多的关注。① 如今在国内，专门从事文化史研究的青年学人，完全不知道"新文化史"者，大概已经不多见了。

就起源来说，西方"新文化史"乃是对传统"新史学"即社会经济史等的典范研究力图超越的结果。其核心特点，或许可从几个方面来加以把握：首先，在理论上，它对机械唯物论过于夸大经济的功能强烈反对，极力强调文化在历史进程中所富有的主动性及其普遍、重大和微妙的作用，甚至认为文化也能决定政治和经济。这同整个西方社会科学界的"文化转向"、"文化研究"广泛兴起与发展的走势是相一致的。其次，在内容上，它注重社会性的心态透视、语言功能、话语分析和"政治文化"研究；重视对文化象征与符号史（文化认同史），社会性别和医疗文化等与"身体"有关的历史，以及大众文化和边缘文化等的研究。再次，在方法上，它热衷于文化叙事，俗称"讲故事"，强调史学的"文学性"，对史料的运用也因此更加多样化；同时轻视宏大叙事，讲求微观史；对现代性知识、观念、思想取怀疑的态度，重视对其形成过程的呈现，从而表现出一种后现代思潮的明显影响。

这样的概括是否准确，当然还可以进一步讨论。因为西方"新文化史"也在不断发展和自我调整过程中，不仅其有关学者的"声称"与"实践"存在着矛盾，不同学者之间也存在着分歧。在近年来有关"新文化史"的评介文章里，我们也可看到不少关于其不足和偏向的担忧与批评，比如，有人认为它过于夸大文化的范围与功能，仿佛能无限上纲地以文化解释一切；有人批评它过分张大历史学的"文学性"一面，不免有"蹈虚"和"自乱"之嫌；还有人批评其有关知识的政治权力分析已成固套，乃至诠释过度化，想象泛滥化，隐喻和象征性分析的无节制，对微观、边缘、下层的过分兴趣，以及

---

① 参见陈恒、耿相新主编：《新史学》第四卷《新文化史》专号。其中收有台湾卢建荣《新文化史的学术性格及其在台湾的发展》和蒋竹山《"文化转向"的转向或超越?》等文。国内更早的介绍者还有杨豫、周兵等。特别是周兵的研究较为系统深入。除了发表系列论文外，他还完成了以此为题的博士论文《西方新文化史研究》。近年来，王笛、张仲民等人也有专题论文，而张仲民讨论尤多。

解构倾向的玩世不恭等等。应该说，在具体实践过程中，这些问题的确都不同程度地存在着，值得我们在借鉴的同时，也加以认真的反省。

事实上，无论是就实际成果还是研究方法而言，"新文化史"对于中国史学界来说都不是全新的东西。早在80年代中期以后，其有关内容和具体研究就在人类学、社会史和文化研究等的名义下，零星不断地进入中国，刺激和影响着中国的历史研究。只不过那时的介绍还缺乏鲜明的"文化史"整合性，其代表性译著也翻译得不多，自然还难以引起对文化史研究方法论的更多思考。今天，当中国史学界有过几十年文化史和社会史研究的丰厚实践之后，再面对西方"新文化史"的规模性、整体性引进，应该说已逐渐具备了较充分的学术条件，可以更为从容、理性地对之加以选择。比如，在精英与大众，区域与整体，中心与边缘，宏大叙事与微观深描，历史文本的真实性与"文学性"，乃至现代性观念和后现代思想等等之间，我们的研究实未尝不可努力从方法论上，去更为自觉地寻找某种合适的平衡点，而不至于一定要走到非此即彼、无法融合的偏颇境地。

在这方面，我们能从韦伯那里获得的智慧，可能远比当今那些正时髦的思想家们多得多。在这位平实而深刻的"现代性"理论家和学术大师的著作里，你能不断感受到博大而"中庸"的思想魅力，还可以获得文化史研究丰富的实践启迪。韦伯当然需要反思，特别是他所代表的"欧洲中心论"的文化潜意识。但同时我们也应看到，许多人类学家（如格尔茨）、"文化研究"学者甚至反现代思想家都声称受到他思想与学术的重要影响。这绝非偶然。在韦伯的著作和思想里，现代性已经孕育着可贵的反思因素，显示出一定的内在张力。他的"平正通达"，也诱导我们能够更为理性地看待各种"文化史"，无论是"新"的，还是"旧"的。

有鉴于此，笔者以为，在目前的情况下，将西方的"新文化史"与国内外传统的文化史、思想史和社会史等全部资源作为基础，本着一种继承、融会、有所反省和超越的前瞻性精神，去不断进行新的多样化的文化史研究之具体实践，或许才是最为明智的态度，这也可视为我们新阶段文化史研究再出发的一个基点。下面，笔者谨围绕这一基点，从几个方面对《新史学》第三卷所涉及的一些具体研究，作一述评，并借此表明自己对于再出发的文化史研究应具品格的一些相关认识。诚请读者诸君不吝指教。

观念的"社会"化把握与"概念史"实践

文化作为一种联动整体和历史存在，并不能按它自身的结构形态去孤立地进行所谓内在的认知和把握，它既以一种"社会"化的方式生存与运行，就必须以一种"社会"化的方式来加以观察和探讨。因此，文化史研究要揭示的，就不仅是文化与社会政治经济等之间的互动关系形态，还包括文化内部各门类、各领域之间通过何种社会机制互相影响的过程与内容。

关注文化与社会之间的互动，可谓新时期历史研究的显著特征之一。但无论是从文化的角度去把握社会，还是从社会的角度去认知文化，都难以截然两分。英国新文化史家彼得·伯克就强调，不能"简单地用社会的文化史来替代文化的社会史，我们需要同时带着这两种观念进行研究，这可能很难"[1]。笔者对伯克此言曾加以发挥，认为流行的所谓"社会文化史"的提法，似尚不足以概括新文化史的整体路径，它同时还应包括"文化社会史"这另一重要的面向在内。这是否意味着有关文化和社会的历史关系形态之研究，还可以依据上述两种不同的侧重点，去继续作"社会文化史"和"文化社会史"的细分和归类呢？从逻辑上讲，的确可以如此。[2] 但在实际的研究中，这样的划分是否有其必要，笔者如今也是甚表怀疑。它们事实上本来就是一体的。

在构成文化的诸多因素中，带有不同程度价值倾向的基本观念，无疑属于其基础的部分。各种象征、隐喻、想象、仪式和心态等文化现象的深处，往往积淀的仍然是价值观念的东西。惟其如此，那位被公认为美国新文化史

---

① 彼得·伯克著，姚鹏等译，刘北成校：《历史学与社会理论》，155 页。

② 参见黄兴涛：《文化史研究的省思》。

杰出代表的达恩顿（Robert Darnton），宁愿把自己视为"一位观念的社会史家"，也就并不足怪。在《屠猫记：法国文化史钩沉》和《启蒙运动的生意：〈百科全书〉的出版史》等杰作中，达恩顿式的文化史既注重从文本了解观念，也重视"理解围绕它们所出现的所有的经济和社会利益"。在他看来，倘若能将它们彼此间"融合在一起"，其结果就会生成他所谓"观念的社会史"（Social History of Ideas）。在这种历史中，"观念不会被视作不过是漂浮在空气之中，与社会实在脱离开来"①。

这种注重社会化了的观念和观念社会化过程的文化史，很容易认同一种"概念史"的研究方法。因为要认知观念与社会的互动，尤其是要了解观念社会化的过程，显然无法忽略语言这一中介的重要作用——也就是必须去了解构成观念或思想的关键词语、核心概念和概念群的形成、演变与具体运用的历史。"概念史"研究兴起的缘由，端在于是。它实际上是对传统思想史和社会史双重反思的产物。

早在20世纪60年代，以柯史莱克为代表的德国学者，就已逐渐发展出一个较为成熟的"概念史"学派。他们最初正是不满意于传统思想史和德国"精神史"只重视精英观念及其经典文本考察的不足，才转而致力于去探究那些影响民众的社会和政治"基本概念"的形成、内涵演变、实际运用及其社会文化功能问题的。当然，这同时也意味着他们对当时所盛行的那种一味注重经济和制度分析的社会史——那种忽略思想观念独特作用及其方式的社会史——同样感到不满。这就不难理解何以科塞雷克等人起初要将概念史研究视为社会史的"新开展"，而把社会变迁与概念演变的历史关联作为探索的学术重点了。当语言学转向进一步强化和文化研究潮流兴起之后，"概念史"这一研究路径更由此获得了新的知识动力，且被人明确地归属到"文化史"的名下。同时或稍后，它遭遇到解构主义等后现代观念的挑战，在彼此的互动中，有的又复强化了"话语"分析等新成分，其对概念模糊性的认知与强调，以及使用者的动机和政治策略等内容的把握，在原有的基础上，又进一步打

① 玛丽亚·露西娅·帕拉蕾斯-伯克编，彭刚译：《新史学：自白与对话》，208、216页，北京，北京大学出版社，2006。

上后现代的烙印。

目前，对于中国的新史学建设，无论是社会史还是文化史的发展来说，概念史研究的方法都有值得借鉴之处。孙江主编的《新史学》第二卷，曾从历史叙事方法的层面给予重视，而笔者主编的《新史学》第三卷，则明确从文化史研究的角度再继续加以推动。为此，这一卷特刊发了方维规、马钊等人的论文。

方维规曾在概念史发源地的德国留学多年，又长期致力于相关研究实践，他的《概念史研究方法要旨》一文，值得特别推荐。该文将兴起于德国的这一研究方法放在西方相关方法论的整体语境中予以讨论，简要地论述了其由来、基本思路、主要成就和最近动向。文章强调指出，历史沉淀于概念，通过对历史中那些政治和社会的"主导概念"或"基本概念"的形成、内涵演变、历史运用及其社会文化影响的分析，去揭示历史变迁的特征，乃是这一研究方法的基本出发点和主要特色所在。该文在介绍其西方发展的"最近动向"时，并不以某些后现代的偏颇进路，来模糊其基本追求，或许不无深意。在这篇文章中，作者还对"概念史"在国内被译为"历史文化语义学"提出疑问，并表达了自己的看法。这种较为专门系统评介西方概念史研究及其方法的论文，以前国内还不多见，对于刚刚踏入这一领域的年轻学子来说，应该不无有益的提示作用。

概念史虽内含融合观念与社会的认知导向，但要充分显示该方法的认知效果，仍有赖于研究者对概念与视角去作智慧的选择。在这方面，马钊的《女性与职业——近代中国"职业"概念的社会透视》一文，可谓匠心独运，称得上是这一类研究富有创意的新尝试。在此文中，作者有意识地将社会性别、政治经济和概念的研究结合起来，融合了"职业"作为词汇、概念和话语的三重视野，从女性近代命运的独特角度，探讨了现代"职业"概念在中国的形成，及其有别于传统"职业"概念的新内涵：如"去官僚化"，与现代工业经济相联系、包含不同的空间和时间意蕴，带有"生产性劳动"性质、最终其实被"工业化"所界定等等内容。该文还努力揭示了民国时期官方话语体系如何定义"职业"，哪些妇女的劳作类型可以算作"职业"，"职业"的定义和使用与 20 世纪初之后的社会思潮和政治运动是什么关系，围绕着"职业"的话语又如何影响和改变了人们对妇女的工作、生活和社会地位的理解，等等问题。在本文里，"职业"这个概念就像是一面聚焦镜，引导读者得以从一个别致而立体的角度，去生动地透视民国社会文化的一个横断面。

除上述两篇论文之外，《新史学》第三卷还刊载了黄兴涛的《新名词的政治文化史——康有为与日本新名词关系之研究》、余新忠的《防疫·卫生行政·身体控制——晚清清洁观念与行为的演变》等文。它们虽非严格意义上的概念史研究思路，但也都从各自的视角出发，涉及中国近代史上重要的概念、词汇、观念及其与社会、政治互动的关系问题，并具体表现出寻求创新的文化史追求。

黄文分析指出，戊戌时期康有为出于制造"变法"舆论的需要，在组织翻译日文资料的过程中，盲目生搬过近 400 个日本汉字名词，包括不少政法新名词，允称时人之最。这对于中国新文化资源的早期积累和跨文化交流，曾产生独特的影响。但康当时完全不懂日语，对自己曾经懵懂使用过的绝大多数日本名词，并不真正了解其含义。这又是他 20 世纪初年之后，能转而大骂梁启超，极端痛斥日本新名词的原因之一。值得关注而少有人注意的是，康氏本人对戊戌时代的关键词——一个后来被辜鸿铭痛诋为不合"改"字习惯构词法，并被湖北巡抚端方规定不准士子入卷的日本新名词"改良"——却情有独钟。康氏肯定是中国最早使用"改良"一词的思想家，也是戊戌时期最愿意使用且使用该词最多的人。他的这一语言行为，集中反映了其渴望变法的潜意识和独特的政治文化心理。文章还指出，当时，"改良"和"进化"、"进步"等带有认识论倾向的新词一并流通，于无形中还自然凸显了改革、变法的合理性与合法性，并同进化论取向的价值观之传播相得益彰。因此同"变法"一词相比，"改良"一词确实更好地体现了戊戌时代的文化精神。从这一角度看，将当时的康有为称为"改良"派首领，也很名副其实。至于"改良"一词出现与"革命"相对的贬义，那不过是五四以后政治思想的特殊产物。

与黄文关心新名词新概念的社会文化内涵和功能有别，余新忠更重视的是观念制度化的文化史面向。其《晚清清洁观念与行为的演变》一文，将"清洁"观念与行为放在中国近代防疫机制的建立过程中去考察，深入论述了其从传统走向"近代化"的过程、特点与后果，这种关切"清洁"价值观演变的社会实践向度的研究，对深化中国近代文化形成机制的理解，不无启发。作者强调，在晚清以前的中国，"清洁"既不是防疫的重要关注点，也不是国家和官府应尽的职责，更谈不上是一种公共议题和公共行为。它与防疫捆绑在一起，成为卫生行政事务，并被提高到关乎国家民族兴亡的崇高地位，乃是晚清才出现的历史现象，而这同时，也为国家借机加强对民财和身体的控制，创造了条件。余文并因此张出对于现代性的反思视角。

近些年，在国内医疗社会文化史的研究中，余新忠的贡献是有目共睹的。这一次，他的研究又有了新的推展。不过，"清洁"这一和日常生活密切相关的重要观念，其近代化的过程、内涵，实在太过丰富和复杂了，其研究难度和重要性恰成正比。笔者以为，在把握近代"清洁"观念和制度之间的互动环节时，像生理学、心理学、化学特别是近代医学等新知识发展之作用，也即近代"清洁"观念的新知识构成问题，似还可以引起更多重视。当时，人们对"清洁"与否以及"清洁重要与否"的看法，已受到这些新学科相关知识不容忽视的影响。像"微生物"、"细菌"、"病菌"、"流行病"和"传染病"，乃至"健康"、"环境"和作者已经研究过的"卫生"概念等的生成与知识传播，都与认知近代"清洁"观念和行为不能无关。我们甚至还可以发问，"清洁"是否已有具体指标和规定？在清末上海等城市管理中是否已现端倪？而要回答诸如此类的问题，关心"清洁"的平行概念、分支概念以及对立概念之间关系的概念史研究，或许可以大有作为。因此，从"概念史"提供的视域出发，我们对作者后续的探讨仍然保持期待。

知识的反思性考掘与信仰的本真性揭示

经历过社会史的洗礼、人类学的滋养，特别是后现代思潮冲击之后的文化史研究，其对于民众的精神和信仰世界，不会也不应该缺乏关注；而对于现代知识的形成与演变，更不能不保持一种自觉的反思精神。就知识的反思而言，对这些知识的原初状态、真实来源和转化情形等进行知识社会学的"考掘"，不仅是其前提，有时就是其本身。这同时还不得不涉及相关"文本"的分析问题。值得注意的是，《新史学》第三卷所刊载的几篇这方面的论文，即王道还的《〈天演论〉原著文本的来历及相关问题》、曹新宇的《异端的谱系：从传教士汉学到社会科学》、邱澎生的《清末两种"百科全书"中的经济和法律之学》，以及李淑珍的《见山不是山，见山又是山——论林语堂的二度改宗经验》等文，在主题的选择上，都有着较强的自觉性和代表性。

在中国近代思想文化史上，作为现代性核心理念的"进化论"知识在华传播，是以严复翻译《天演论》一书为真正起点的。但长期以来，关于这一翻译的许多"知识"和结论，乃至严复那近乎"神话"的西学水平，其实都并非不存在反思的余地。如今，关于进化论本身的反省，早已成为知识界的时髦，而对于中国人来说，这样的反思，或许正可以从澄清《天演论》内涵的真相入手。在这方面，王道还的《〈天演论〉原著文本的来历及相关问题》一文，给了我们一个惊喜。作者通过精读关键的英文原始文本和背景资料，告诉了我们一些新的知识。

王文研究指出，严复选择翻译赫胥黎之书，认定赫氏所谓伦理进化，即属于自然进化（治功，亦天演也），乃是根本误会或曲解了其"正文"（罗曼斯演说）的主旨。这一点与赫氏后来为该演说遭到批评后所作辩解而写的"导言"之"误导"有关，也是《易传》那难以抗拒的天人关系论"诱导"的结果。同时，作者还指出，严复对他极为推崇的斯宾塞的进化学说，其实也知之有限。他并不懂得"后天形质遗传说"（即"后天获得性遗传"学说）在斯宾塞进化论乃至整个"会通哲学"中的重要地位，以及该学说与"天择"论（即"自然选择"学说）之间的矛盾与张力，也不晓得赫胥黎对斯宾塞进化说的最大批评和不满处恰在于斯宾塞认同拉马克机制，即坚持"后天形质遗传说"一点。从内在逻辑去推论，达尔文的生物进化论强调"天择"，并没有给人留下太多后天努力的机会，倒是斯宾塞认同的"后天形质遗传说"，反而给"自强保种"论预留了更多合乎逻辑的空间，如此等等。这样看来，在近代中国启蒙史上发挥过令人景仰作用的严译《天演论》，其留给后人关于跨文化交流的反思内涵，当绝不应只限于单面，更不能一味陶醉和满足于思想史家史华茨那一反复为人喝彩过的问题意识：严复这位西方学徒是不是窥出了西方学人忽略的逻辑？

如果说王道还反思的是严复的"西学"，那么曹新宇《异端的谱系》一文所反思的，则是影响深远的马克斯·韦伯之"中学"，而且其知识反思的意识更加自觉，视野更广，力度也更大。

曹文认为，目前国内学术界对韦伯中国学说的批评，往往只是停留在对其"欧洲中心论"的口诛笔伐和对其具体"历史结论"的质疑上，而对于他的历史观却缺乏真正的关注。其后果是很少有人去历史地解读韦伯的"理念创造的世界图像"，并从谱系上去质询韦伯的"动力分析"模式。其实，韦伯关于中国文化和宗教的"理念"，不仅受他自身历史观的制约，也有其先入为主的知识来源，并未很好贯彻其价值中立、综合互动的社会科学研究方法。

在简明阐释韦伯历史观核心特征的基础上，曹文以他那部名作《儒教与道教》为主要分析文本，对其关于中国宗教文化的知识来源，作了专门而细致的考掘。作者有一个重要的发现，即韦伯关于中国宗教最核心的社会学类型分析，始终处在荷兰汉学家高延（J. J. M. de Groot）有关著作观点的阴影之下。论文并抓住高延及其19世纪的荷兰汉学传统，对《中国宗教与宗教迫害》等论著中有关中国宗教"异端"主题的论述方式、主要观点及其存在的问题，予以透视，指出其殖民主义文化心态、以基督教为中心和标准的认识论，以及受汉语水平的明显限制而导致的种种重要误解和认识不足。同时，作者还发掘出被人遗忘的清末驻意大利使臣钱恂曾上奏朝廷，请将高延著作译成汉文、逐条驳正，以澄清"儒教排教之非"的历史故事，进一步增强了讨论的张力。不惟如此，该文还讨论了诸如西方关于中国宗教名词术语系统难以准确对应翻译等持久困扰的问题。在笔者看来，无论是从学术抱负、问题意识还是具体论述来看，曹文在知识反思的文化史追求中，都不失为精彩的个案研究。

与王、曹二人相比，邱澎生反思知识的方式又有所不同。他探讨的直接就是清末知识分类或知识框架复杂变迁的历史问题。其《清末两种"百科全书"中的经济和法律之学》一文，强调"实用知识"传统在清代前后的延续过程，并关注此期国人以"百科全书"形式新编外来实用知识的文化实践。作者通过《洋务经济通考》和《普通百科新大辞典》中有关经济和法律知识的具体分析，呈现和阐释了其历史内涵。从中，我们既可看到传统知识架构如何接引西学新知，也可看到其自身如何因此而发生变化，以及最终其被新知识体系迅速取代的形态与特点。这种将知识框架和具体学科相结合的研究，或可略补单门学科史探讨之不足。

知识和信仰，本是相关而重要的文化范畴。当关乎精神的知识一旦变作常识、且于接受者已无须反思时，就容易转化成信念、甚至信仰。近些年来，史学界对于民间宗教信仰和作为地方基层社会信仰场域——庙宇的历史，及其社会经济和政治文化内涵等的相关研究，可谓相当重视；但对于精英个体信仰世界的探索，毋宁说反而多有轻忽。而笔者以为，深刻地了解那些非宗教专业人士、但又有着重要影响力的思想文化人物之信仰世界，洞悉其内在信仰逻辑和精神变化的历史，对于文化史研究来说，其意义绝非那些下层民间宗教的研究可以替代。在这方面，李淑珍的《见山不是山，见山又是山——论林语堂的二度改宗经验》一文，或许能给我们带来一些灵动的启示。

在近代中国，林语堂是一个跨东西两种文化、具有世界影响的大作家和文化人。他从基督徒而道家，再由道家而基督徒的信仰之旅，无疑蕴藏着深厚的人生经验和文化意蕴。在此文中，李氏追寻林语堂那"真诚的灵魂"探索安身立命之道的精神轨迹，分析了他每次改宗之时的时代环境、知识教养与个人性格的多重因缘，从中可见他信仰世界中科学与神学的冲突，帝国主义与民族主义的对抗，也得以证实其个人乐观天成的性格与加尔文派原罪意识之间持久的矛盾。然而，作者却并没有因为林氏灵魂的游荡，信仰的摇摆，而否认其精神整然存在的意义，反倒强调这种信仰的本真状态及其文化表达，又以一种自觉的生命智慧"赋予了此二重信仰、两种文化以新的内涵"。

透过李文这种潜游心灵的探讨，笔者相信，当精神世界和信仰问题真正成为文化史研究的深度对象时，其内在的反思性，也会不自觉地得到彰显。实际上，历史研究的本质就是不断反思性地再现过去。历史学对于过往一切的永无止境的反思性了解，正是它作为一门人文学科的深刻性取之不竭的源泉。

"人文"化的学术追寻与多学科的"问题"对话

对于人文取向的历史研究来说，过于夸大物质和经济的作用，而过分贬低精神和文化的功能，无论自觉或不自觉，都不免与自身的目标背道而驰。在西方，"新文化史"研究者们对于机械或庸俗唯物论，大多持一种严肃的反省态度。[①] 当然，文化决定论也是一种偏激的思想。重视文化和政治、经济之间的盘根错节的关系，关注其彼此间复杂多样的互动状态，强调从文化的视角和"主位"（而不是"客位"）出发来分析历史现象，可以说正是新阶段文化史研究的基本旨趣。

与此同时，在后现代思潮的冲击下，文化史家也不能不对往日那种迷信直线进化论，秉持僵硬结构主义的传统"社会科学"化方法保持一种适当的反省。在史料的认知与运用、文本的解读与分析等方面，可以采取一些更具人文性和更加多样化的方式，事实上已经逐渐成为新的共识。就此而论，各种带有人文性的思想资源（如话语分析、叙事主义等），不同程度地成为文化史研究可资借鉴的灵感来源，也是顺理成章的。在这方面，习惯于由人文精神出发和文化范畴着眼的"人类学"视野，或许仍应一如既往地得到文化史家们格外的看重。

---

① 如新文化史大将林·亨特便认为，"经济和社会的关系，并不优先于文化关系或决定文化关系；他们自身就是文化实践和文化生产的场域——不能以一种超文化的经验维度的方式去作推理性解释"（Lynn Hunt, "Introduction", *The New Cultural History*, p. 7, University of California Press, 1989）。

　　列维·斯特劳斯曾从"他者"的角度，谈及人类学与历史学的共同点。他认为人类学是以空间上的异乡为他者，历史学则是以时间上的别处为他者，而二者都是为了从另一个角度来观察自己。这段广为人知的哲言，至少给予历史学者两个方面的重要启示：一个是对"他者"的自觉。史家一方面需要将过去的历史当作陌生的"他者"来认知和对待，努力尊重其自身的内在逻辑和文化情境，真正敬畏历史。另一方面，也要主动加强对空间上"他者"文化的了解，以不断实现对于过去的"陌生化"和"再熟悉化"过程，从而有助于"将理所当然的东西视为问题"①去研究。二是在参与重建史实的过程中，当不断与历史进行审慎"对话"，通过加强自己多方面的知识积累，增强解释能力，以寻求历史对于今人之"意义"。实际上这两点，也正是多年来人类学家格尔茨和萨林斯等大受青睐，"深描"、"地方知识"、"文化阐释"和"文化叙事"等概念和方法深入人心，而象征、隐喻、想象、仪式、心态等精神界问题已经成为、还当继续成为文化史研究重要对象的主要原因之一。

　　近30年来，历史学和人类学之间的频繁交流，使得两个学科都大获裨益。在这一互动过程中，人类学家有时还表现得相当的积极和主动。就中国研究来说，这方面的典型，莫过于对中国"华南学派"产生直接影响的美国人类学家萧凤霞（她本人可说就是这一学派的核心人物之一）。而在中国人类学内部，关注两者间沟通与互动的学者也是代不乏人。《新史学》第三卷所刊王铭铭的《线条与结构，人物与境界——文明、历史形态与人生史》一文，便体现出这种学术自觉。该文抓住"历史与结构的关系"这一人类学命题，针对从列维·斯特劳斯"神话结构论"引申出来的萨林斯的"结构—历史论"进行反思，批评其赖以成立的"事件中心主义"历史观和机械的"社会科学"化结构转型论，认为其根本漠视了真正意义上的"人的历史"。作者借助人类学内外的各种思想资源，特别是中国传统的历史"兴衰"观念、杨联陞的"朝代竞争说"和冯友兰的人生境界说等，提出以一种"生命论"历史观为基础，去重建新的"结构—历史论"的主张。这种新的"结构—历史论"承认

---

　　①　彼得·伯克著，金建译，刘北成校：《历史学家、人类学家和象征》，见刘北成、陈新编：《史学理论读本》，304页，北京，北京大学出版社，2006。

历史有"结构"，但却认为这种结构以时间性的"历史线条"为主轴，并体现为把握这种"线条"的活生生的人对于历史的结构性影响。就像中国的历史"兴衰"论所表明的那样，治乱循环、朝代兴衰，不仅是后人对历史的解释，它也通过对"治者"观念的控制，而实际参与和影响了历史的演化。因此这种"结构—历史论"除了关切"历史的线条"外，还关心"人的传记"。

在王铭铭心中，他本是希望通过找到连接文明"大历史"和人物"小历史"之间的"生命"纽带，来为"历史人类学"寻找"新路"的。在人类学内部，此类思考究竟该作何评价，笔者不敢妄断，但它对于文化史研究确实有所启发。王文强调需对历史进行"生命化"的把握，认为文化就是各种人生观的价值体系，"史传合一"的传统应该得到真正发扬等等，这些都似乎在提示着人们，以一种"传记的深度"去重新研讨那些富有特色的文化人物，以及那些对文化发展产生过特殊影响的政治人物，也即从"人物"的角度去把握和揭示历史的文化内涵，是否也该成为新阶段文化史研究可以自觉尝试的一种有效途径呢？识者思之。

不过，文化史研究虽肩负着历史学"人文"化追求的重任，却远非历史研究的全部。那种把文化的范围和功能无限夸大的做法，也是欠妥的。事实上，要想真正研究好文化史的问题，不被"身在庐山"的文化自身所遮蔽，还必须有一种更为广阔的"社会"视野。① 从"社会"角度提出问题，多学科的学者共同参与对话、讨论，对于文化史研究提升实证性、思辨品质和研究深度，都大有助益。② 这样的问题可以是具体的，也可以是理论的。以"区域"问题为例，它当然是文化（史）的理论问题，但同时也是经济（史）、政治（史）、民族（史）等的理论问题。将这样的问题置于"文化（史）"之外更为广阔的视域里去自觉观察和思考，对于"区域观念或文化史"研究课题自身的问题定位，意义不言自明。《新史学》第三卷发表汪晖的《区域作为方法》一文，意图正在于此。

---

① ② 林·亨特等"新文化史"家反思性地提出"超越'文化转向'"，实际已部分触及这一问题。参见 *Beyond the Cultural Turn：New Directions in the Study of Society and Culture*，eds.，Victoria E. Bonnell & Lynn Hunt，1999。

　　汪文是他自己在参与发起的"区域、民族与中国历史叙述"研讨会上的发言文稿。该文就区域问题在文化史、经济史和民族史等多个领域的不同运用及其相关性，作了深入探讨，涉及区域的类型及构成要素，区域的中心——边缘及其相对化，引起区域变动的力量，文化风俗特别是政治文化等对于区域的意义，以及区域时空结构的差异性等多方面的内容。作者认为，已经成为史学主流方法的"区域研究"，无非包括两种类型：一是针对国家及行政区划而产生的区域主义叙述；一是针对民族国家和全球主义而产生的跨国性区域主义叙述。而无论何种区域性叙述，都存在着如下值得正视的认知现象，即"纵向时间"的区域把握，往往容易凸显区域的人格性主体或"代理人"意识；而"横向时间"的区域观察，则常常更关注区域关系的形成过程，把区域的流动性和重叠性等并置作为叙述的中心等。作者由此提醒今人："历史可以提供我们理解现实、构思未来的灵感，但历史同时也会限制我们对问题的思考。当我们运用传统概念表述区域等关系时，不能遗忘这类概念所负载的历史负担。"的确，我们为"明智"而研史，但又终究不能为历史所困，这里是否蕴藏着历史学人文追求的一种更高境界呢？

　　历史学"人文"化的自觉并不意味着可以弃掷"求真"的努力。毕竟，历史研究的反思性和人文意义都不能建立在"虚幻"的基础之上。笔者以为，通过对往事的"求真"以寻找"意义"，正是历史学独特的人文品格。无论史料文本可能带有多少"文学性"，也不管史家的求索存在多少无奈与困窘，其对有意义的"历史真相"倾力探索，并对真相的"历史意义"尽心揭示，恐都属于其不可推卸之职责，也未尝不是其无须沮丧之"宿命"。

　　对此，美国新文化史家戴维斯（N. Z. Davis）那本自称受到后现代史学鼻祖海登·怀特影响的《档案中的虚构》[①] 一书，可以给我们许多启示。这部志在打通文学与史学的"壁垒"、让人担心"事实和虚构"的界限将会因此变得更加模糊不清的研究尝试，恰恰从一个独特的方面，反而证明了史家多样的"求真"途径和认知潜能。戴维斯此书的研究对象，是司法档案中的法国16

---

　　① Natalie Zemon Davis，*Fiction in the Archives*：*Pardon Tales and their Tellers in Sixteenth-Century France*，Stanford University Press，1987.

世纪的赦罪"故事"及"故事"的讲述者。她为此查阅了大量的赦免状。其中那些作为档案的求赦书,"文学性"或"虚构性"是显而易见的,它们当然无法蒙住史家们锐利的眼睛,也绝不能作为求赦者所犯罪行真假有无之法律史研究的可靠佐证。但尽管如此,文本史料信息多维性的特点,仍然为史家提供了施展身手的空间。"虚构"的求赦书中同时存在着大量其他可供了解那个时代有用的历史信息。戴维斯本人在该书里,也正是由此探究并生动揭示了那些赦罪故事得以产生的文化"结构"和社会"脉络",并展现出国王规则主导下"官方文化"与"百姓文化"真实互动的历史场景。尽管她的有些文学化解读方法至今仍存争议,但可以说,作为一个文化史家的戴维斯还是有所斩获,并没有荒废"历史学家的技艺"。①

以寻求过去的"真相"和"意义"自任的文化史学,无疑需要从多学科知识的滋养和研讨碰撞中,汲取资源与力量。文化史家也只有不断保持对多学科知识的"开放",才有更多精彩"发现"的机会和深刻"呈现"的自由。而要做到这一点虽然很难,努力培养理论的敏感并积淀一些思辨的兴趣,或许不失为一条有效的自促之道。对于一个文化史家来说,出色的思想能力肯定是其借助"叙事"手法得以翱翔的另一只有力的翅膀。

以上,就是笔者对于《新史学》第三卷研究论文的简要述评。需要说明的是,上述所提到的这几种文化史研究取向,也即观念的"社会"化把握与概念史实践,知识的反思性考掘与信仰的本真性揭示,以及"人文"化的学术追寻与多学科的"问题"对话等,都只不过是笔者对本卷研究成果所体现出的文化史追求之一种理解而已。方兴未艾的文化史研究,岂能为此所囿?!其通向成功的多样化取径,正有待于学者们各自去探寻!

事实上,《新史学》第三卷所谓的文化史研究"再出发",也无非是对原

① 法国年鉴派史学大家布洛赫所谓的"历史学家的技艺",绝不只是"社会科学"的技巧和史学严谨的学科训练。他同时也呼吁历史学家应该"为了使历史学更富有人性而努力",强调对于优秀史家来说,"人,才是他追寻的目标",应该尽量做到诗意与学识、情感与理智的结合。只有这样,史学才能真正焕发出其"思接千载,视通万里,千姿百态,令人销魂","比其他科学更能激发人们的想象力"的学科魅力。这部回答"历史学有何用"的著作,值得每个文化史研究者认真研读。参见布洛赫著,张和声等译:《历史学家的技艺》,上海,上海社会科学院出版社,1992。

有的新旧认知与史学实践进行一种选择性"再认",主要还是想借此表明一种自觉推进和深化研究的创新愿望。我们所期待的,毋宁说是更多人参与其中的实实在在的多元文化史实践①,也就是具体而踏实,多彩而生动,博大而精深,充满探索和反思性,历尽艰辛、享受创造的文化史一轮又一轮的智海远航。

---

① 在这点上,新文化史家彼得·伯克已经作出了某种垂范和有益的提醒,他的代表作之一《文化史的多样态》的书名就体现了这一精神。他强调,在他看来,新文化史的研究进路当然是必要的,但它们也"并非只是一种新的时髦,而是对以往研究范式中显而易见的缺点所作出的回应。不是说所有的文化史研究者都要随风跟从——毫无疑问,多种风格的历史书写形式之共存,总比其中的一种独占和垄断要好。无论如何,对于因袭和传统智慧的反动,有时不免要被人拒之于千里之外"(Peter Burke, *Varieties of Cultural History*, p. 198, Cornell University Press, 1997)。

三、"话语"分析与中国近代思想
文化史研究^①

20 世纪 90 年代以来，随着后现代思潮的涌动，"话语"（discourse）已逐渐成为中国学界常用的概念。就笔者比较熟悉的中国近代思想文化史研究领域来说，以"话语"来指称、论述或分析某些过去我们习惯中以"概念"、"观念"、"思想"和"思潮"等来命名和思考的一些历史现象，甚至明确声称以话语理论来研究历史问题，也早已司空见惯。当然，"话语"的运用，绝不仅仅是"命名"的标新立异，往往包含特定的价值预设；在实际的"话语"研究中，也往往体现出对于历史现象不同的关照和认知视角，揭示出有别于以往我们所熟知的一些历史内容。自然，"话语"也给学界带来了一些疑惑和困扰。对于中国近代思想文化史研究来说，"话语"分析意味着什么实际上已经成为我们越来越不容回避的问题。

"话语"、"话语分析"的由来与内涵

"话语"一词的流行，源于人文社会科学领域里的"语言学转向"；事实

---

① 本文曾刊载于《历史研究》，2007（2）。文中小标题为收入本书时所加。

上，从一开始，它又超越了语言学本身。在传统语言学里，"话语"通常被视为一种规则明确、意涵清晰而确定的言说。在将语言学里的"话语"转换为人文社会科学特殊理论范畴的过程中，巴赫金（M. M. Bakhtin）贡献突出。在他看来，作为一种言说或"表述"的"话语"，是"活"的而不是"死"的，它的范围小到一个符号、一个词或单独一句话，大到一篇文章、一部作品（即文本），甚至无形的舆论等等，其真实含义都只能通过社会"交往"与"对话"实践才能获得："实际上，我们任何时候都不是在说话和听话，而是在听真实或虚假，善良或丑恶，重要或不重要，接受或不接受等等。话语永远都充满着意识形态或生活的内容和意义。"① 他强调，处于"对话"关系中的话语，"无不充盈着社会情态和意识形态内容，无不具有事件性、指向性、意愿性、评价性，并渗透着'对话的泛音'：与其说是话语的纯粹符号性在这一关系中重要，倒不如说是它的社会性重要……话语将是最敏感的社会变化的标志"②。这种注重语言在社会历史环境中的运用所产生的实际意义和功能之"话语"，由于其上述种种属性，特别是与"意识形态"不可分离的特性，而获得了进入更为广阔的社会历史范畴的可能与前景。

最终奠定流行性"话语"理论基础的当然是福柯（Michel Foucault）。他将"话语"定义为"隶属于同一的形成系统的陈述整体"。其所谓"临床治疗话语"、"经济话语"、"博物史话语"和"精神病学话语"等，都是在这种意义上使用"话语"的。③ 在福柯看来，每一种"话语"构成一个相对独立的"单位"，它具有特定的实践功能，而"话语实践"又通过话语对象、陈述、概念和策略等可供分析的"关系网络"在动态运行中反映出来。福柯将他的"话语（实践）分析"称为"知识考古学"，认为"话语实践"形成"知识"，"不具有确定的话语实践的知识是不存在的，而每一个话语实践都可以由它所

---

① 《巴赫金访谈录》，见钱中文等译：《巴赫金全集》，第5卷，416页，石家庄，河北教育出版社，1998。
② 巴赫金：《马克思主义与语言哲学》，见《巴赫金全集》，第2卷，359页。
③ 参见福柯著，谢强、马月译：《知识考古学》，136页，北京，三联书店，1998。

形成的知识来确定"①。

　　福柯界定的"话语"不仅反映和描述社会事物与社会关系，还"建构"（construct）社会事物与社会关系。在他那里，不同的话语以不同的方式"建构"着各种至关重要的事物（如精神疾病、艾滋病、性等），并将人们置于社会主体地位（如使之成为医生或病人、看守或囚犯等）。话语与权力之间是一种互相依赖、互相生产的关系。权力必须进入特定的话语并且受特定的话语控制才能发挥其力量，没有话语，权力就缺少运行的重要载体。因此，话语的运用作为权力的运作的一种形式，构成了人们社会历史实践的一个重要方面。一种历史表述，包括谁来表述，怎么表述，以及表述中的真与伪，等等，实际上已是经过具有约束性的话语规则选择和排斥以后的产物。从这个意义上看，话语分析其实成为一种或隐或显的权力关系分析。

　　福柯非常自觉地将他的"话语实践"即知识考古学的分析法与传统的"思想史"研究加以区别。在他看来，两者之间的区别至少表现在以下几个方面：1. 关于新事物的确定；2. 关于矛盾的分析；3. 关于比较的描述；4. 关于转换的测定。福柯认为，传统"思想史"研究对新旧事物的划分有着编年史总体化取向，往往根据话语事物出现时间的先后，来判断它们之间"同质化"、相似性的关系或"独特性"之处，借以作出价值分别，而不太考虑其话语系统自身的秩序与规则。而话语分析则认为"没有必要也不可能在那些可能是新和可能不是新的东西之间作区分"②，它不寻求所谓"绝对的起源"③；传统"思想史"总是致力于在它的研究对象中去寻求"内聚力的原则"、共同点和"一致性"，最终总把矛盾消解在某种"同一性"之中，而话语分析则以描述、再现"矛盾"和"差异"本身为使命，它"描述各种有争议的空间"，"不试图在矛盾中发现共同的形式或者主题，而是试图确定它们间离的尺度和形式"④；与此相联系，传统"思想史"的"比较描述"，最终总

------

① 福柯著，谢强、马月译：《知识考古学》，236 页。
② 同上书，185 页。
③ 同上书，187 页。
④ 同上书，196 页。

是要寻求不同话语间观念内容的一致性，而"考古学的比较不是用来缩减话语的多样性和勾画那个将话语总体化的一致性，它的目的是将它们的多样性分配在不同的形态中。考古学的比较不具有一致性的效果，而具有增多的效果"①。同时，这种比较也注意显示话语形成与各种非语言的"机构、政治事件、经济实践和经济过程"之间的社会历史关系网络，但其目的却不像传统思想史那样是要"揭示文化的长期的连续性或者区分出因果机械论"②。其实，福柯的话语分析并不绝对漠视连续性，在话语构型（discoursive formation）内的某些连续性有时他是不得不承认的。不过在分析"变化"和"转换"的时候，它更关注"突然的中断"、强调历史的歧路和岔口，挑战传统思想史研究中的"历史预定论和目的论"，他对"影响"、"传统"、"进化"、"因果"和"发展"这些概念的使用，也正因此保持警惕和反省。

福柯清楚地感到他的研究领域本来属于"尽人皆知的、长期以来一直被冠以'思想史'的空间"③，因此他才极其自觉地要努力说明两者之间的区别。然而，对福柯所阐述的上述与"思想史"研究的"立异"和区别，国内鲜有学者关注，这或许与福柯的有关陈述过于晦涩、含混、且彼此交叉重合、在实际的运用中又常常自我矛盾有关。

福柯的"话语"观和对"话语分析"的认识，在当代的各种话语理论中具有某种奠基性意义，但也只是一家之言。此外，像拉克劳（Ernesto Laclau）、诺曼·费尔克拉夫（Norman Fairclough）等人的理解，就与福柯存在不同程度的差别。④ 以费尔克拉夫为例，他就认为"话语"指的是对主题或者目标的谈论方式，包括口语、文字以及其他的表述方式。话语分析则必须

---

① 福柯著，谢强、马月译：《知识考古学》，205 页。

② 同上书，208～212 页。

③ 同上书，172 页。

④ 哥本哈根商学院的政治和哲学系教授安德森（N. Å. Andersen）曾摘录和简要概括拉克劳的话语特质：话语是一个由差异组成的结构整体，它是一种分节奏实践的结果。然而这一整体从未充分完成过。话语是一种从不曾实现的固化过程，它通过某一带有漂流关系的论域之内音节分明的发音而发生。参见 Niels Åkerstrøm Andersen, *Discoursive Analytical Strategies*, "Glossary", p. 1, The Policy Press, Bristol, UK. 2003.

是一种多向度的分析方法，即任何话语"事件"（即任何话语的实例）都应同时被看作一个文本实践、一个话语实践和一个社会实践的实例①，它必须包括三个向度的分析，即文本向度内部的语言分析；说明文本生产、流通和消费过程的话语实践向度的分析，以及将其置于一定的意识形态和政治权利关系中的社会实践向度的分析。特别是他把福柯所轻视的对实际文本的文本分析和语言分析，作为"话语分析"的重要内容来对待，并强调了描述文本与文本之间、文本与话语习俗之间的相互建构关系的所谓"互文性"研究之重要性。这种话语分析，大概不会得到福柯的认同，但对习惯于传统思想史研究的学者来说，面目已经不太可怖，而具有了较多的亲和性。

　　"话语"和"话语分析"是棘手的概念，这在很大程度上是由于存在着如此之多的相互冲突和重叠的定义，它们来自各种不同的理论和学科的立场。按照后现代主义的逻辑，由于谁也不宣称对"真理"的占有，故谁也都不能被简单"排除在合理性"之外，这就更增加了今人选择概括的难度。尽管如此，为便于讨论问题，我们仍不得不勉为其难地对流行的"话语分析"之基本特征进行一个自我判断（这显然有违后现代精神）。

　　首先，在笔者看来，"话语分析"的主流带有明显的后现代倾向，它把一切思想理论都"平等地"视为"论述"或"陈述"（一套说辞），把一切知识都一律地视为带有特定价值预设即主观性的"陈述整体"，否认所有被视为"真理"（或科学）的权威，并致力于淡化人们追求客观、确然真理的兴趣（其极端者如拉康（Jacques Lacan），干脆声言"真理来自误认"）。其次，它往往否认话语对象内涵的"实在性"或"确定性"，强调"话语"本身的所谓"不自明性"（一个模糊的、漂浮的"能指"）和"建构性"，重视揭露"话语"主体的言说或分析"策略"（Strategy，不同于探求"真相"的"Method"（方法））、政治动机、价值预设及其实践功能，致力于追究其"话语"在社会实践中的权力关系、传播和运作的社会化过程、作用方式和形态等。与此同时，由于它是一种习惯于质疑一个陈述或说辞背后的思想预设、具有自我反

---

　　① 参见诺曼·费尔克拉夫著，殷晓蓉译：《话语与社会变迁·导言》，4 页，北京，华夏出版社，2003。

思性和批判精神的研究路径，因而对于已有的各种权威解释和论断，它又通常具有某种解构性。第三，与上述强调话语内容的模糊性一点相关，它拒绝为其寻找历史上的相关物或相似物，拒绝进行"延续性"的探索和原有思想史常用的那种"影响"分析，也反对寻找与分析甚至同一"命题"下的各种话语之间内涵的同一性及其某些"实在"根据，表现出一种对"断裂"和"离散"的偏执。

如果再简单一点说（但愿不是化约），所谓"话语"，实际上指的乃是一些非"实在"而有价值倾向性和权力支配性的说辞，它有"建构"知识和现实的能力。而话语分析就是探讨这些说辞产生后人们怎样多方面地理解它、赋予它怎样多重含混的意义，在重重叠叠的言说实践中，又体现了怎样复杂的社会权力关系和让人意想不到的历史内涵和政治后果，等等。

对于主流的话语分析的特点进行如上概括，虽未必准确，却可为我们了解话语分析之于中国近代思想文化史研究的意义，作一种参照。如果严格衡诸上述概括，我们会发现，目前的中国近代思想文化史研究中，真正完全彻底以"话语分析"法来透视问题的，还不是很多，但吸收其部分内容、特点、受其影响的研究者却有越来越多之势。这也是本文关注这一问题的缘由之一。

引入中国近代史研究："话语"分析的积极面向

目前从事中国近代思想文化史研究的学者大约在两种意义上使用"话语"一词：常见的是将其视为一套"说辞"，一群围绕着某个主题或概念的表达、言说、论述和观念，这与前文概括的主流用法基本一致；另一种不太常见的使用，则大体相当于普通所言的"话题"。① 至于说到研究者对各自所执定的"话语"进行分析的方法或路径，则人用人殊，难以简单概括。简单断言使用

---

① 如杨念群的《从"五四"到"后五四"——知识群体中心话语的变迁与地方意识的兴起》一文中，就基本是在"话题"的意义上使用"话语"，见《杨念群自选集》，190～265 页，桂林，广西师范大学出版社，2000。

者对主流的"话语分析"或了解准确、或有所误会甚至加以滥用都是不太合适的,至少意义不大。因为他们在实际运用中作出各自的选择既属自然,也不乏正当性,何况目前还根本没有出现人们比较认同的有关权威定义呢。实际上,要回答话语分析的方法对中国近代思想文化史研究带来的影响,只能结合话语分析可能导致的某些整体或局部研究特点,以历史学家的实际理解和现实运用来进行判断。这也是本文宁愿使用"'话语'分析",而有意识地放弃"话语分析"的缘由。

"话语"分析对近代思想文化史研究的影响可以先从积极方面来看。

首先,"话语"分析重视话语实践的倾向,容易在所讨论的思想问题范围之内,导致将思想史和社会史自然紧密结合起来的思考和论述向度——即凸显思想观念的"社会性"和"社会化"的向度。当人们将某种思想主张、思潮视为"话语"来进行分析时,"话语"表达主体的意图、策略,其自身社会化的过程特别是注重承载它们的权力和制度性载体等问题,就会自然而然地成为我们要关注和揭示的内容,这种思维取径所带来的研究图景,与往日思想史研究中人们习惯将思想和社会分割处理,仅把社会政治状况作为理解和评价思想的背景来表述的旧有方式明显有别,从中可以使人们看到某些过去多少被忽视的思想与社会、价值与权力、范畴与制度之间的互动所造成的复杂历史关联。对观念、思想和学术的社会化过程尤其是其政治功能的重视,正是"话语"分析在近代思想文化史研究中产生积极作用的体现。

在这方面,美国汉学家艾尔曼(Benjamin A. Elman)的有关研究具有典型的先行性代表意义。艾尔曼是较早将"话语"理论有选择地明确运用于中国研究、并对中国学界产生较大影响的学者。在《从理学到朴学——中华帝国晚期思想与社会变化面面观》一书中,他借鉴库恩(Thomas Kuhn)的"范式"理论和福柯"在《知识考古学》中阐发的'话语'理论",将这两种不无矛盾的理论追求概念,按自己的需要"嫁接"在一起。他认为"考据学就是一种话语,一种学术性谱系和意义。……作为思想学术事件,实证性朴学话语特点的形成是基本学术观念变化的反映。后者同时还引发了对传统认知和理解的更重大的基本变革"①。艾尔曼把从理学到朴学的转换既看作一种儒学范式的转换，也视为一种儒学话语的转换——一种"从道德主义话语转向知识主义话语"、"追求客观性的思潮压倒内圣理想"的革命。由此出发，他揭示了朴学"话语"执著于"考据"和"实证"，重视知识的累积性和客观性，显出专业化和职业化等特征。认为在"话语"载体上，这种变化体现为"札记体"取代"语录体"成为时尚，在内容上体现为史学地位大幅上升，诸子学、算学、历学等开始复兴，在经学内部，则表现为"四书"地位降低，"五经"地位上扬等特点。他还把当时江南地区的出版业、藏书楼、书院、商业发展、官方与商人的学术赞助、学人之间的交流网络等因素，以及这些因素相互作用所形成的所谓"江南学术共同体"等内容纳入分析的视野，从而使其所谓"一种居主流地位的学术话语要为另一种所取代，取决于众多社会和学术因素的相互作用"②的断言，令人信服地落到了实处。

在《经学、政治和宗族——中华帝国晚期常州今文学派研究》一书中，艾尔曼的这种研究方法得到了进一步的强化。他称传统思想史研究为"哲学"式的观念史路数（重观念的"内在理路"），而把思想史和社会史、政治史糅合在一起的路数，归之为"（新）文化史"。③在国内学术界，如汪晖对今文经学和"科学话语共同体"的研究、杨念群对"儒学地域化的近代形态"的探讨等，都曾受到艾尔曼程度不同的影响。

艾尔曼通过"话语实践"的思路，将思想、学术与社会、政治关联起来，特别是那种把清代今文经学的兴起当作起点去研究、而不受其在晚清发展"后设"框定的探索路径等，无疑受到话语分析理论的积极影响，这是不可否认的。不过，他的研究虽志在打通"思想史"和"社会史"，其"思想观念"自身展开力度严重不足，这一点也无可讳言。艾尔曼的研究方法虽然有相当

① 艾尔曼著，赵刚译：《从理学到朴学——中华帝国晚期思想与社会变化面面观》，2页，南京，江苏人民出版社，1997。在注释中，艾尔曼本人注明，他对"话语"的了解除了来自福柯的《知识考古学》外，还有萨伊德的《东方主义》。

② 同上书，27页。

③ 参见艾尔曼著，赵刚译：《中国文化史的新方向：一些有待讨论的意见》（代中文版序），见《经学、政治和宗族——中华帝国晚期常州今文学派研究》，南京，江苏人民出版社，1998。

的影响，仍有可疑之处。由于他将话语分析的后现代根本倾向抛弃殆尽，不关心"话语"本身的模糊性及其功能变异，并且对作为话语的文本自身的透视也很忽略，有人因此称其研究为某种程度上"思想"缺位的思想史或文化史①，这似乎也非完全无的放矢。显然，艾尔曼对"话语"分析理论的运用，经过了他作为史学家的独特选择过程。

就艾尔曼对清代今文经学政治性的分析来说，他反对以晚清凸显的"改革"吁求去解说其最初开端时的主体意图，而以庄（存与）、刘（逢禄）两氏宗族与和珅的矛盾斗争，以及明末东林党人的斗争传统之影响与今文经提供的"褒贬"空间等来解释这种政治性，确实令人耳目一新②，不过，他基本没有在二人经学文本所提供的思想性上大做文章，因而无法通过其思想的丰富性来揭示其政治性的深刻方面。相比之下，将艾尔曼"经学与政治"关系的视野进一步扩展的汪晖，显然做得要更好。汪晖注意到今文经学将制度、法律和皇权问题置于思考中心的文本特点，发现了庄、刘之学"理论的系统性"，强调初期的今文经学"利用了清代儒学的反理学倾向，把一种有关道德关系的思考转化成为一种有关王朝合法性的政治理论，其中最为重要的部分即今文经师对于康、雍、乾三世以来所确立的内外关系和秩序的思考和批评"③。汪晖关于庄、刘二氏公羊学与广义上的"王朝合法性"关系的细致分析，无疑使早期今文经学政治思想功能的研究得以深化。实际上，这种从王朝统治各方面的合法性、正当性论证的角度来透视初期公羊学的政治思想意义，也更能显示话语分析方法的思想力度。当然，至于政治性是否属于今文经学唯一重要而又最具时代性的特质，早期这种重在阐释"统治合法性"和

---

① 张旭曙提到有人认为艾尔曼所呈现的是"没有思想的思想史"，参见《思想史与社会史的沟通与整合》，载《中华文化论坛》，2002（1）。

② 其创见中似也存在疑问，如2006年8月24日在中国人民大学清史研究所主办的"西学与清代文化"国际学术研讨会上，王俊义教授提交《庄存与复兴今文经学起因于"与和珅对立"说辨析》一文，就提出证据，论证了庄存与同和珅之间并无值得一提的矛盾，"对立"说难以成立。这虽然还值得继续讨论，但也从一个侧面说明，"政治性"的解释如果只局限于狭义的实际政治矛盾和斗争仍是不够的。

③ 汪晖：《中国现代思想的兴起》第二部《帝国与国家》，520～521页，北京，三联书店，2004。

中后期重在呼吁"改革、变法"的政治性之间，联系又在哪里等，也还有进一步探讨的必要。

近期出版的《现代中国思想的兴起》一书同样是汪晖运用此种话语分析方法的厚重成果。其中《科学话语共同体》一卷，把近代中国"科学"观念的兴起与文化渗透，制度化、权威化过程，传播主体（自然科学家、认同并信奉"科学"的人文知识分子）利用各种途径对它的宣传，统统视为"科学话语共同体"的组成部分，并对之进行了一种全方位的透彻分析，展示了科学观念和科学体制如何重构了中国的思想图景，以及科学世界观与现代社会之间的历史关系网络。我们从中不仅可以看到有关科学话语是如何渗透到道德、语言、文学艺术、人生观、宇宙观、教育、政治之中的思想逻辑、历史过程，也可以看到对科学的反思性批评者未能摆脱科学话语制约的复杂情形。正如汪晖所指出的，这并不是哪个单一性地方社会特有的现象，而是一个国际性的事件，它的形成与近代科学作为一种普遍知识的霸权有着密切关系。可以说，这一研究有力地增强了对近代科学观念在中国的社会立体存在状态和功能的认知。不过，尽管汪晖对现代性的科学观念保持了反思态度，却也没有简单认同福柯知识系谱学的后现代倾向。比如，他通过吴稚晖等人思想的分析，就在传统理学和中国反传统的现代科学话语之间，找到了一种断裂表象之下微妙而深刻的历史延续性（他称吴稚晖的思想为"新理学"）；在作为传统"帝国"和现代"民族国家"之间，他也同样发现并揭示了其深刻的历史连续性。

相对而言，艾尔曼和汪晖的研究，一则侧重思想的社会处境，一则偏重社会的思想网络，各有特点，但其共同之处乃是对思想和社会关系紧密结合这一论述向度的重视，这在一定程度上皆可归功于话语分析所提供的思考方式的某种影响。

其次，话语分析突出语言的特殊意义、思想政治功能，进一步强化了思想史研究对关键词、重要命题和概念的敏感和重视向度。具体到近代中国思想文化史研究来说，则促进了一些学者注重揭示一些近代新名词、新概念的思想意义，社会化的政治、文化认同史及其功能之研究兴趣。这一语言向度的深入掘进，对中国、西方和日本之间的跨文化交流，对传统与现代之间的复杂关系及二分法本身，都增加了更为丰富的认知层次，尽管研究者的具体方法和对后现代取向的态度可能有着很大不同。

在这方面，西方学者爱德华·萨伊德（Edward W. Said）的《东方主义》（或译为《东方学》）对西方"东方"概念的"殖民话语"分析，产生了较为直接的影响。刘禾抱负很高的有关"跨语际实践"的近代中国思想史研究，就部分地基于对萨伊德"理论旅行"学说的反思。在《语际书写——现代思想史写作批判纲要》和《跨语际实践》两书中，刘禾认为不同文化中概念与概念、语言与语言之间的"互译性"是历史地"建构"起来的，一种理论从一种语言区传播到另一种语言区，首先遭遇到的就是基于"不自明"的语言之间转换中必然要发生"创造"的问题，它并非只是基于即时的社会、经济和政治等外在原因而产生"变异"。因此，她把东西方语言之间这种词汇、概念和观念的接触与互动所引发的问题本身作为研究的重点，以此寻求"思想史写作的新框架"（见该书李陀序）。刘禾的确是敏锐的，从她对清末民初中国"个人主义"话语的运行及其如何在"民族国家理论"创造过程中扮演"关键而暧昧"角色的新颖论述中，从她把"中国国民性"话语作为一个知识范畴而对它的"历史面貌"本身及其现代功能的独特阐述中，我们都能够看到以往中国近代思想史中一些被忽视的内涵，至少它提供了刺激研究者活跃思路的新视角。

陈建华对"革命话语"在中国兴起及其早期扩散的探索，则受到刘禾的直接影响，可以称之为"革命话语的跨语际实践"分析。他考察了"革命"这一概念内涵在古老的传统、近代西方和日本之间流动互激的丰富社会历史内涵，特别指出了极力反对政治革命、作为"改良派"代表的梁启超，却偏偏成为了"革命话语"大功臣这一被人忽视的事实：他经由日本转口而来的那种革命的"大变革"含义及其迅速传播，在中国"革命话语"兴起过程中发挥了特殊而重要的作用。此外，他还揭示了"革命"话语与孙中山的关系，以及这一话语如何进入文学领域等问题。用他自己的话说，就是从语言角度对现代革命的起源及其相关问题进行诠释，"以揭示中国革命经验的某种本质"。这对今人理解革命观念为什么能在现代中国产生深刻而持续的影响，是不无助益的。①

本来，福柯的话语分析特别强调话语"起源"的相对性，并不看重"起源"问题本身。但由于话语分析又重视凸显"话语"内涵前后的变化、歧异，因而一般又都很注重对特定话语、概念、命题形成、早期演化的过程揭示，这种概念、观念起源和过程研究的学术积累，对丰富近代中国思想文化史的研究之价值是显而易见的。刘禾在概括其"跨语际实践"的研究特点时，就曾指出："跨语际实践的研究重心并不是技术意义上的翻译，而是翻译的历史条件，以及由不同语言间最初的接触而引发的话语实践。总体而言，我所要考察的是新词语、新意思和新话语兴起、代谢，并在本国语言中获得合法性的过程。"② 此外，冯客对近代中国"种族"话语的历时性研究③，程美宝对"广东文化"命题的形成与国家认同关系的过程研究④，金观涛和刘青峰关于"民主"、"社会"和"公理"等概念流通与传统思维方式和价值观念关系的思想史研究⑤，笔者对"中华民族"观念认同和清末民初新名词新概念的"现代性"和思想史意义的探讨⑥等等，也都不同程度地体现了上述特点。其中，有些研究者（包括笔者）对后现代倾向明显保持了警觉的反思和距离，但似乎也不能说完全没有受到话语分析直接或间接的影响。

第三，话语分析对近代中国思想文化史研究产生的积极效应，还表现在

① 参见陈建华：《"革命"的现代性：中国现代革命话语考论》，上海，上海古籍出版社，2000。

② 刘禾：《语际书写》，35页，上海，上海三联书店，1999。

③ 参见冯客著，杨立华译：《近代中国之种族观念》，南京，江苏人民出版社，1999，尤其是该书的"前言"。此书原题为 *The Discourse of Race in Modern China*，译为《近代中国的种族话语》，似更体现原作本义。

④ 参见程美宝：《地域文化与国家认同——晚清以来"广东文化"观的形成》，载《中国社会科学季刊》（香港），1998年夏季卷。

⑤ 参见金观涛、刘青峰《天理、公理和真理——中国文化"合理性"论证及"正当性"标准的思想史研究》（载《中国文化研究所学报》，2001（10））等文。

⑥ 参见黄兴涛：《近代中国新名词的思想史意义发微——兼谈对于"一般思想史"之认识》，载《开放时代》，2003（3）；《清末民初新名词新概念的"现代性"问题——兼谈"思想现代性"与现代"社会"概念的中国认同》，载《天津社会科学》，2005（4）。

研究者已开始将以往对重要的思想文化事件和现象的那些历史阐述本身作为探索和反思对象，也就是把历史书写和历史本身结合在一起进行双重性透视。从短期看，这可能造成了某种程度的认识混乱，但从长远看，它要求学者在"去熟悉化"的创新过程中，消解对权威解释的盲从和迷信，增加分析问题的视角和层次，这无疑对深化近代中国思想文化史研究还是很有裨益的。

在这方面，相关论著不少。其中，关于五四运动的话语分析式研究似乎最为活跃，当然这与"五四"自身丰富的历史内涵有关。随着话语理论的进入，一些研究者开始以此前研究"五四"的文本为分析对象，力图呈现出不同时期"五四"话语之间的冲突与纠葛，并揭示出其后的社会背景、权力控制以及知识分子对自身角色和功能在现代社会里重新定位的思考，借以追问近现代以来知识分子如此沉迷于"五四"的深层原因。港台和海外的有关论述暂不提及（如顾昕、黄克武等），大陆地区对五四运动明确作出较正式的话语分析专题论述的，就有洪晓楠、欧阳哲生和杨念群等人。[①] 以杨念群为例，他将五四叙事区分为"政治取向的历史诠释派"、"文化取向的启蒙诠释派"和"折中取向的多元诠释派"三种话语分析类型，认为它们都采取了一种整体主义的"同质性"把握方式，没有考虑到五四时期那个历史阶段知识群体的"中心话语"其实经历过一个从"国家"到"文化"再到"社会"的复杂演变过程，这种分析不无新意。[②] 虽然，他这里对"话语"概念的使用如前所述，主要是在"话题"意义上。笔者最近研究现代"社会"观念在中国兴起

————————————

① 他们中许多人都认为五四运动的历史诠释存在着三种不同的"五四"话语系统：唯物史观派（或称马克思主义派）作为主流意识形态的"五四"革命的强势话语系统，自由主义西化派有关"五四"启蒙的渐进的弱势话语系统，文化保守主义派构建的反"五四"话语系统。但无论哪种话语系统，都不是凝固不变的，而是动态发展变化的。这三派文化哲学家们建构的"五四"新文化运动的话语深刻影响了20世纪中国文化哲学思潮的发展。（参见洪晓楠：《五四运动的历史诠释与话语重构》，载《中共济南市委党校学报》，2000（1））欧阳哲生的说法与此相似。（参见《被解释的传统——五四话语在现代中国》，见《现代中国》，武汉，湖北教育出版社，2001）有关这方面更为丰富的内容，可见中国人民大学清史研究所刘焕性的硕士论文《五四的重构》（2003年5月）。杨念群的三种话语说不直接以政治思想派别来划分，参见正文中所引内容。

② 参见杨念群：《从"五四"到"后五四"——知识群体中心话语的变迁与地方意识的兴起》，见《杨念群自选集》，190～259页。

的问题时，重新阅读了不少五四时期的历史资料，也觉得至少五四运动前后，的确存在一个知识精英的中心话题从"文化"向"社会"转移的现象，并且这一现象最初与狭义"文化"概念的出现几乎同时。①

杜赞奇（Prasenjit Duara）和程美宝的有关探索，也都带有双重反省近代中国思想文化史及其研究现状的性质。前者强调现代民族国家观念对近代中国历史乃至古代中国历史书写的消极制约，致力于"拯救"那些被这一观念"污染"或"掩盖"的历史部分，已为很多人所熟知②；后者则从"不同社会势力文化取向的表达和政治对话的需要"的角度，有深度地说明了近百年来"广东文化"观念的形成过程，为目前反省地域文化史的书写提供了有价值的分析文本。

在《地域文化与国家认同——晚清以来"广东文化"观的形成》一文中，程美宝把"广东文化"作为"一个命题、一套表达的语言"而不是一个"实体"来把握，探讨在晚清以来的不同时期，在各种权力的互动下，不同的内容是如何被选取填进"广东文化"这个框架中的。她认定，"我们甚至不必研究具体的文化现象的所谓'真相'，就是分析相关的文化研究的文本，已经是一个非常有趣的课题"。从她的研究中，如果透过那面多少有些暧昧但又似乎存在的后现代透镜（作者当时仿佛有意避免使用"话语"一词），不把地方史的已有叙述单面地看作被"纳入国家话语体系"的权力作用过程，我们其实也可以看到更多被书写的"广东文化"之"历史延续性"部分，看到现代地域文化观念的形成同那些"实在"性地方延续类资源、民族国家行为及其整体认同感之间那种真实而又丰富的互动关系之更多内容，并由此感受到她所陈述和讨论的问题之多方面意义。比如，她批评杨念群《儒学地域化的近代形态》一书一面指出整体性儒学话语的流行属于与"历史真实序列"有别的"知识形构序列"，一面又郑重地使用那属于"知识形构序列"、体现"地方性儒学"但内涵不清的新名词"岭学"、"湘学"而毫不加怀疑，这自然不无道

---

① 对此问题有兴趣者，或可以对这一判断究竟是否准确，作进一步深入的论证。

② 参见杜赞奇著，王宪明等译：《从民族国家拯救历史：民族主义话语与中国现代史研究》，北京，社会科学文献出版社，2003。

理。但在笔者看来，其以质疑"岭学"、"湘学"等概念内涵的"实在"性、强调其"建构性"为契机，进一步引导人们去关注整体性国家观念和地方（区域）性观念之历史关系的问题，以及这两者间关系本身又如何从传统到现代转换的深度历史问题，才更显价值。

实际上，仅就现代"文化"观念的兴起和"地方意识"之新旧转换之间的关系而言，就大有探讨的余地。以现代"广东意识"为例，它在晚清以来的强化不仅与中国现代民族国家意识的形成、发展有一致之处，甚至与现代世界意识的获取也有相辅相成的地方（并非只是"此消彼长"）。在这一过程中，那些具有现代民族国家意识、世界性观念、全国性影响和跨区域性活动特性的实实在在的广东人之涌现、活跃、宣传鼓动等本身，均起到独特的作用。其中，康有为、梁启超、孙中山等尤具考察价值。在这方面，梁启超在清末民初时期论著中的"广东论述"、尤其是他 1905 年发表的那篇特色鲜明的长文《世界史上广东之位置》，又堪称典型例证。不仅如此，如果更多地关注现代"广东意识"的产生及其深化过程，还可能更多地看到并进一步重视与"广东"这个地域概念联系更为紧密的那些相对"实在"的地方性因素、那些历史延续性的成分及其功能。毕竟，地方文化身份的认同再"主观"，终究也还是要受到这些因素的根本制约。另外，如果晚清以降广东地域文化的发展受到现代民族国家观念的强烈而难以摆脱的影响是事实，那么，刻意要写出超越国家观念的这一阶段之"广东文化"史，又"师出何名"？仅仅如杜赞奇所提醒的那样，因为它掩盖了其他"历史"？还是为了人类自身的未来？如果是后者，那岂不还是无法摆脱现代历史学那屡遭后现代严谴的功利性和目的性！如果是前者，又如何面对后现代所嫌弃或压抑的"求真"冲动？

困惑与批评：词汇、概念"自明"与否和"'想象'本质主义"

在阅读了程度不同地受到后现代思路影响的"话语"分析的各种论著后，我们的确不断受益，但也常常会感到疑惑。为了使有关认知更加具体化，这里不妨以感觉敏锐、观点鲜明、影响较大的学者刘禾在有关著作中的观点，来作为展开"困惑"讨论的文本依据。需要声明的是，刘禾著作对于增进学术研究的创新性贡献是有目共睹的①，对此笔者也持相当赞赏的态度。在此之所以要讨论她的观点尤其是其中的某些令人困惑之处，是因为她的研究极具话语分析的典型性、理论性，其所得与所失，都已使学界无法真正回避。笔者近年来进行近代中国新名词研究的过程中，更是常常要无形地面对类似她的思路和论析的提问和诘难，这也是选择刘禾论著作为讨论文本的原因之一。

恰如李陀所提示，刘禾最具有理论冲击力的思想在于：强调语言与语言之间、不同语言里的概念词汇与概念词汇之间含义是"不自明"的②，它们之间的对等关系或称"互译性"完全是历史地、人为地"建构"起来的，是"虚拟对等"，而不是"透明地互译"，且并非一次性完成（见李陀序《语际书写》）。由此出发，她把某种概念和观念从一种语言向另一种语言之间"转换"之发生，以及在这一转换中各种势力借机进行"博弈"而释放出特有的社会文化和政治功能之历史过程，称之为"跨语际实践"。应当说，刘禾的理论在某种范围内不乏深刻独到的一面，而且很容易被有"历史感"的人们所青睐、甚至服膺。但如果仔细思考、反复推敲，仍会发现其言其说不免有偏颇之处，实际上，她把所谓"对等"性问题绝对化了，将不能百分之百的完全对等与

---

① 刘禾，1990 年获美国哈佛大学比较文学博士学位，曾任伯克利加州大学比较文学系和东亚系跨系教授及讲座教授，现任密歇根大学比较文学系和亚洲语言文化系跨系教授及讲座教授。1997 年，其代表性著作《跨语际实践》获美国学界、艺术界最高荣誉之一的古根汉奖。该著在中文译本翻译出版之前，主要内容和观点也曾以《语际书写》的名义在国内部分发表过。对其研究的创新性，国内外学术界多有积极评价。如澳大利亚莫纳什大学的戴卫厄斯（Gloria Davies）就专门写书评，高度赞赏《跨语际实践》质疑"欧洲和中国语言之间观念和概念的可译性"，关注翻译的生产过程及其在这一过程中引发的中国文学的现代性话语实践的研究方法，认为其在研究路径上具有开拓性和突破性（A Pathbreaking Study），是跨学科研究的成功尝试。其重要性在于，它准确无误地把读者的注意力引导到由跨语言、跨文化交易所形成的认知边界上来，由此出发，将"中国的现代性"（Chinese modernity）界定为一种知识生产的特殊形式等（see *Passages*，Volume 2，Number 1，pp. 112-115，2000）。国内学者谈火生的《林中空地：翻译中生成的现代性》的有关称赞，也与此大体类似（载《二十一世纪》，2002（10），总第七十三期）。

② 与刘禾有别，德国概念史家柯史莱克则笼统认为词汇是清晰的，概念是模糊的。这种将词汇与概念截然分开的做法，已受到许多人的质疑和批评。

具有各种不同程度"对等"性或相近性的情况相混淆，将具象名词概念与抽象名词概念的"对等"问题相混淆，不免堕入笼统和简单化的旋涡中。那种一味声称所有名词概念的含义都不是"自明的"和"透明的"——如今已被不少人视为不容置疑的判断，在笔者看来，也同样失之绝对化。理由很简单，若如是，不仅不同文化间的交流、即便是同一文化内各种方言的沟通也是不可能实现的。自然，以此为理论基点的具体"话语"分析，也难免出现相应的问题。

在不同的语言中，词汇、概念之间百分之百对等的情况的确很难存在或根本不存在。因为每个词汇、概念在不同的文化中都有各自被使用的历史，即便是那些最具体化的物质名词，也由于在长期使用中被赋予文化内部的各种象征意义而出现差异（如松、竹、梅），这对传统翻译学理论来说也并不是什么新鲜内容。但是，我们却不能因为不可能具有百分之百的对等，就彻底否认有基本对等、大体相当和相近的对应词存在的可能，就完全否认两种文化间词汇、概念有可能存在各种不同程度内在"对等"性、相近性的事实。

比如，像"TREE"和"树"之类物质名词和概念彼此间的基本"对等性"就是显而易见的。按照刘禾的理论，这种"TREE"和"树"之间的"对等性"乃是历史地人为地"建构"起来的。不错，它们彼此之间正式相遇是一个历史事件，将它们二者正式放在一起加以对应说明是一个历史过程，有一个历史起点，但问题在于，它们之间的基本"对等性"或大体相当性（自然不可能完全对等），却并非从那个具体的历史起点才开始存在，相遇只不过是提供了这种"对等性"得以"确认"的历史机遇罢了。在这种情况下，那种对译的"人为主观性"或"建构性"究竟如何体现？值得大加强调吗？

实际上，两种语言之间任何词汇和概念的"对等"翻译本身，虽都是历史形成的，但其"历史"（包括时间性自身）对于每一个词汇和概念的意义却并不一样，不能一概而论。有的词和概念，一开始就是那样对译、至今依然如此，始终并无变化，查核晚清以来的英汉字典便可得到证实。对于这些"对等性"程度极高的词汇和概念，"历史"实际上几无意义；有的抽象程度较低的英语词汇的对译词选择前后虽有变化，但变化很小，"历史"对于它们则意义不大；那些抽象程度高的英语词汇、概念，或由于其固有的历史性、文化特性，或由于在本体语言内部本身的含混性等原因，其对译不少存在着程度不同的"虚拟性"，有的甚至至今仍处于译词"未安"的状态。在这种情况下，对译就有了相对较宽的选择范围（但宽度终究仍有限），于是译体语言一方有关的政治、经济、文化和特殊个人等因素，在不同时期就可能对于译词或意义的选择发挥不同寻常的偶然性作用，"历史"也就因此对它们具有了不容忽视的意义。应当说，刘禾理论分析的相对有效性，主要只体现在最后这一有限的区域之内。但即使在这一区域，具体情况也仍需具体看待，不能笼统夸大其"虚拟性"，更不能恣意走偏锋。

在笔者看来，刘禾的观点所赖以支撑的出发点——完全否认语言的"透明性"：认定所有词汇和概念的含义都不是"自明的"或"透明的"——这个极易诱人赞同的宣判本身，实际上就已经犯了偏颇武断的毛病。诚然，无论在哪一种文化中，语言词汇就其产生之初而言，具有偶然性，且对创造者以外的所有其他人来说，其意义都不是"自明"的。但是它一旦产生并在社会上流通开来之后，其基本含义就不能不有所限定和确定，即便是那些最为抽象的词汇和概念，对于一般使用者而言，其含义也往往是既有模糊、含混的部分，也总有"自明"或"透明"的部分（现有词典的定义、解释未必完全胜任了这一部分的"揭示"任务），并且后者相对说来一般都居于主导地位，否则它们将无法流通开来。当然，也不能排除某些个人的特殊使用和反常使用，但即使在这一类使用中，其含义的呈现，通常也不得不受到其流通化含义的影响或制约，而且往往不能仅靠这一词汇或概念的符号本身来实现其异常使用功能，它同时还必须借助于其他语言因素、成分和修饰使其最终为承受者所理解并发挥社会作用。

传统语言学过于漠视语言的"不自明"或"不透明"性的一面，这是后现代倾向的话语分析者予以矫枉的动因之一。但如果因此否认"自明性"或"透明性"为语言特征的基本方面，则已然走向偏颇，至于完全彻底地否定语言存在某种程度的"透明性"，更不啻是连语言基本的社会交往功能也视而不见的信口之言了。后现代思想家总爱嘲笑现代语言学机械地强调所谓"语法规则"而轻视其语言的所谓"社会实践"（其实这两者间也并非一种对立关系，一致的时候很多），但他们在使用语言的过程中，却又不得不遵守这些基本的语言规则（包括词汇流通的基本含义），尽管有不少后现代主义者在这方面的确遵守得不太好。

不仅同一语言之内如此，两种语言之间词汇、概念的翻译转换，其母体语言内的原有意义的制约也是基本性的。固然，其在译体语言中特定时段的主流意义的选择或随机性意义的个人选择，有时会受到所在社会中政治和其他因素的影响而表现出某种偶然性，但这种选择的概念含义，一般也很难完全超出其母体语言所能提供的意义滑动的可能范围之外，往往是侧重点因时因地有所不同罢了。也就是说，其含义在译体语言中的确会表现出"不自明"或"不透明"的一面，但这一面通常既不足以掩盖其自身"自明"或"透明"的另一面的存在，同时，其"不自明"面本身，也往往与母体语言词汇概念原本就有的模糊性、含混性之间存在直接或间接的关联。那种完全无视母体语言、概念原有含义对译体语言转换的基本制约性的说法，显然是过当的。

以刘禾重点分析的、确实比较有利于说明其观点的特殊抽象概念"个人主义"为例。在清末民初，从西方和日本引入"个人"与"个人主义"概念的早期阶段，中国人的理解和使用的确比较混乱，甚至有互相矛盾之处，刘禾的揭示确有真实的一面。但刘禾完全拒绝分析这些理解之间的"共性"，拒绝区分五四时期社会精英中占主导地位的理解和影响较小的理解间之差别，似乎一讲主流理解，就是"本质主义"，则很难服人。实际上，即使从刘禾谈到的各种不同理解中，我们依然可以看到"个人"与"社会"两者间所体现的个体与群体对待关系的基本内涵，无论对"个人"与"个人主义"怎么理解，这种关系都贯穿始终，要么强调个人修养的基础性和力量的有限性，要么认定个人独立地位和利益的优先性，要么在两者之间搞各式各样的平衡。总之，"个人"与"个人主义"的概念内涵总是在与"社会"或"群体"的"对立而又统一"的相对关系中去界定的。这就决定了作为一种现代概念，"个人主义"在清末民初的中国能被运用的限度（它并不是可以随意"操纵"的，"个人"概念被创造出来本身，就是因为人们意识到汉语中没有什么词能更准确地对应"individual"），以及它何以能够参与"民族国家"理论建设的原因（这一点也并不神秘，一则它正是基于两者构成"矛盾统一体"的内在逻辑之外化，二则个人主义概念和谈论个人主义的话语也并非完全同义，后者在具体使用或称"概念实践"中无疑带有着更多对个人主义的价值判断）。"个人主义"概念之所以参与当时"民族国家"理论的建设，无疑受到了当时中国特定的时代需要选择的影响，但在根本上这仍然是其在西方的内涵所决定的，它仍然未能超出西方"个人主义"概念内涵所能滑动的范围之外。清末民初中国人对"个人主义"的各种解说（包括所使用"小己"、"小我"等体现出来的内涵），在西方也大体能够找到，所不同的只是，人们在运用这些概念分析各自内部的问题时，会将它们与不同的事物联系起来，如在当时的中国，谴责"个人主义"的人们或将其归罪于儒家，或将其归罪于道家等等，并赋予它们不同的价值。刘禾曾举出民初《个位主义》一文的作者家义和旅华的西方哲学家罗素，一则认为中国不知"个人主义"，故只见社会、不见个人，一则强调个人主义在西方已死、在中国却活着的极端矛盾的例子，来说明寻求"个人主义"概念的本质理解为徒劳。① 但在笔者看来，这两个例子与其说明了"个人主义"概念本身"无确定本质"，不如说表明了他们对中国社会特点的认知互相抵触更为恰当。当然，我们没有必要走到另一个极端去。应当承认，类似上述矛盾认知和理解之所以出现，的确也与"个人主义"这一概念内涵自身的那一部分模糊性有直接关系。只是不能过于夸大这种模糊性的作用，不能把使用者对概念的基本认知与其所赋予的价值完全等同而已。

在清末民初的中国，许多情况下，外来新名词、新概念的社会化实践或运用，实质上都不是单纯的所谓"跨语际"问题，不是语言概念自身模糊性或不自明性的动态实践问题，而是外来观念本身的近现代新意义、新内涵所带来的影响力的社会化，或者是强势语言对弱势语言的特殊影响性的问题。社会、革命、民主、科学、进步等现代概念和观念传入中国后之所以广泛播扬、并引发巨大的变革效应，即便单纯从语言本身的角度来看，也绝非仅仅

---

① 参见刘禾：《语际书写》，40～41页。

因为这些概念模糊、不自明所提供的想象空间导致的结果,一定意义上说,应主要归功于这些概念中那些基本的现代性新含义所产生的思想影响,至少是这些概念和观念处于强势地位的缘故。说得更确切些,是这些概念的确定含义部分的思想激励与模糊部分所提供的想象空间两者共同作用的产物,而一般说来,前者又居于主导地位。

以"革命"概念和观念为例,其"大变革"和以政治暴力谋求进步的基本含义,特别是其与进化观有关的"大变革"的含义在近代中国显然是清晰的,这一明确的含义无疑是人们认同它作为政治、社会和文化变革理念的前提,正是其含义的明确部分与它的模糊部分所提供的想象空间的"合谋"、"张力",才为中国人的近代使用创造了条件。刘禾所说的"被译介的现代性"(translated modernity),我以为只有在这个意义上使用,才是更恰当的。若一味地强调其外来概念所谓的"不自明性"及其功能,并不能说明问题的实质。

除"个人主义"外,刘禾对"国民性"或"民族性"话语的有关研究也令人产生困惑。首先,"国民性"或"民族性"是否纯粹为"神话"、完全为想象的问题。它使我们很自然地想到安德森的"民族为想象的共同体"说与冯客的"种族为神话"说。冯客所代表的那种"'种族'神话"说,假定的是不同起源、地方、国家和文化下的人根本上没有什么实在实存的不同和差别;安德森的"'民族'想象共同体"说恰恰相反,它假定的是同一地域、国家和文化下的人可能从不相识、千差万别、无法具有实在实存的共性。刘禾的"民族性或国民性神话"说,在论述逻辑上实际包括了上述两种假定,就不同民族间而言,它否认存在不同的"民族性"或"国民性",即否认有实在实存的差别;就某个民族本身而言,它则拒不承认其认同的成员间有共同的"民族性"或"国民性",即否认有某些实在实存的共性。只不过由于其主要目的是要彰显西方殖民话语的霸权性影响,刘禾在该文中似乎更多地强调了第一种假定的逻辑。

面对这样一种绝对化的后现代逻辑,人们通常都会抑制不住地诉诸常识发问:那么,在文化与文化之间、国与国之间难道就没有差异?如果有,又如何能彻底否认存在差异的文化和国家之中的人民会具有不同的特性呢?[①] 对此,刘禾似乎并不愿正面回答,她把问题转向人类无法摆脱的"语言的宿命"上来:

> 在我看来,问题的复杂性倒不在于文化与文化之间、国与国之间到底有没有差异,或存在什么样的差异。我们的困难来自语言本身的尴尬,它使我们无法离开有关国民性的话语去探讨国民性(的本质),或离开文化理论去谈文化(的本质),或离开历史叙事去谈历史(的真实)。这些话题要么是禅宗式的不可言说,要么就必须进入一个既定的历史话语,此外别无选择。

她进一步解释说,之所以称国民性为"现代性理论中的一个神话",不过是"用了一个隐喻,指的是知识的健忘机制。理由是,国民性的话语一方面生产关于自己的知识,一方面又悄悄抹去全部生产过程的痕迹,使知识失去自己的临时性和目的性,变成某种具有稳固性、超然性或真理性的东西"[②]。

这里,刘禾认定"国民性"理论为神话,而并没有直接作出有力的论证,又断然否认国民性话语的知识生产中有其"实在的根据"存在之可能[③],从而把知识的临时性、目的性绝对化,反过来又用于证明"国民性"理论的虚幻,这种论述法似难以服人。也许,我们还是需要先面对安德森"民族为想象的共同体"的那一著名宣判——这应该是她立论的潜在根据。如果连"民族"都完全不带一丝"实体"的特性,那么所谓"民族性"或"国民性"也就自然不会有其"实在"之处了。诚然,任何民族在形成之初时都会带有对自身历史延续性、共同性不同程度的各种想象,这是难以避免的。尤其是关于民族的共同祖先等明显带有想象性和神话性的那些方面。但随着时间的流逝,长时间的政治、经济和文化的现实整合、规训,其共同的"实在性"方面就

---

① 在这方面,日本的和辻哲郎的《风土》讲得很透彻。参见和辻哲郎著,陈力卫译:《风土》,北京,商务印书馆,2006。

② 刘禾著,宋伟杰等译:《跨语际实践——文学、民族文化与被译介的现代性》,103 页,北京,三联书店,2002;《语际书写》,97~98 页。

③ 参见刘禾:《语际书写》,67~68 页。

会日益增长、不断加深，而且这种"实在性"不仅一开始就部分存在，其增长与历史上既有的实在性联系也绝非毫无关联。因此，笼统地、不加区别地视一切"民族"为"想象的共同体"是不妥的。本来，"民族是想象的共同体"之说要消解的是不顾时间性和区域性的本质主义，但这一宣判本身却以一个"想象"的本质，把"民族"诞生之初和之后等不同的情形完全漠视，并忽略不同地区、不同文化内的族群的不同个性之特点，这毋宁说乃是一个"'想象'本质主义"。如果依凭这样的逻辑，那么，所谓"中国文化"、"美国社会"等一切类似的抽象概念，大概都可以类推为"想象的共同体"。事实上，这种思维方式目前也正大有蔓延之势。可是，同为"想象"，它们之间的相对本质区别又何在呢？仅仅是"想象"的程度和方式不同吗？

笔者以为，目前心理学名词"想象"一词在学术界中大有被"滥用"之嫌。许多人往往把带有想象性特点或者说曾有"想象"因素参与其中的历史认知过程，与"想象"作为根本性质的事物混为一谈。在他们那里，除了"想象"，人类似乎不会其他思维活动，或至少其他思维活动可以忽略不计。他们甚至讨厌使用"认知"或"认识"这类概念，仿佛所有真假之别，都无非是想象的产物。[1] 同时，"神话"的标签也到处贴，且往往都是在"隐喻"（或泛化的"比喻"）而不是本来的意义上使用。真可谓"求真"的意志一泄，概念的滥用亦会随之而来。后现代主义带给学术界的益处自不用多言，害处则莫此为甚。

从刘禾有关国民性问题的论述中，有时能明显地感到她把"国民性"概念与"中国国民性"概念混为一谈。这一点，从她强调"一开始，鲁迅就对国民性理论充满复杂矛盾的情绪"[2] 一点，可以概见一斑。实际上，鲁迅终其一生何尝对"国民性理论"本身有过怀疑，他只不过是对某些既有的、特别

---

① 从历史哲学的高度根本抹杀史学和文学界限、并产生重大影响的海登·怀特，正如有的学者在充分肯定其价值后所指出的，其思想的误区之症结即在于"对史学的认识论层面加以淡化和排除"（彭刚：《叙事、虚构与历史——海登·怀特与当代西方历史哲学的转型》（感谢彭刚一年前惠赐未刊稿，现该文已载《历史研究》，2006（3）））。

② 刘禾：《语际书写》，82页。

是传教士关于"中国国民性"的说法"充满复杂和矛盾的情绪"罢了。国民性作为一个现代性概念，和现代"民族国家"意识诚然紧密相关，但它在其诞生之初的欧美，却并不是一种殖民话语。即便用在中国人身上，最初也仅仅是一种外来"他者"对被观察者的整体特性之一般观察。以刘禾重视的明恩溥《中国人特性》一书为例，其关于中国人特征的各种看法，固然打上了19世纪西方殖民者极端歧视中国人的时代烙印，但也未尝没有继承12世纪以来西方来华的旅行家、游客、商人和传教士的"中国人观"，而且有些论说也不无切中肯綮之处。诚如刘禾所言，该书对近代中国改造国民性的思潮产生过重要影响（这种影响的具体过程，特别是在清末十年的情形，目前学界的有关揭示也还远远不够充分），但我们也不能因此夸大传教士对近代中国知识精英有关"中国国民性"认知的影响程度，仿佛后者就只不过是"传教士话语"的一种延伸或变异。① 实际上，从晚清甚至更早些的明末清初开始，在与包括传教士在内的外来西方人——"他者"的接触和"参照"中，中国人就逐渐意识到自己的某些特性（生理的和社会的），鸦片战争后，面对不断失败和受辱的国家困局，先觉的中国人更是开始不断反省自身的不足。19世纪50至60年代，冯桂芬著名的"四不如夷"论，稍后郭嵩焘等考察西方和日本的外交官，梁启超、鲁迅等流亡或游学日本者，进而作出种种关于中西国民性的复杂比较，都不能简单归结为"传教士话语"的引导所致，而是有着多种多样的认知来源，尤其是包含着他们自己在国外亲身体验与感受的结果。②

　　辜鸿铭在《中国人的精神》中批评美国传教士明恩溥的中国人特性观时，曾指出"民族性"是一个 A＋B＝C 的代数型难题，它有太多的未知数，那些

---

　　① 已有学者批评刘禾没有区分一般国民性概念和从属于种族主义国家理论的国民性概念这两者间的不同（参见杨曾宪：《质疑"国民性神话"理论》，载《吉首大学学报》，2002（1））。其实，准确地说，刘禾并非完全没有区分，她也承认鲁迅大幅度改写了传教士话语。但她同时更强调其所共享的"国民性"概念内涵本身的"虚幻性"实质，并将其视为各种具体的国民性话语之间联系的根本基础。

　　② 今人所谓"国民"和"民族"是现代概念，清末民初，中外人士在谈论"中国国民性或民族性"时，往往就"中国人的特性"泛泛而言，并不着意概念的严格区别。因此，像梁启超便可以一面批评中国人还没有成为真正的"国民"，一面又批评中国的"国民性"。实际上，明恩溥在论述中国人特征的时候，也并没有自觉地固定使用"国民性"（nationality）概念。

仅具备解答 1+1＝2 这种算术题能力的人，是难以正确作答的。这一批评用在明恩溥身上尽管不太公平，但却无疑有至理存乎其中。它表明，难以把握、甚至已经存在大量可能的错误把握，并不能直接成为彻底否认在特定历史时期和社会发展阶段整个族群可能存在的特点之相对"实在"性的理由。

如果由此出发来考虑问题，那么在谈到"近代中国的国民性话语"的时候，我们便不能只是见及这些话语的矛盾分歧之处，而全然漠视其中的那些深入人心的"共识"之点；不能只注意到主张"改造国民性"的那一类主流意见，而看不到抗战时期正面弘扬优良"国民性"的各类著述之大量存在和传播的复杂事实，否则，就难免对"国民性"思想及其影响作出偏颇的理解。事实上，揆诸历史，即便就近代中国"改造国民性"的那些过激主张者而言，将中国人的特性看作从来如此的绝对"本质"者，也是甚为罕见的。如果今人不否认近代中国在整体上落后于西方的事实，承认"国民性或民族性"本来就是一个相对的文化概念，那么就没有理由完全漠视近代中国"改造中国国民性"主张的合理性价值，也只有不走偏锋和极端，才有可能真实地把握"国民性"概念及其话语实践在近代中国的历史功能。

总而言之，带有后现代倾向的话语分析者从反本质主义的立场出发，反对把中外语言文化间所有词汇概念含义的"对等性"绝对化，而致力于揭示某些重要抽象概念中西"对应"的历史过程及其复杂社会影响的做法，无疑是很有意义的。但当他们一概极端化强调其含义的模糊性、历史"建构性"而忽略其彼此间不同程度的相对"对等性"（相近性）或部分含义透明性，否认在另一种语言里反映元语言词汇和概念含义时那种词汇选择的有限性、根本受制约性的时候，就又走向了另一个绝对化的陷阱，未尝没从反向犯了同样本质主义的错误。反本质主义，不是不讲本质，不是不讲相对的对等，否则人们之间就无法真正沟通，事物之间就无法加以区别。道理很简单，我们绝不能因为世界上没有完全相同的两片树叶，就因此放弃"树叶"这个名词和概念。同理，我们也不能因为没有完全相同的个人、民族、国民，就彻底否认群体性、"国民性"或"民族性"这样概念的合理性和内涵所具有的"实在性"方面（当然也不排除其有非实在性方面）。

话语分析给中国近代思想文化史研究带来了活力，同时也带来了困扰。对于后者在实践中所存在的一些偏颇的思路和观点，我们也理应进行认真的反思，就如同对待传统的研究及其方法的那种反思一样。①

---

① 本文在发表之前，曾在课上课下与刘焕性等同学反复辨难，多收教学相长之益，特此致谢。

四、"概念史"和"一般思想史"
短论二题

"概念史"视野与五四研究[①]

今年是五四运动发生 90 周年。90 年来，关于这一运动及与之相关的"新文化运动"乃至那一特定时期历史的学术研究，都已取得极为丰硕的成果。甚至是关于五四运动的纪念史、研究阐释史以及它们同五四以后中国政治、社会发展的历史关系，也早已成为学者们持续研讨的内容。但尽管如此，我们今天的研究仍然大有可为，因为五四那段历史的内涵实在是太深厚、太丰富了。

比如，今人都知道五四是"青年的时代"，那个时代活跃的青年们不仅对当时的政治和文化发展产生了重要影响，而且许多人后来都成为国家和社会的栋梁。但关于五四时期青年群体的存在状态、活动方式、社会心态等问题的多层次整合性研究，至今仍很不足，甚至可以说尚未能真正展开。在我看来，中国人开始正视和重视"青年"这个社会类别乃是五四运动前后才开始出现的历史现象，而"青年"作为一种社会群体角色，社会各阶层对它的现

---

① 本文曾刊载于《中国社会科学报》，2009-04-16。

实期待和其自身群体使命意识的形成与强化，也是五四时期才得以格外地凸显出来。因此，如果我们能自觉地从社会文化史的视角，将当时的青年群体、青年活动和社会上的"青年"话语结合起来进行多维的深度研讨，相信一定能有助于理解和认知五四时期许多历史问题，特别是那些涉及青年的历史问题。

这里提到的"青年话语"分析，应包括那个时代关于"青年"概念的流行状态及其理解、其在广泛的社会运用中所包含的各种有关青年的观念、认知特点和实践取向，以及青年群体自身与它们的互动等等内容。它实际上属于一种广义的"概念史"研究范畴。

所谓"概念史"，属于历史语义学范围，它与英美流行的关键词研究有某些相通之处，在德国已有几十年发展演变的历程。作为一种研究视角和方法，"概念史"不满足于那种仅仅局限于精英思想文本分析的传统思想史，也不满足于那种忽略语言文化功能的传统社会史研究，而认定那些在社会各阶层中广泛流行的政治、社会和文化概念形成、发展、演变及其运用的历史，具有更为基础和不容忽视的历史研究意义。于是，揭示那些重要概念所包含的历史内容，反映它们对历史尤其是社会政治思想史的渗透与影响，便成为"概念史"的主要追求。

在我看来，以"概念史"的方法来整体研究五四时期的历史，当是一种值得期待的尝试。因为这一时期是中国现代思想的奠定期，其思想启蒙与社会互动最为明显的途径之一，就是流行开一大批具有现代意义的政治、社会和文化的重要概念，像"经济"、"文化"（狭义）、"革命"、"主义"、"社会主义"、"帝国主义"、"封建（主义）"、"解放"、"劳动"、"阶级（斗争）"、"军阀"、"共和"、"运动"、"理想"、"个人（主义）"、"中华民族"、"现代"、"民主"、"科学"、"人生观"等等。这些概念大多兴起于清末，流行于五四运动前后，是现代思想得以运行的语言基础和社会化的必然依托，它们与五四时期的历史有着广泛而深度的"纠缠"。揭示这些"纠缠"的内涵和意义，价值不言自明。何况它们本身也早已成为文化和精神现象的历史遗产?!

以"文化"和"文化运动"概念为例。五四运动以前，狭义的"文化"

概念并不流行，甚至极为罕见，当时使用较多的"文化"一词是与流行的"文明"一词内涵相当，直接体现"进化论"的价值判断及包括政治和经济等在内的大文化概念，也即广义文化概念。故区别于或想超越于政治体制改革的发展进路，而专从文学、道德和思想方面着手的革新运动，当时却难以被命名为"（新）文化运动"。

狭义的"文化"概念的传入和流行，是五四运动以后，尤其是 1920 年初以后的事情。它的流行和唯物史观的宣传也有关联。陈独秀是狭义"文化"概念最早的自觉传播者之一。也就是在马克思主义成为通常所谓"新文化运动"重要内容之前，"新文化运动"这一名称尚未出现。此前的文化运动内容，往往被分别称为新思想、新文学和新道德。因为当时的文化自觉还并没有进入到"文化"概念自觉的层面。"新文化"、"文化运动"、"新文化运动"之类概念和说法的流行，乃是 1919 年下半年和 1920 年初之后才有的，也即是后起的命名。

有意思的是，就在陈独秀、李大钊等正式使用"新文化运动"提法来概括此前运动内容的时候，狭义"文化"的重要性，已因提倡者认同唯物史观的缘故而在逻辑上让位于社会经济。与此同时，文化运动也就不得不在实践上被致力于经济平权和社会平等的社会政治运动所取代了。①

依笔者之见，现代意义的"政治"、"经济"、"文化"和"社会"概念的形成、流行，以及它们彼此之间关系的认知，特别是对其关系的唯物主义理解，乃是中国人思想方式和价值观念近代变革的基本内容之一，或者说是中国近现代"一般思想史"的基础部分，而五四时期恰是最终形成这一内容的关键时期。

与"文化"概念相关，我们还可以提到"现代"和"传统"概念的问题。现在人们一谈到五四新文化运动，必然谈到传统和现代的关系，或者就其是否"全盘反传统"进行争论。这些讨论当然都是很有意义的。但我们在进行这些讨论的时候，也应该了解一下当时中国的思想界是否有"传统"和"现

---

① 较详细深入的论述，可参见本书《清末民初现代"文明""文化"概念的形成及其运用》。

代"这样的明确概念，或者说有哪些其他相应的替代概念，这对我们的讨论其实不无益处。

五四运动时期，特别是 1920 年以前，似乎还很少能见到现代意义的"传统"一词。有关的内容往往在"旧思想"、"旧文学"、"旧道德"和"旧文化"，乃至"国学"或"国故"等概念下阐发或表达。"现代"一词倒已较为流行，但一般是作为形容词和时间名词用，如"现代社会"、"现代思潮"、"现代生活"等。作为"modernization"和"modernity"对应词的"现代化"和"现代（性）"同样罕见。也就是说，"传统和现代"的关系问题当时还并没有成为完全意义上的思想史之自觉命题。实际上，现代"传统"一词的出现本身，及其与"现代"的二分对应，或许需要有一种对"现代化"概念的明确而整体的自觉为其前提。在我看来，这只有在 20 世纪 20 年代中后期和 30 年代初"现代化"概念较为流行开来之后，才更有可能成为具有"关注度"的思想现实。

在五四时期流行的词汇和概念中，有些表面看来很普通，实际却别有意味者，也不容忽视。比如，我在阅读五四时期的各种文献时，常常会无端地为其中所充斥的"思想"、"理想"等词所打动，这是阅读此前的文献所没有的感受。可见讲求"思想"、崇尚"理想"，为个人、社会、民族和国家的进步而思索并寻求正当"名义"，已然成为五四时期青年人和知识人的一种自觉的传统、一种可贵的精神。从这个意义上说，我把许多当时流行的新概念看作五四运动的文化遗业，视为探求"五四精神遗产"的重要途径，应当有其合理之处。

"选择"的意义：学者潘光旦的思想史地位漫说[①]

在中国现代学术史上，潘光旦的重要地位大约毋庸置疑。韩明谟先生在

---

① 本文原系为吕文浩著《中国现代思想史上的潘光旦》（福州，福建教育出版社，2009）一书所写序言，曾发表于《博览群书》，2009（4）。

《中国社会学名家》一书中,就将他列为中国社会学"较突出并有代表性"的四大名家之一(另三家为孙本文、陈达和费孝通)。与此同时,他还是现代中国首屈一指的优生学家、性心理学家、有成绩的民族学家和重要的社会史家。作为学者的潘光旦,可以说既学有专攻,又博识多能,属于那种思想敏锐、特色独具而又积极用世的"学术大家"一类。

记得 20 世纪 80 年代,中国社会学开始"重建"、社会史研究潮流刚刚兴起之时,我和许多青年学子一样,都经历过一个热心"悦读"潘光旦和费孝通著作的时期。潘氏的《明清两代嘉兴的望族》、《中国伶人血缘之研究》两书和费氏的《乡土中国》等书,堪称那个时代社会学与历史学互相滋养的代表之作,它们曾带给无数雄心勃勃的学子以学养的积淀、研究的激励和方法的启迪。后来,在探讨民族性改造思想和"中华民族"观念形成认同的过程中,潘氏那种介于种族和国家之间的独到"民族"界说,以及在《性心理学》译注中所体现出来的中西文化融会功夫,又曾激起自己由衷的赞佩和敬意。像他那样有社会关怀、富思想能力、轻学科界限且底蕴深厚的学者,得到学人喜爱、渐受学术史家重视和研究,实在是理所当然的。

不过,若要将潘光旦放在中国现代思想史上去看,或选择潘光旦作为思想史研究的专门对象,人们的观点则可能会有所不同。我不得不坦承,在阅读吕文浩这本《中国现代思想史上的潘光旦》之前,我是从未认真思考过潘光旦算不算一个重要而有特色的思想家,他在中国现代思想史上究竟具有何种意义、地位或代表性这一问题的。甚至最初见到该书标题的时候,还曾产生过一丝何必要步余英时命名其胡适研究论著之后尘的疑惑。但读过此书之后,或者说在阅读此书的过程中,我却又有了一些新的认知和想法。

长期以来,我们的近现代中国思想史书写,主要以政治思想史为主、文化和经济等思想史为辅,关心和叙述的都是精英人物尤其是"思想家"的思想。近些年,葛兆光等先生提倡"一般思想史"研究,呼吁人们重视那些对现实社会生活发生了切实影响的普遍思想观念,我是深表赞成的。不过在我看来,这种"一般思想"不仅要具备普遍的"社会性",还要能体现打破各门学科、各个领域专门界限之思想的"基础性";同时,其思想者主体也不能只局限于某个特定的阶层，如葛先生所提到过的"一般水准的普通知识分子和普通文化人"，而更需考虑"精英"与"大众"互动的复杂情形。[①] 特别是在近现代中国传统社会及其观念发生重要转型的特殊时代，此种一般思想观念形态的形成，显然无法漠视精英分子的思想参与和作用过程。

在阅读吕文浩此书的时候，我忽然感到，如果出于上述思路，那么那些精英人士在大众媒体上，就恋爱、婚姻、家庭、性、生育、民族、国家、文明等社会生活的"基本问题"所发表的有特色有影响的"社会思想"，是否也应该成为近现代中国"一般思想史"所关注的对象，并程度不同地构成其可供选择的思想内涵呢？这的确是需要认真考虑的问题。在此书中，文浩虽没有明确谈及"一般思想史"，但通观全书，他无疑十分重视这些"社会思想"的内容，甚至可以说，他正是将这些"社会思想"视作潘光旦思想的核心部分而加以深入阐述和精心分析的。在"前言"里文浩还曾强调，潘光旦"卷入时代思潮的程度既深且广"，其中一个重要的表现，就是在上述许多社会文化问题上，他多参与过公开的讨论和论争。我不知道像这样从"社会思想"重要性的视角来理解潘光旦在"中国现代思想史"上的独特意义，是否与文浩一致？或者说至少能为文浩所认同？

当然，文浩主要从"后五四时代知识分子"突出代表的角度，以知识、学术与思想的关系问题为方法论意识来揭示潘光旦的思想史地位，也是别具见解、很富启发性的。诚如他所言，以潘光旦为突出代表之一的后五四时代知识分子，他们大多是依托于学院体制的职业学者，其充当思想界的重要角色，往往在思想论述中打上深深的学术烙印："也许他们的主张多具书生意气，但他们的优势也是很明显的，他们的西学知识不再是支离破碎的、一知半解的，他们对于社会问题和文化问题的判断，往往经过科学的盘诘，具有更加扎实的学理依据。"（见该书"前言"）因而他们对传统和西方文化往往采取较为平静与理性的态度，对五四一代知识分子激进的思想批判，亦多能予以双重的反省。这在某种程度上，毋宁说也正体现了时代思想水准的总体

---

① 参见黄兴涛：《近代中国新名词的思想史意义发微——兼谈对"一般思想史"之认识》，载《开放时代》，2003（4）。

提升。

潘光旦留学时所学专业为优生学，回国后又长期任职于社会学界，在他身上，那种经由优生学训练和社会学熏陶而形成与强化的"社会选择"（他有时又自称为"人文选择"）的独特思想方法，可以说是牢不可破、自觉到家的。他以此观察和思考各种社会和文化问题，也以此评断世间诸事。这是他作为学者型思想家的一个突出的特色。因此当他读到胡适主张对西方文化取"Wholesale acceptance"（全盘接受）态度时，便忍不住要起而辩论，因为"Wholesale"乃好坏不分、整个"批发"，恰是要省略掉那万万不可省却的"选择"功夫。后来胡适虽接受潘氏批评，承认自己的说法有"语病"，自嘲即便是99％也不能算作"全盘"，但其实他却未见得真正领悟了潘氏所批评的要领。

正因为重视"选择"，潘光旦对主张改造中国民族性的思想同道张君俊也要严厉批判，指责他对自然选择和社会选择说缺乏了解，强调"民族素质的改造，除去选择，更无第二条路可走"。为此，他主张"婚姻要选择，生育也要选择"，一切的一切都要选择。而为了选择，控制和引导的功夫实在又必不可少。①

这种主动"选择"的运思方式既成习惯，也就有力地保证了潘光旦总体思想的理性品格。比如对于中国古代经书，他既反对那种"完全唾弃不讲"的简单态度，也并不赞同"谈不上整理、谈不上选择"地去读经；他强调中华民族"有过几千年的阅历与经验"，这"整个民族的生活经验"，的确值得"当代人的一盼"，但又认为只有用现代眼光加以"选择性整理"，它们才能在一定程度上，为"转移世界环境"作出应有的贡献，等等（可参见文浩本书第八章《潘光旦的中西文化观》的有关论述），不一而足。

"选择"既是自然的，又是社会与人文的；既是历史的，又是当下的，它是一种需要、一种本能，也应该是一种自觉的生存状态与方式。潘光旦特别将"选择"与英文中的"adaptation"过程紧密联系起来，把"adaptation"

---

① 参见潘光旦：《评〈民族素质之改造〉》，见《潘光旦文集》，第9卷，588～589页，北京，北京大学出版社，2000。

苦心孤诣地译成"位育"而不翻作"适应",真的是耐人寻味、启人深思。在他看来,翻作"适应",很容易使人狭隘地误解为是对环境的一味"迁就",这样人的能动选择性就不免要被忽视和轻视,这是他所最不能容忍的。

"位育"一词的灵感来自《中庸》。所谓"喜怒哀乐之未发谓之中,发而皆中节谓之和。中也者天下之大本也,和也者天下之达道也。致中和,天地位焉,万物育焉"。故"位育"又被称之为"中和位育",它体现着一种自然与人道的动态合一境界。这样的翻译是否准确姑且不论,但它却无疑凝聚了潘光旦融会中西的旨趣与精神。那种学者自是的"书生之气",也在这一创构之词中一并汇集,彰显无遗。

"位育"之道提醒人们在作选择时,不仅要有一种自然适度的节制,还务必保持一种平静无偏的心态。自大的态度和自卑的情结,都容易导致错误的判断和选择。在这个问题上,潘光旦对"早婚"话语的论析很有典型性。清末以降,以梁启超为首的启蒙思想家总爱将早婚与国家积弱联系起来,认为早婚伤身弱种,罪大恶极,以致人人以为至理、信奉不移。而潘光旦却从优生学原理出发,并引证当时大量的科研成果指出,早婚迟婚其实各有优劣,早婚既不必与伤身有直接关联,也并不必然导致缺陷较多的产儿。梁启超式的论调之所以流行,不过是国人积久的自馁心理作怪罢了:"自馁心之所至,至认种种不相干或不甚相干之事物为国家积弱之原因,从而大声疾呼,以为重大症结端在乎是,早婚特其一例耳。"① 这种近代中国少有的"异见",对我们理解"禁早婚"的主流话语之特性,意义不言自明;而潘光旦思想的反思特质,也可以由此略见一斑。

作为一个社会思想家,潘光旦关于"社会选择"或"人文选择"的思想还有待于人们去作进一步的揭示与阐发。而这种思想有时来源于或体现为他对社会日常生活的深入观察和批判意识。比如他对中国人游艺生活中"麻将"的流行及其社会效应的分析,就颇有些发前人所未发之妙论。在他看来,"中国人的民族性与麻将牌中间,实在有一种固结不解的心理因缘在"。麻将牌与

① 潘光旦:《中国之家庭问题》,见《潘光旦文集》,第1卷,168页,可参见吕文浩《中国现代思想史上的潘光旦》第六章《潘光旦对婚姻家庭问题的见解》中的有关论述。

外国纸牌的玩法不同，它完全用不着"合作的功夫"，不仅用不着合作，而且合作还要不得。玩家一定得假定"其余三人无一不是你的敌人，要对他们钩心斗角，一刻不可懈怠。……他无时不在想占便宜，或至少叫别人也占不到便宜"①。他的意思是说，中国人对麻将牌的酷爱与民族病态心理有关，而反过来，此种日常娱乐方式的社会选择，又不断固结强化着此种民族心理。诸如此类的社会批评，在潘光旦的文字中并不少见，文浩此书中也多有论述，它实际上反映了"后五四时代知识分子"在力图超越此前启蒙思想家的同时，对其启蒙主题也有一种深沉的延续与自觉的继承。

关于潘光旦的思想，认知的视角自然很多，其丰富的内涵，也绝非浅学者所能尽揭。文浩研究潘光旦多年，又受过社会学与历史学两种学科的训练，故在综合认知和整体把握其思想方面，具有明显的优势。通读该书，我觉得他对潘氏思想的重要内容、特点与意义等问题，都有出色的阐述和深入的论析。在解读潘氏思想的过程中，他注意揭示其思想的"学理"依据一点，给我的印象尤为深刻。我与文浩是同道也是朋友，对他的为学态度和认真劲头向有感触。他劬学覃思、不喜"花枪"、重视资料、讲究表述，这种风格也是我所喜欢的。蒙文浩信任，命作序言，因得以先睹大著为快，并草此读后之感，以与作者和读者交流。

---

① 潘乃谷、潘乃和编：《奭庵随笔》，182 页，天津，百花文艺出版社，2002。

五、清朝满人的"中国认同"①
——对美国"新清史"的一种回应

近十年来，美国的"新清史"研究颇有影响，也的确表现出自己的特色。它强调满人在清朝的某种主体性地位，注重从满人主体性的角度来研究清史，对于丰富清史研究的意义不言自明。但在正视清朝历史这一独特性的同时，也不应走到另一个极端：有意无意地轻忽乃至淡化其大一统国家的"中国性"，更不能将两者简单化地对立起来。笔者以为，从满人的主体性视角出发，探讨一下有清一代满人的"中国认同"问题，对认识"新清史"所涉及的相关史实应该不无助益。

问题意识的由来与满人"中国认同"之确认

清朝满人是否认同与如何认同"中国"，这在以往的国内学术界似乎不成

① 本文的撰写，得到"教育部新世纪优秀人才支持计划"（NCET-07-0822）的资助。初稿曾提交给"清代政治与国家认同"国际学术研讨会，并吸收大会评论者的诸多宝贵意见。特此致谢。另外，拙文的基本观点和部分内容曾被赵晋华主持的《中华读书报》思想版摘录刊登。这里收入的乃是全文，曾刊载于《清史研究》，2011（1）。原题为《清代满人的"中国认同"》。

问题，至少不是什么有意义的问题。但对于美国"新清史"来说，这却无疑是一个需要明确提出并给予认真回答的重要问题。因为在被称为"新清史"的学者当中，喜欢像罗友枝（Evelyn Sakakida Rawski）那样笼统地强调整个清朝统治期内"大清国"与"中国"为两回事者，差不多已成为一种流行观点。如柯娇燕（Pamela Kyle Crossley）在其英文著作《半透明之镜》中，就曾笼统声言，"清朝的帝国意识形态很认真地把中国进行对象化，将其看作大清国的一部分而已"，并强调这对于现代中国的版图恰恰从大清国继承而来这一点来说具有讽刺意味①；欧立德（Mark C. Elliot）更是明确地表示："也许'新清史'要提出来的最大问题是，我们可否不经质疑地直接将清朝等同于中国？难道我们不该将其视为一'满洲'帝国，而中国仅是其中一部分？部分'新清史'的史家因此倾向在'清朝'与'中国'间划下一条界线，避免仅仅称呼清朝为'中国'，也不仅仅称呼清朝皇帝为'中国'皇帝。"② 最近，在中国人民大学清史研究所主办的"清代政治与国家认同"国际学术研讨会上，欧立德再一次直截了当地强调，"不应直接把清朝称为中国或是把大清皇帝称为'中国'"的皇帝③。

显然，要想了解上述这类说法是否符合历史真实，我们不得不首先整体性地着眼于清朝满人上层及其皇帝的"中国认同"问题：看看他们是否认同中国，何时与如何认同中国？其所理解和认同的中国究竟是"大清国"的全部还是其中的一部分？这种认同在当时的国际际遇如何，等等。毋庸讳言，尽管"认同"的思路对于美国"新清史"学者来说可谓轻车熟路，他们也都程度不同地关注并揭示清朝满人自身的族群认同历史，并使我们从中学习到很多东西，但对于满人的"中国认同"问题而言，可以说迄今为止他们其实

① See Pamela Kyle Crossley, *A Translucent Mirror: History and Identity in Qing Imperial Ideology*, p. 341, University of California Press, 1999.

② 欧立德：《满文档案与"新清史"》，载台北《故宫学术季刊》，2006 年冬第 24 卷第 2 期。

③ 欧立德：《关于"新清史"的几个问题》，见《"清代政治与国家认同"国际学术研讨会论文集》（上）（2010 年 8 月 9 日—11 日，北京，中国人民大学清史研究所编），14 页。但必须说明的是，在被归为"新清史"代表人物的美国学者当中，对此问题的认识也并不完全一致。如米华健（James A. Millward）在"清代政治与国家认同"的会议上，就公开批评欧立德等为"大满洲主义者"。

并未引起真正的重视。"中国认同"与所谓"汉化"问题之间无疑有直接的关联，但也存在着明显的区别——既然认同自己属于"中国"、是"中国人"，那么对此前中国漫长的主体历史及其文化，就必然存在着某种不得不加以选择性认同的趋势，甚至许多方面还可能因无法"选择"而不得不直接认同，但这却也并不意味着满人就要主动放弃自身的民族和文化个性，而把自己完全"汉化"。剃发令的执行就是一个反证。个中复杂关系，美国"新清史"诸人多有未能完全理解者。他们甚至连"中国认同"的说法也有意无意地加以某种回避，这与英语里"汉人"与"中国人"总是纠结不清固然有关，也不乏意识形态差异的背景在其中发挥着作用。我们疑惑地看到，在不得不面对这个问题的时候，他们要么像罗友枝那样只是不耐烦地声言"谁都不否认满洲皇帝将他们自己描述成中国的统治者"[1]；要么像欧立德那样轻描淡写地承认"满洲人有时也称他们的帝国为'中国'，即使是称呼边疆地带"[2]。可事实上其关系意义真的仅止于此吗？满人上层只是将自己描述成"中国的统治者"或仅仅"有时"自称自己的国家是"中国"而已，还是入关以后或至少从康熙时代开始，就完全彻底地认同自己是"中国人"、认同大清就是"中国"的一个新朝代，也即认同自己统治的整个国土范围为"中国"？这的确是一个非常严肃的问题。

冷静而观，如果上述欧立德等学者的观点指的是入关之前尤其是入关前后那特定时期的大清国，尚有某种辨析的余地（但这显然不是立论者的主要意图所在），因为它确曾一度声称与当时代表"中国"的"大明"处于敌对状态；若其所指为入关以后260多年间的大清朝，或至少包括入关后的整个阶段，则显然有违历史事实，难以理解——无论将它如何"复杂化"，都是如此。它很容易使人联想起清末几年动员"排满"革命的那部分极端化、非理

① 罗友枝1996年11月在美国亚洲研究年会上的《主席致辞：再观清代》一文，载《亚洲研究杂志》，第55卷第4期。（Evelyn S. Rawski. "Presidential Address：Reenvisioning the Qing：The Significance of the Qing Period in Chinese History", *Journal of Asian Studies*, Vol. 54, No. 4, November 1996, pp. 829–850.）

② 欧立德：《满文档案与"新清史"》。

性的汉人宣传品。

众所周知，在入关之前，大清的最初奠基者努尔哈赤等曾对当时称为"中国"的明王朝表示臣服和尊崇，他们尊大明为"天朝上国"，自认其为华夏边缘之"夷"。正如清史大家萧一山所指出，"他们帮助明朝开拓东边，明朝派他们的头目作建州卫指挥"，他们的头目到北京朝贡，明朝也很优待他们。"明朝称他们为'边夷'，他们也很恭顺'天朝'。"① 在早期写给明朝和李氏朝鲜的汉文书信里，努尔哈赤曾自称"女直国建州卫管束夷人之主佟奴儿哈赤"，"保守天朝九百五十余里边疆"；"女直国龙虎将军"；"有我奴儿哈赤收管建州国人"；"建州等处地方夷王"② 等等。尽管"建州"究竟是否其所正式颁布的国名也还存有某些疑问，但这些书信，可以说仍能大体反映当年努尔哈赤相对于明朝所代表的"华夷天下"的中心——"中国"之自我定位，也可见汉文化里的夷夏天下国家观念对他们的重要影响。即便后来努尔哈赤势力逐渐强大，正式颁国号为"金国"（aisin gurun），并仿历史上的女真人以"北朝"自居，斥明朝为"南朝"，俨然与明朝为"敌体"时，也仍旧保持着对后者能代表"中国"地位的某种羡慕。皇太极时代也依然如此。在与明朝的文书中，其所屡屡表示的"尔既称为中国，宜秉公持平"，"明既为中国，则当秉公持平"③ 等，可以为证。不过，他们虽承认在当时，作为华夷天下秩序之中心的"中国"，天命仍暂系于明朝，却已开始认定，"中国之主"并非明朝皇帝和汉人可以永久独占，他们也有能力和机会参与竞争。④ 事实上，正

---

① 萧一山：《中华民族与所谓"满族"》，载《四川青年》，1944 年第 1 卷第 2 期。

② 原出处见《建州纪程图记》和《山中闻见录》等，收入潘喆等编《清入关前史料选集》第 2 辑、第 3 辑等，北京，中国人民大学出版社，1989。这些材料出处为清史学界所熟悉，此不具引。孟森先生曾发现 1630 年正月木刻揭牓之"七大恨"文，考证其原本为汉文，文中便称明朝为"南朝"，且声言"我祖宗与南朝看边进贡，忠顺已久"；还自称"属夷"等。后《满文老档》、《武皇帝实录》和《太祖实录》中，"其尊崇大明之处，乃自称为夷为酋，与建州卫及金国汗等字样，皆经改窜"，其时间大约为乾隆年间。（参见孟森：《清太祖告天七大恨之真本研究》，见《明清史论著集刊》上册，203～212 页，北京，中华书局，1959。）

③ 《清太宗实录》，卷 2 "天聪元年正月"；卷 18 "天聪八年三月"。

④ 参见郭成康：《清朝皇帝的中国观》，载《清史研究》，2005（5）。此文对相关问题的认识卓有成绩，笔者多有参考受益之处。

因为如此，在入主中原之后，满人皇帝正式以"中国"自称其全部统治区的国家认同便加快形成了。

顺治时期，清朝的政治文书中已经出现了将整个清朝统治区域称为中国的"中国"用法。到康熙朝中期以后，这种"中国"用法已随处可见，并迅速成为其"中国"用法的绝对主流。至此，可以说满人高层认同"中国"、自称"中国人"的情形，已成为一种自觉的常态。特别是在与外来西洋人等打交道的过程中，总是"中国"与"西洋"、"中国人"与"西洋人"对称。皇帝、满人大臣、汉臣乃至在华西方传教士，均是如此。此时，表示原明代汉人统治区含义的"中国"一词虽仍有某种遗留，但其已无法使用在国家身份认同的正式场合。在第一个正式的国际条约中俄《尼布楚条约》中，作为整个大清国国家名称的"中国"和作为中国人称呼的"华民"多次使用，其发祥地的东北满洲，也被明确称为"中国"的组成部分。《清圣祖实录》对《尼布楚条约》划定中俄边界之碑文的记述，非常清晰地说明了这一点。① 1711年，康熙为测绘东北地区，特详谕大学士哪些系"中国地方"，以什么为界线，在他那里，满洲已被明确称为中国的"东北一带"。其言曰：

> 自古以来，绘舆图者俱不依照天上之度数以推算地里之远近，故差误者多。朕前特差能算善画之人，将东北一带山川地里俱照天上度数推算，详加绘图视之，混同江自长白山流出，由船厂打牲乌拉向东北流，会于黑龙江入海，此皆系中国地方。鸭绿江自长白山东南流出，向西南而往，由凤凰城朝鲜国义州两间流入于海。鸭绿江之西北系中国地方，江之东南系朝鲜地方，以江为界。土门江西南系朝鲜地方，江之东北系中国地方，亦以江为界，此处俱已明白。但鸭绿江土门江二江之间地方

---

① 前揭郭成康《清朝皇帝的中国观》一文已经指出这一事实。《清圣祖实录》卷143 "康熙二十八年十二月丙子"其原文写道："碑曰：大清国遣大臣与鄂罗斯国议定边界之碑。一、将由北流入黑龙江之绰尔纳即乌伦穆河相近格尔必齐河为界，循此河上流不毛之地有石大兴安以至于海。凡山南一带，流入黑龙江之溪河，尽属中国。山北一带之溪河，尽属鄂罗斯。一、将流入黑龙江之额尔古纳河为界，河之南岸，属于中国；河之北岸，属于鄂罗斯……。一、从前一切旧事不议外，中国所有鄂罗斯之人，鄂罗斯所有中国之人，仍留不必遣还。"可见"大清国"与"中国"已经在完全相同的意义上使用。

知之不明,即遣部员二人往凤凰城会审朝鲜人李万枝事。又派打牲乌拉总管穆克登同往,伊等请训旨时,朕曾秘谕云:"尔等此去并可查看地方,同朝鲜官沿江而上,如中国所属地方可行,即同朝鲜官在中国所属地行;或中国所属地方有阻隔不通处,尔等俱在朝鲜所属地方行。乘此便至极尽处详加阅视,务将边界查明来奏。"①

从上文可知,"中国"不仅已明确成为康熙帝国家认同的自然符号,而且这一符号与近代意义的国界观念还紧密地联系在一起。

康熙晚年,面对西方的东来,其整个国家统治范围的某种"中国"危机意识已然出现,这从其所谓"海外如西洋等国,千百年后中国恐受其累——此朕逆料之言"②可见一斑。到乾隆朝之时,此种表明其整个国家认同含义的"中国"概念之使用已然制度化,特别是对外自称之时。1767年,乾隆本人就明确规定:"夫对远人颂述朝廷,或称天朝,或称中国,乃一定之理。"③因为只有在不断面对外来"他者"时,国人才会有此种表明自我国家身份认同的需要和动机。值得注意的是,乾隆强调对外应称"中国"时,恰恰针对的是永昌府檄缅甸文中"有数应归汉一语",他明谕"归汉"的说法为"不经",这很典型地表明了乾隆皇帝对其所认同的"中国"及其范围之理解。也在1767年,宫廷传教士蒋友仁奉乾隆帝之命手绘了第二幅高水准的《坤舆全图》进呈并得到认可,其在地图上就直接将大清国统治地区标名为"中国"。这幅图的"图说"部分后经何国宗与钱大昕润色后,于1799年公开出版,其中也是直接以"中国"相称大清国的。实际上还在康熙十三年,钦天监监正南怀仁刊行全国并于乾隆朝收录《四库全书》的世界地理书《坤舆图说》里,就已直接称大清国为"中国"了。

晚清时期,在与欧美等国所签署的各种中外条约中,作为整个国家名称的"中国或中华"与"大清国"同时交替使用、在相同意义上使用的情形更

① 《清圣祖圣训》,卷52。参见孙喆:《康雍乾时期舆图绘制与疆域形成研究》,40~41页,北京,中国人民大学出版社,2003。

② 《清圣祖实录》,卷270"康熙五十五年十月壬子"。

③ 《清高宗实录》,卷784"乾隆三十二年五月上"。

是极为普遍，甚且很少例外。如 1842 年中英第一个不平等条约《江宁（南京）条约》的汉文文本中，就是"中国"和"大清"混用不分的；中法《黄埔条约》亦然。而中美第一个不平等条约《望厦条约》的汉文文本开头更称清朝为"中华大清国"，结尾签字处则注明"大合众国钦差全权大臣驻中华顾盛"。十余年后的中美《天津条约》里，也称清朝为"中华大清国"，称大清皇帝为"中华大皇帝"。凡此不仅表明了以满人贵族为核心的清朝统治者对"中国"或"中华"这一国家名称的自我认同，同时也意味着它实际上已得到了当时国际社会的承认。尤其值得注意的是，当时最主要的西方强国在与中国签署条约的本国文字条约文本中，有时干脆就直接将"大清"二字译成"中国"。如前面提到的中英《南京条约》的英文本里，大清皇帝的对应词就写作"Emperor of China"；大清国也直接写作"Chinese Empire"。可见在当时的英国人看来，"大清"和"中国"根本上就是一回事罢了。

笔者曾粗略统计清朝最重要的政书《大清历朝实录》里"中国"一词的使用情况，其结果是 1912 年之前共有 1 680 多次的使用，其中那种包括当时全部清朝所治区域与民族在内含义的"中国"，以及泛指此前古代中国的用法竟占到了 98％以上。而仅指所谓明朝统治区域（即狭义中原）的使用极少，不到 30 次，也即占不到 2％，其中近一半尚为入关前的使用。① 入关后的使用基本在乾隆朝以前，并且多是在追述历史、分别满汉关系的特殊语境下，如雍正与曾静论辩华夷等场合才出现。清朝皇帝喜欢挂在嘴上的所谓"中外一统、满汉一家"，其"中外"并非意指现代意义的"中国"和"外国"，而主要是泛指中原和中原以外的广大地区。这也可以说是满人皇帝及其上层所主导的、以整个清朝统治区域为范围的"中国认同"之一集中体现。

在中国历史上，一旦掌控中原的王朝统治稳定下来之后，国人的王朝认同与"中国"国家认同就趋于一致，特别是当其遇到"华夷天下"之外的外国或外国人时，该王朝就代表"中国"，并自称中国和中国人，两者实际上就变成一回事。而同时"中国"也就当然成为自在的、中外双方均自然习惯使

---

① 在有关内容的统计过程中，曾得到吴密同学的帮助，特此致谢。

用的国名，明清时代尤其如此。而当该王朝逐渐丧失其统治合法性乃至难逃灭亡命运的时候，"中国"却并不随之而去——清末时，既保皇且坚决不排满的康有为被人攻击为"保中国不保大清"，其底蕴正在于此。如果仅就此意义而言，"中国"与"大清"当然有所不同。只不过这一点同"大宋"、"大元"和"大明"等朝代也并无根本区别，绝不是什么清王朝的特性而已。它与传统"中国"有别于西方帝国和民族国家的特殊国家性质密切相关。

美国部分"新清史"学者不愿直接称大清为中国，倒乐于简单直接地称入关后 260 多年的大清国为"满洲帝国"，这从入关后满人的国家自我认同角度来看，严格说来才真正不妥。以往，学者们曾长期认为"满洲"一名为皇太极所臆造，后来据中外学者特别是日本学者的有关研究，"满洲"也可能曾是努尔哈赤所统旧部（或国，满语为 gulun）的原名，或曾作为一种以族名名国的泛称而非正式国号存在过（类似于所谓"诸申国"）。但从现有的具有说服力的材料来看，其正式的国号，至少从 1616 年之后的两三年开始至 1636 年改国号之前，就一直是"金国"（aisin gurun），"金"的满语译音为"爱新"。[①] 1635 年，皇太极为了斩断与"诸申"（jushen 或 juchen，即此前辽东女真语各部之总名）的关联，严禁用"诸申"称谓，而令恢复使用所谓"满洲"旧名。次年他又正式改国号"金"为"清"。不过此后的大清国虽"首崇满洲"，却已绝非满洲一族之国，而是其主导之下的满、蒙古、汉等族人民共享的国家。"满洲"与"大清"也并非含义等同的概念，它主要作为族称使用，或被用来指称大清的发祥之地。清朝皇帝入关后所发布的重要国家公文

---

① 参见姚大力、孙静：《"满洲"如何演变为民族——论清中叶前"满洲"认同的历史变迁》，载《社会科学》，2006（7）。有关这一问题，日本学者三田村泰助在《清朝前史研究》（日本，京都同朋舍，1965）一书中的看法很有代表性。他利用《满文老档》，认定满洲国（固伦）作为努尔哈赤统一建州女真所建之国确实存在过。不过万历末年降叶赫、完成统一女真民族大业后，对外便称后金国，对内则称诸申国，满洲国的国号于是取消。1972 年，神田信夫氏又在三田村泰助基础上将《满文老档》与《满文原档》相对照，撰《满洲国号考》一文，进一步提出满洲国名并未因采用"诸申"或"后金"国名而中断的看法，认为此后它仍是其满语国名，并与后起的"爱新"之满语国名并行不悖（见神田信夫：《满洲国号考》，收入《清朝史论考》，日本，山川出版社，2005）。但这一说法目前尚难令人信服。即便其说成立，也不影响笔者的结论。因为其国号改为"大清"后，尤其是清朝入关之后，"满洲"为族称而非国名的意义确然无疑。感谢张永江教授在这方面所提供的资料帮助。

中，都不曾正式以"满洲"名其国。因此可以毫不疑问地断言，入关之后的"满洲"不过是满人的族群认同符号而已，它与其自称"中国"的国家认同之间存在着本质差别。

认同与再造：内涵及特征分析

就入关之后而言，清朝满人的"中国认同"，不外包括以下两个方面的主要内容：一是如前所述的国家名称层面的自认"中国"和自称"中国"。至少从康熙时代起，这种做法在满人高层已经逐渐成为日常习惯。包括满人在内的清朝皇帝之所有臣民都属于"中国人"，包括满人发祥地的"满洲"地区在内的所有大清国土都是"中国"的一部分，这种认识起码在康乾盛世的国内已经成为包括满族官员在内的清朝之官方常识，并得到了当时及此后国际社会的承认。二是与国名认同相关，清朝皇帝及其满人上层对此前传统中国的历史和文化的主体（以汉文化为核心代表）明确加以认同，尤其是明确将儒家思想作为治国的根本理念，对传统的帝系帝统自觉接续，并以中华正统（所谓道统和治统的结合）自居，确然自认清朝是自古及今中国的一个朝代（如称明朝为中国前朝）。这从清朝的帝王祭祀的内容中不仅有远古以来的汉人皇帝，也涵括入主中原的蒙古和满洲等族的帝王可以概见一斑。[①]

关于清朝皇帝及其满人上层对传统中国历史文化的认同现象，以往学界常常爱称之为"汉化"，其实正如何炳棣先生在反击罗友枝有关"新清史"观点时曾表明过的那样，或许称之为"中国化"或"华化"要更为准确。[②] 这不仅因为清代以前的传统中国文化已非汉人文化所能囊括，更重要的是，清代

---

① 参见"清代政治与国家认同"国际学术研讨会上黄爱平提交的《清代的帝王庙祭与国家政治文化认同》、常建华提交的《国家认同：清史研究的新视角》，以及张寿安提交的《清儒凌廷堪的正统观》。

② See Ho, ping-ti, "In defense of Sinicization: A Rebuttal of Evelyn Rawski's Reenvision the Qing", *Journal of Asian Studies*, Vol. 57, No. 1, February 1998, pp. 123–155.

在"中国"或"中华"的名义整合下,其文化也是各民族彼此互动的结果。就康雍乾三帝所代表的满人上层而言,他们在认同儒家文化的同时,实际上也对之加以了选择性改造,有学者强调这一时期朝廷的官方儒学是带有满人统治特点的专制性极强的"清代皇家新儒学",认为它乃是"熔华夷观、君臣观、正统观、礼乐观、灾祥观以及有关养民、察吏、明刑、封建、井田、科举、乡约、教化等各方面认识于一炉"的独特的新儒学思想体系。① 这的确很有道理,对认识相关问题甚有启发。

就政治制度而言,虽说是"清承明制",但满人皇帝却建立起了独特的"军机处"和"秘密立储制度",改革了中国传统的君相体制和皇位继承制,从而表现出自己的个性。与此相一致,在统治少数民族、拓展和有效管辖辽阔疆土的策略上,至少就清前中期而言,他们也已显示出别具一格的满人特性和传统,如尚武重骑射,实行满蒙联盟,重视喇嘛教,允许一定程度的多元文化并存,乃至自觉抵制好虚文之"汉习",等等,其超越前朝的统辖成效不仅为今人所熟知,也早已为清朝满人皇帝自身所自觉。不过清朝皇帝的此类自觉,往往又与认同"中国"和希望被汉人士大夫真心接受的心理有直接关系。如雍正皇帝在《大义觉迷录》中,就针对视满人为夷狄、不愿接受其为"中国之主"的汉人士大夫代表曾静等,理直气壮地自赞大清为中国扩展疆域的汗马功劳,其言曰:"自古中国一统之世,幅员不能广远,其中有不向化者,则斥之为夷狄……是以有此疆彼界之分。自我朝入主中土,君临天下,并蒙古极边诸部落俱归版图,是中国之疆土开拓广远,乃中国臣民之大幸,何得尚有华夷中外之分论哉!"不仅如此,他还强调清朝结束战乱、实现新的大一统是"大有造于"中国,所谓:"我朝统一万方,削平群寇,出薄海内外之人于汤火之中而登之衽席之上,是我朝之有造于中国大矣、至矣!"② 可见他不仅认同于"中国",还以满人能够再造"中国"、实现其开疆拓土的发展

---

① 参见"清代政治与国家认同"国际学术研讨会上夏明方提交的《多重变奏中的灾异论与清代王朝认同——以〈大义觉迷录〉为中心》一文修改稿。

② 以上所引《大义觉迷录》中的文字,分别见中国社会科学院历史研究所清史研究室编:《清史资料》,第 4 辑,5~6 页,北京,中华书局,1983。

为自豪。

实际上，清朝满人的"中国认同"，就是在与汉、蒙古、回等族人特别是汉人复杂的矛盾合作关系中逐渐发展并得到深化的。在入关后的清朝官方合法性意识形态话语中，就始终强调"大清"中国的存在和发展，必须以满、汉、蒙古各族臣民一体合作、各展所长、共效驱驰为前提，所以从顺治帝开始，官方文书里诸如"满汉人民，皆朕赤子"，"满汉一体"，"满汉文武，皆为一体"等一类体现超越满洲一族利益之上的"国家"认同之治国理政谕旨，随处可见。如 1728 年，雍正帝就曾针对镶黄旗蒙古副都统宗室满珠锡礼所谓"京营武弁等员，参将以下，千总以上，应参用满洲，不宜专用汉人"的条奏，给予明确的批评，并强调指出：

> 从来为治之道，在开诚布公，退迩一体，若因满汉存分别之见，则是有意猜疑，互相漠视，岂可以为治乎？天之生人，满汉一理，其才质不齐，有善有不善者，乃人情之常。用人惟当辨其可否，不当论其为满为汉也。……朕屡谕在廷诸臣，当一德一心，和衷共济，勿各存私见，而分彼此。在满洲当礼重汉人，勿有意以相违，始为存至公无我之心，去党同伐异之习。盖天下之人，有不必强同者，五方风气不齐，习尚因之有异。如满洲长于骑射，汉人长于文章，西北之人果决有余，东南之人颖慧较胜，非惟不必强同，实可以相济为理者也。至若言语嗜好，服食起居，从俗从宜，各得其适，此则天下之大，各省不同，而一省之中，各府州县，亦有不同，岂但满汉有异乎？朕临御以来，以四海为一家，万物为一体，于用人之际，必期有裨于国计民生。……总无分别满汉之见，惟知天下为公。[①]

雍正此言中虽不无自我标榜、掩盖大清各民族实际不平等的意图，但仍可见其所追求的那种因俗而治、各民族取长补短、相济为用、求同存异而整体同一的中国多族群"大一统"国家之政治特色。

[①] 《清世宗实录》，卷 74 "雍正六年十月"。参见郑鹤声：《近三百年来中华民族融合之趋向》，载《边政公论》，1944 年第 3 卷第 2 期。

清朝满人的"中国认同"既以满、蒙古、汉等民族政治合作为基础的"大一统"之实现为其条件，又以文化上的多元并存、不断融合和对外维护其整体尊严为鲜明表征之一。1727年，在召见西方传教士、驳斥罗马教廷关于信仰天主教就不能祭孔祭祖的规定时，雍正就曾坚定地以中国文化的"护法"自任。他郑重表示："作为一个满洲人……朕岂能帮助尔等引入那种谴责中国教义之教义？岂能像他人一样让此种教义得以推广？喇嘛教最接近尔等的教，而儒教则与尔等之教相距甚远。尔等错了。尔等人众不过二十，却要攻击其他一切教义。须知尔等所具有的好东西，中国人的身上也都具有，然尔等也有和中国各教派一样的荒唐可笑之处。"① 他甚至还更为明确地声言："中国有中国之教，西洋有西洋之教；彼西洋之教，不必行于中国，亦如中国之教，岂能行于西洋?!"② 最终，禁止天主教在华传教的政策在他那里得到进一步强化。这其中自然含有国家政治考量的因素在内，但"中国认同"的文化背景也是十分明显而重要的。

美国"新清史"学者总爱强调清朝皇帝的多重形象或身份，可他们入主中原之后、特别是康熙中叶以后其最主要的身份或最高身份仍当是"中华皇帝"或"中国大皇帝"，其他的身份均笼罩在"中华皇帝"的光环之下，实与之无法分离并且因之获得更大的权威。③ 与此相应，在文化上，此后清朝总的来说虽是多元文化并存，但儒家正统却是其建设政治文化合法性的最大价值来源，它是清朝专制皇权得以维系的根本所在，可以说在多元文化中，实处于核心地位。

笔者赞成"新清史"诸人强调在清朝，满、蒙古、汉等多种民族文化之

① 宋君荣：《有关雍正与天主教的几封信》，见杜文凯编：《清代西人见闻录》，145～146 页，北京，中国人民大学出版社，1985。
② 《世宗宪皇帝上谕内阁》，卷 56，见《影印文渊阁四库全书》，第 414 册，597 页，台北，台湾商务印书馆，1986。
③ 郭成康教授在《清朝皇帝的中国观》一文中，曾广为引证材料，如准噶尔博硕克图汗噶尔丹向康熙一再表白"中华与我一道同轨"，"我并无自外于中华皇帝、达赖喇嘛礼法之意"，蒙古僧俗人众相信"中华皇帝，乃活佛也"，土尔扈特以"大圣皇帝（指乾隆）甚为仁慈，广兴黄教"，遂决策从俄罗斯毅然回归中国等等，笔者以为，它们均能直接或间接地说明本文的这一观点。

间彼此"涵化"（acculturation）的提法。可问题在于，参与涵化的各族文化对于清代中国发展之实际影响、地位和作用，并非完全对等。总的说来，入关以后，汉文化的影响无疑是最大并不断加大的。统治广大汉人的现实需要，以及对清代以前中国传统历史文化认同的强化和深化，必然导致汉文化在清朝政治生活和社会生活中的地位日益提高，而相应地，满文满语的实际地位却在逐渐下降中。到清代中叶时，已有不少满人官员不会使用满语草拟奏折，这成为稍后乾隆多方面采取措施、强化满人自身认同的一个直接契机。但根本趋势已无法扭转。以清朝最重要的政书《清实录》的纂修为例，最初，实录是先修满文本，然后译成汉文本，再由汉文本转译成蒙文本。康熙时代起，因各种史料大都来自汉档和汉籍，所以从雍正朝修《清圣祖实录》开始，实录满汉文本之间的修纂顺序不得不颠倒了过来，是先修成汉文本，再分别据之译成满文本和蒙文本。有的学者认为，这一改变不仅体现了"清朝汉化进程的加深"，甚至还表明了汉文作为大清国"共同语言地位"之确立。① 这一看法是否切当，当然还可讨论，但它表明康熙时代起汉文化对满人的影响程度已然相当深化，却是毋庸置疑。

进入晚清后，在应对西方列强和日本的侵略以及广大汉人地区大规模的反抗过程中，这种汉文化影响强化和深化的趋势又得以进一步加剧。笔者发现，在晚清，西方诸列强与中国签订不平等条约时，除俄罗斯还偶尔使用满文本之外，其他西方国家乃至东方的日本，都只使用汉文本与其本国文字本。以致 1875 年，光绪在谈到中国和秘鲁换约等事宜时竟明确谕称："惟换约事宜，中国总以汉文为凭。"② 可见在这一文化权势转移的过程里，外国殖民者特别是欧美列强，也曾起到某种推波助澜的作用。最能生动地体现这种文化地位转化的，或许还是汉文中"国语"一词含义最终的满、汉倒置。晚清以前，"国语骑射"是清朝皇帝所自豪的满人特性，"国语"自然是指满语，而到了清末最后十年，流行的"国语"一词却已逐渐明确地指称汉语"官话"。最后，清廷竟以通过《统一国语办法法案》的方式，将其正式确认。这种认

---

① 参见谢贵安：《〈清实录〉稿底正副本及满汉蒙文本形成考论》，载《史学集刊》，2008（2）。
② 《清德宗实录》，卷 13 "光绪元年七月上"。

同情形对于满人来说，自然也存在某种不得已的苦衷，它应当是在清末新的时代背景下，多族群文化现实互动和社会历史强势选择的结果。

在清朝尤其是清末以前，满人的"中国认同"基本由专制皇权和满洲上层贵族所主导，一般满人基本没有什么选择的余地。这乃是那个时代满人"中国认同"的突出特征。而实现大一统格局之后的清朝皇帝及满族上层之"中国认同"，又可谓坚定不移、毫不含糊。不难想象，要是盛清尤其是晚清时，哪个满人和其他族群的中国人敢声言"不应直接把清朝称为中国或是把大清皇帝称为'中国'的皇帝"，大清皇帝非但绝不会允许，肯定还要对其严加治罪。这是今人讨论这一问题时所应该具有的起码历史感。

值得注意的是，清朝满人的"中国认同"，曾经历前后演变的过程。不仅入关前后有区别，通常所谓的清代前期、中期和晚清也有不同。时至清末，为了抵御激进的"排满"运动，一部分主导政局、参与新政的满人官员和留日学生之"中国认同"得到升华，在他们身上，初步实现了从认同传统的"专制中国"到自觉批判八旗制度、认同各民族平等融合的"立宪中国"之近代转变。从中我们可以很清楚地看到新型的满族官员和知识人具有时代特点的民族认同和政治选择。

清末满人的现代民族自觉与"中国认同"之演进
——兼论其以"大同"论为核心的传统思想依据

戊戌、辛亥时期，由于从日本和西方输入了现代"民族"和国家观念，作为民族的"满族"、"汉族"、"回族"、"蒙古族"、"藏族"和"苗族"等现代意义的概念也得以产生，并被各自所属群体的知识人渐次认同。而把传统的和当下的中国归为"专制"国家，主张建立以各族人民作为"国民"平等为基础的君主立宪国，以取代前者，则成为清末十年尤其是1905年以后满人中国国家认同的一个新的政治思想动力。

1906年，奉命出国考察宪政归来的满族大臣载泽和端方等，先后给朝廷上奏密折，急切表达一种消除满汉民族畛域、迅速立宪的主张和愿望。如载泽就在"奏请宣布立宪密折"中痛切表示："方今列强逼迫，合中国全体之力，尚不足以御之，岂有四海一家，自分畛域之理?"① 端方也于是年向朝廷奏上一份"请平满汉畛域密折"，强调欧美各国因国内种族、民族关系不同而强弱有别，"苟合两民族以上而成一国者，非先靖内讧，其国万不足以图强；而欲绝内讧之根株，惟有使诸族相忘，混成一体"②。次年，他又向朝廷代奏"条陈化满汉畛域办法八条折"，认为"宪政之基在弭隐患，满汉之界宜归大同"③，从而自觉地将民族问题与立宪政治紧密地结合了起来。

与此同时，一批留日的满族旗人，如恒钧④、乌泽声⑤、穆都哩⑥、裕端等，也加入到呼唤以民族平等融合为基础的"立宪中国"的队伍中来。他们特于1907年6月在日本东京创办了著名的《大同报》，不久，其同人又在北京创办性质相同的《(中央)大同日报》⑦，专以"满汉人民平等，统合满汉蒙

---

① 龚书铎主编：《中国通史参考资料·近代部分》（修订本，下），303页，北京，中华书局，1980。
② 中国近代史资料丛刊《辛亥革命》（四），39～47页，上海，上海人民出版社，1981。
③ 故宫博物院明清档案部编：《清末筹备立宪档案史料》下册，915～917页，北京，中华书局，1979。
④ 恒钧，字十丰，清宗室。早年官派留学日本，就读于早稻田大学教育及历史地理科。1907年，他曾与熊范舆、沈钧儒、雷光宇领衔给清廷上了第一份要求速开国会的请愿书。民国建立后，曾任国会议员，办首善工厂等。他还是著名的京剧爱好者和研究者。
⑤ 乌泽声（1883—?），字谪生，直隶人（清末时曾参与国会请愿运动，为直隶省代表，见尚小明：《留日学生与清末新政》，36页，南昌，江西教育出版社，2002。一说为吉林人，恐误）。早年留学日本早稻田大学，民初曾任众议院议员，以拒贿著称。后曾在伪满任职。
⑥ 穆都哩（1884—1961），原名穆六田，后改名宁裕之。满族，出生于北京。日本早稻田大学政治经济系毕业。后成为民国著名的满族小说家，笔名儒丐。其1923年问世的小说《北京》，是中国现代文坛上最早的长篇小说之一，该小说真切地反映了满族人在辛亥后的生活状况与心理特征。1953年被聘为北京文史馆员。
⑦ 北京《大同日报》不多见，北京大学图书馆所藏该报，笔者仅查到1908年6月和11月两个月的。但该报创办于1908年3月27日（光绪三十四年二月二十五日），为日刊，每日出两大张。馆设北京琉璃厂土地祠内。1908年3月，梁启超在给康有为的信中表明，该报创办者为康梁立宪派的旗人同道。其信写道："都中出一《大同报》，为旗人所设，办事皆吾社人。社中亦荐人（旗人以外之社员）为之主笔，然其经济亦甚乏，后此尚当思所以济之。不然，将失其势力。"其信中所言"大同报"，或当指此《大同日报》。参见张品兴主编：《梁启超全集》，第10册，5969页，北京，北京出版社，1999。据说此报后改名为《中央大同报》，详情待考。

回藏为一大国民"为宗旨。他们认定:"今之中国,为满汉蒙回藏人合成之中国,而非一族一方之中国也明矣!"① 为了实现其心目中的"理想中国",他们痛切反省八旗制度,批判专制制度的不合理,认为"最不可思议,轶出累代专制范围外者,则莫若我中国之满汉不平等也。考其不平等之原因,则以本朝入关之始,种族思想未能尽灭,种族阶级因此而生,遂产生一种特别制度,为我国民蠹焉"②。

这种建立以满汉融合、"五族大同"为基础的立宪中国的主张,得到了当时满族旗人中不少有识之士的大力支持,实际成为 1905 年以后满人内部公开传播的主流舆论。《大同报》第 3 号上,曾登载 64 个"本社名誉赞成员姓名",除了汉、回、土尔扈特蒙古等族中的少数非旗人之外,满、蒙古、汉等族旗人约占了 80%,尤以满族为最。由此可见其影响之一斑。

值得一提的是,在清末留日的满族留学生中,还有一些人基于对西方"nation"概念的理解,甚至强调满汉已不再为两个民族,实际上已成为一个民族。他们认为,民族与种族有别,它是"历史的产物也,随时而变化,因世而进化……故民族以文明同一而团结,而种族则以统一之血系为根据,此民族与种族又不可不分也"。他们由此认定"满汉至今日则成同民族异种族之国民矣";或言:"满汉处于中国,久为精神上之混合,文化上之陶铸,风俗上之浸染,政治上之团结,已成一民族,而不可分为两民族。且随社会之演进,已由民族进为国民,只有兄弟同胞之亲爱,绝无民族离贰之恶情。所谓排满排汉,不过无意识者浮言邪说,不足以为我满汉同胞之代表。"③ 不仅如此,他们还强调所有"中国之人民,皆同民族异种族之国民也","准之历史之实例,则为同一之民族,准之列强之大势,则受同一之迫害,以此二端,则已足系定其国民的关系矣"④。也就是说,在他们看来,"民族"乃是有别于"种族"、建立在统一而平等的近现代"国民"政治身份基础上的文明融合体和命运共同体。这一

① 恒钧:《中国之前途》,载《大同报》第 1 号。
② 乌泽声:《论开国会之利》,载《大同报》第 4 号。
③ 乌泽声:《满汉问题》和《论开国会之利》,前者载《大同报》第 1 号。
④ 穆都哩:《蒙回藏与国会问题》,载《大同报》第 5 号。

认识实际上成为现代"中华民族"观念的重要来源之一，亦表明有清一代的"中国认同"与现代中华民族认同之间，实具有着一种直接的关联。

不过，在立宪运动期间的满族留日学生当中，有的虽认定中国境内各族人民已融合为一个大"民族"，但同时也指出其有关部分的文化融合程度仍显不足，还需要继续加以"建设"，努力发挥互相"同化"的积极作用，以顺应不以人的意志为转移的"同一"趋势。满人穆都哩在《蒙回藏与国会问题》一文中就明确写道：

> 盖民族之成国民之合，其绝大之原因，全由于外部之压迫及利害之均等，而他种之原因则一缘于居于同一之土地，一缘于相安于一政治之下。至于言语、风俗习惯虽为成立民族及国民之要素，然有时不以此而亦能判定其为某国之国民。若专以风俗、言语等而定民族之异同，则英人与美人之问题，必难解决矣。虽然，中国之人民皆同民族而异种族之国民也，言语、风俗间有不同之点，有时而同化也。故同化者，亦造就新民族之一要素。以满汉两方面而言，则已混同而不可复分，推之及于蒙回藏，则其大多数虽未收同化之效，而其近于内地之人民，则其言语风俗已一于内地之人民。虽欲使其不同，已不可得矣。再加之以经营，施之以教育，则数年以后可用者将不遑计。不然，委之于不显，或奴隶视之，则三年之后，其地必非我有。①

在这里，民族国家认同的现代政治性原则，以及文化融合才能使之深化和巩固的认知，可以说都得到了前所未有的自觉强调。这是对西方特别是西欧和美国现代"民族（国家）"（nation）概念的理解和运用走向深化的重要环节。

此种通过立宪运动得到加强的各民族一体融合的新中国民族国家认同，由于特殊的历史原因，在满族旗人那里能够有突出的表现，其意义自然不同寻常，它体现出部分少数民族人士在这一历史进程中所具有的主动性和积极性。②

---

① 穆都哩：《蒙回藏与国会问题》。

② 有关上述问题，笔者在《民族自觉与符号认同："中华民族"观念萌生与确立的历史考察》（载《中国社会科学评论》，2002（2），创刊号）一文中，有更详细的讨论，可参见。

　　需要指出的是，立宪运动期间，部分留日满族有识之士对于中国这一新的现代民族国家共同体之认知与宣传，在民族观的根据上，也曾受到留日汉人杨度主编的《中国新报》的某种影响，或至少其彼此之间有过一定程度的互动。如 1907 年，《中国新报》上发表陈敬第①《满汉问题之解决》一文，文中对"民族"理论的集中介绍和满汉关系的辨析，就相当周详和深入，堪称清末国内有关认知的较高水平，而其强调"民族"与"种族"之区别，并在此基础上讨论满族与汉族具有民族"同一性"关系，便与前述乌泽声的观点有明显的相似之点和相通之处。

　　不过，前述留日旗人的民族观，也有不同于陈敬第等汉人知识分子的地方。他们一则不愿直接认同某些汉族知识分子基于文化优越感而导出的"同化"态度，而更愿使用传统的"大同"概念，来表达彼此文化相互涵化之义；二则更看重和强调民族的同一政治基础——即处于"同一政治之下"的平等"国民"之因素的重要性。这后一点，在乌泽声同年发表的《满汉问题》一文中对 nation 译法的主张里，得到一特殊体现。乌氏反对将英法文 nation 译为"民族"，认为这是日人不察英法此词与德文有别而又"慕德风之流弊"的缘故，"而我国民族二字本非一定名词，粗识日文之辈，亦慕民族名词，不知已失本意，且盲从号呼民族主义，岂知民族主义惟行之于宗法社会，及演进国家社会，是为国民主义"。他因此讥笑此种译法为"新学浅虑不知言语学者"的"遗羞天下、见笑士林"之举，并表示"吾论政治的民族主义，即改为国民主义，以示区别而避混淆也"②。这成为其认定中国各民族人民平等享有中国主权、共同建设立宪中国的新的思想依据。

　　综观整个有清一代满人的"中国认同"，其所依据的思想资源前后虽不无变化，但儒家的"大同"理念却是其始终贯穿如一的思想基盘。"大同"概念

---

　　①　陈敬第：浙江仁和人，早年留学日本东京法政大学，回国后被赐为进士、翰林院编修。曾译《法学通论》（日本，丙午社，1907），《政治学》（这是对日本近代政治学开拓者之一小野冢喜平次《政治学大纲》一书的中译本，初版本不详，曾见丙午社 1912 年第 3 版）。清末为资政院民选议员。民初时，曾任清史馆协修，"国民公会"领导人。

　　②　乌泽声：《满汉问题》。

出自于儒家经典《礼记》，它所追求的是破除一切彼此界限，平等融合、追求共性的人生和国家至上境界。所谓"存大同，存小异"，也是从这里延伸出来的为人与行事原则。这在中国既是一种重要的人生观和世界观，也是一种与他族类交往的族群观和政治观。乾隆帝在《西域同文志序》中谈到"天"的各种语言说法有别但无不"敬之"之时，就曾使用过"大同"概念。其言曰："汉人以为天而敬之，回人以为阿思满而敬之，是即其大同也，实既同名亦无不同焉。"①"大同"的前提是"同文"，同文并不意味着以其中一种代替其他，而是互释共认同存，相互沟通。晚清洋务派所奏办的"同文馆"，也是此义。不过清末端方等满人所频繁使用的"大同"观念，与《礼记》泛论的普世性和康有为《大同书》中的"大同"主张之超越国界仍有区别，其所使用的范围还只限于国内。但很显然，他们对"大同"观念与中国国家整体认同之间关系的把握，已经更加自觉、清晰和深入了。

　　1907年，满人裕端在《大同报》上特别发表《大同义解》一文，可以说典型地表达了其同人的中国"大同"追求，也集中体现了此种思想的自觉程度和认知高度。该文强调指出："大同云者，非自视为异而欲同于人也；亦非视人为异，而使人同也……大同之本意有二：一曰欢迎其不以为异者而同之；一曰利导其自以为异者而同之，二者缺一不可为大同。"他们认为中国自古以来就以"大同"为理想，于是不断由小而大、由分而合、由异而同，"同之至于今日也，已数千年，合为一国，团为一体"，这不仅符合中国历史发展的趋势，也体现了现代世界发展的进化潮流。在他们看来，"满汉蒙回藏同处于一政府之下，尤与今日世界之趋势相合，此可庆可贺之事"，因为"世界今日之趋势，为兼容并包，合散为总，由分而合之趋势"②。顺之则符合进化论所标示的世界潮流，反之则为"退化"，可能招致亡国灭种的结局。该文由此称全国各族人为"黄帝之孝子顺孙"，号召其"共保吾种，共存吾国"③。由此可见清末满人认同"立宪中国"时那鲜明的自主进化观和毫不含糊的主体意识。

①　《清高宗（乾隆）御制诗文全集》，第10册，416页，北京，中国人民大学出版社，1993。
②　恒钧：《中国之前途》，载《大同报》第1号。
③　裕端：《大同义解》，载《大同报》第2号。

此种认同，自然成为稍后满人接受"共和中国"、认同"五族共和"的思想基础。1912 年 2 月，隆裕太后在清帝逊位诏书中，明确提出"合满、蒙、汉、回、藏五族完全领土为一大中华民国"，便清楚地显示出此种认同的接续性。这是我们考察清朝满人"中国认同"问题应该了解的历史线索。

变与不变的"中国性"：多重认同的统一

在笔者看来，研究"中国历史"及其有关问题的时候，不能一方面极端强调"中国"含义的模糊和"断裂"，而同时又偏颇僵硬地执定一个狭隘不变的"中国"定义来评断有关历史——也即把"中国人就是汉人，中国就是汉人统治的国家或地区"这一某些特定朝代的"中国"之历史含义固定化，并始终不变地以这个固定化的"标准"来判断此后变化着的或变化了的那些"非汉人"的中国人身份及其所属王朝国家之属性。① 在近代英语中，"Chinese"既是"中国人"，也可为"汉人"和"汉语"，容易助长这种思维弊病。殊不知康雍乾时代及其以后的中国已非昔日的明代中国，而是被清帝、满人和汉人等其他族群共同认同、又加以再造过的中国。对于这样一个变化了的和变化着的中国，满人及其最高代表皇帝何曾有过罗友枝等所谓的"超越"？又何从"超越"？它有所超越的不过是明代及其以前的中国而已。当今，许多受"后现代"影响的思路或论断因不能将自己的论述立场贯彻到底，常常难免陷于此类思维矛盾之中而不自知。其实，作为传统国家的"中国"，它的地域范围、居住人民、主导族群在不同时代固然不断有所变化，但其每个占有

① 类似的观点和做法，其实早在 20 世纪 20 至 30 年代的日本就有过。以矢野仁一为代表的支持日本"大陆政策"的学者们，曾提出所谓"满蒙藏非支那本来领土"论，意谓"支那≠清"、"支那＝支那本部"、"支那＝汉民族之领域"等，可见矢野仁一当时发表在日本《外交时报》、《东亚》、《东亚经济研究》等上面的系列论文，如《满蒙藏は支那本来の领土に非る论》（载《外交时报》35 卷 1 号，1922 年 1 月）等。至于当时中国国内学者的有关反驳，则可参见叶碧苓：《九一八事变后中国史学界对日本"满蒙论"之驳斥——以〈东北史纲〉第一卷为中心的讨论》，载《国史馆学术集刊》，2006 年 9 月第 11 期。

中原的王朝国家却都无一例外地、连续不断地认同于"中国",以"中国"自名、自称、自表、自得、自尊乃至自大,坚定地遵从于儒家政治文化,并表明自己是中国的一个正统朝代。这种朝代可以更替兴亡、作为传统政治与文化共同体的"中国"国家却永续永在的独特的历史延续性认同,并非今人以现代民族国家意识加以主观反推的结果。它长期形成并不断强化了一种"中国天下"的共识,其内涵绝非狭隘的"汉人国家"所能概括。撇开政治文化不谈,仅就疆土而言,它可以说就集中体现为一以贯之的、中心不变而边界模糊但认同相当明确的"中国"国家特征。这一点与其独特的儒家政治文化相结合,毋宁说正是构成历史悠久的前近代传统中国有别于西方古今主要国家、特别是近现代民族国家的重要特色所在之一。

20世纪初的清末几年,作为启蒙思想家的梁启超等人震惊于西方现代民族国家的强盛,迫切需要激发国人现代民族国家式的爱国心,因而痛责传统中国有"王朝"而无"国家",并对中国缺乏西方式的宪法规定的、确然无疑的统一国名一事而忧心如焚。熟悉万分且历史悠久之"中国"明明自在心中,却仍在无意间把国家归结为"民族国家"之专属,这正是当年强势的西方政治文化霸权的典型表现之一。实际上,早在民国时期,已有中国学者专从政治学的国家类型的角度,敏锐地见及传统中国不同于西方"帝国"、"族国"(民族国家)的国家特性所在,在无法归类的情况下,十分自觉地将其作为一种独特的类型来概括,并称之为"中国之国"、"中国天下"或"中国天下国"①,从而表现出一种可贵的自知之明。在这次"清代政治与国家认同"学术研讨会上,汪晖教授所重新解释的具有反思意义的"中国:跨体系社会"论,与此种反思路径就有不谋而合之处。现今美国的一些学者包括"新清史"学者,每好以"帝国"称清朝,并将其政治行为与某些西方近代殖民帝国相提并论,甚且等而观之,实未见其妥当。

另外,就"认同"本身而言,多元认同同时并存而各自居于不同层次,乃是再正常不过的人类现象。在清朝入关、政权统治逐渐稳定之后,满人的

---

① 罗梦册:《中国论》,重庆,商务印书馆,1943。笔者得见此书,恰巧在"清代政治与国家认同"国际学术会议召开前夕,感谢夏明方教授的及时提示和资料赠与。

"中国认同"和"大清认同"就迅速趋于同一，并与其自身的"满洲认同"以一种交织的方式同时并存着，它们之间在特殊情况下特别是满汉矛盾激化的特定时期，也会以有些汉人不认同其为"中国或中华"的方式，表现出某种紧张，但更多的时候则是并行不悖，而且"中国认同"作为一种兼顾对内对外、历史与现实的超越族群利益之上的国家认同，总体说来显然要处于更高层次。从某种意义上说，将更为广阔地区的"非汉人"族群彻底有效地陶铸成"中国人"，使他们以主人翁的姿态公开认同并满足于"中国"的身份，且在晚清特别是清末实现一定程度的现代性转换，不仅是清王朝超越以往中国各王朝主导族群的"满人特性"独特作用的结晶，也恰恰正是体现其统治时期最为鲜明的"中国特性"所在。

六、乾隆朝《嘆咭唎国译语》的编撰 与"西洋馆"问题①

　　清王朝与英国的正式官方交往，开始于乾隆统治中国时期。中国最早直接接触英国人和英国语文的最高统治者，也是这位乾隆皇帝。目前学界关于英语在华传习史的研究，多从鸦片战争前后开始，较为前沿一点的探讨，也不过是讨论"广东英语"兴起的过程中，对此前的情形略微笼统地追述一下而已。实际上，早在乾隆时代，英语在华传播就已经有了值得关注的内容。比如，那时的清王朝就已编纂出了最早一部中英词汇对译文典——《嘆咭唎国译语》，而此"译语"至今仍深藏故宫，少有人关注。本人得阅此"译语"，并两次在清史国际学术会议上就其编撰、特点以及相关的"西洋馆"问题作过报告，引起不少学者的兴趣。现将有关探讨正式发表出来，供同道批评。相信对于深入了解乾隆时代的英国知识和西洋观，从一个角度认知清前期的

　　① 本文为教育部人文社会科学重点研究基地中国人民大学清史所重点项目"清代中西、中日文化关系史研究"的项目成果之一，2008 年 10 月曾提交给中国人民大学与美国旧金山大学利玛窦中西文化史研究所联合举办的"西方人与清代宫廷"国际学术研讨会。现略作修改后发表。朱诚如先生和吴小新先生对此文查阅资料和修改，提供了诸多便利，特此致谢。本文曾刊载于《江海学刊》，2010(1)，原题中没有"乾隆朝"三字。此次收入，还另行加了小标题，以统一全书体例。

中英中西关系，当不无些许裨益。

《嘆咭唎国译语》的编撰缘起及其时间略考

乾隆朝编撰《嘆咭唎国译语》一事以及它所牵涉到的"西洋馆"设置问题，并不是一个新近才提出的学术课题。但直到现在，它也并未得到足够深入的研究。由于该"译语"最初发现于故宫，现仍为故宫所独家收藏，且它的编撰与明清政府对于外族语言及其地位的认识之固有体制紧密联系在一起，故我们的讨论，可以先从相关制度层面的背景着眼。

明朝曾设立"四夷馆"和"会同馆"，前者隶属于翰林院，是当时教习朝贡国、藩属和周边民族（包括部分边疆少数民族）的语言文字，负责翻译有关文书特别是外来文书的官方机构；后者隶属于礼部，是负责接待朝贡国和藩属国使者的食住机关（并非如人们所经常误解的为一独立衙门）。《华夷译语》则是四夷馆所编撰、以供对外交涉等用的国内外各种民族语言与汉语之间对译词典的汇编。清承明制，顺治元年（1644）仍设上述两馆，不过将"四夷馆"改成了"四译馆"；其编辑各种"华夷译语"的任务，也仍得以延续。到了乾隆十三年（1748）五月，清帝又下令将四译馆并入会同馆，改名为"会同四译馆"，隶属礼部，并规定："新设会同四译馆衙门，即以四译馆充设，毋庸更建。所有四译馆册籍番书，仍于馆内收存。"① 不仅收存而已，清朝的四译馆还新编了一些译语并对原存的部分译语进行了某些校勘和修订。

早在 20 世纪 30 年代初，德国学者福克司（Walter Fuchs）就率先发现，在故宫博物院里藏有一批有别于明代遗留下来的各种版本的《华夷译语》抄本，他将其称为"新《华夷译语》"——后来日本学者则多将其称为"《华夷译语》丁种本"。这一批《华夷译语》抄本最为引人注目的特点之一，是包含了英语、法语、德语、意大利语、葡萄牙语和拉丁语等六种西方语言和中文

---

① 《钦定大清会典》，卷 514 礼部，北京，中华书局影印，1991。

对译的词汇集，而这是之前各种《华夷译语》本子都从不曾出现过的现象。此六种词汇对译集分别为《喷咭唎国译语》、《弗喇安西雅语》、《额呼马尼雅语》、《伊达礼雅语》、《播都噶礼雅语》和《拉氏诺语》。同时，福克司还发现，与其他五种西洋译语相比，《喷咭唎国译语》的内容很多不易理解，错误又多，很有可能是中国人所编，而其他五种则主要是由当时在京当差的西方传教士所为。除了《喷咭唎国译语》之外，其他五种西方译语集的首页开端处，还都题有"西洋馆"三字。这样，关于《喷咭唎国译语》的编纂者和所谓四译馆中曾否设"西洋馆"的问题，就被明确地提了出来。

故宫所藏六种西洋译语，该图片为乌云高娃摄，
转录自其 2004 年《清四译馆"西洋馆"》一文

福克司还粗略推断，包括《喷咭唎国译语》在内的这批"新《华夷译语》"可能是乾隆十三年九月，皇帝为了纠正以往四译馆所编各种"外裔番字诸书"的"讹缺"之处、"以昭同文盛治"而下令开始编校的语言对译词典的

系列成果。西洋馆则是在会同四译馆改立之后所正式设立的分支机构，它的设立至少与乾隆帝下令编纂这批"新《华夷译语》"的时间相一致。即便其设立和编纂有关西洋译语的时间要早于 1748 年，也不会早于康熙时代。①

福克司此文发表在中国国内的英文刊物上，它在中国本土的流通范围实相当有限。此后半个世纪，国内学者知道这批抄本《华夷译语》者很少，关注《暎咭唎国译语》编纂及"西洋馆"问题的就更是阙如。80 年代后，研究蒙古、西藏等民族语言的国内学者因与日本学者交游，对这批抄本陆续有所利用，但关于"西洋译语"的研究也依然少见。1985 年，当杨玉良先生再次发现并在《故宫博物院院刊》上撰文介绍这一批故宫内珍贵抄本的时候，并不知道福克司先生已经有过介绍。杨文虽提供了一些新的信息，但有关数字的统计和内容的说明依然粗疏。比如，前述五种西方语言与中文的对译集开端处明明都清楚地写着"西洋馆"三字，而他只看到"《伊达礼雅语》的卷端题'西洋馆'三字"②。同时，还有一些介绍文章也涉及《暎咭唎国译语》和"西洋馆"问题，大体上都是简单重复福克司的看法。③ 近年来，又有个别学者对"西洋馆"问题发表了新见，也仍然存在着一些疑问有待辨析。对此，我们下文还要专门讨论。

目前，已经基本可以肯定，包括《暎咭唎国译语》在内的这批"新《华夷译语》"的确是根据乾隆十三年（1748）的谕令陆续编校出来的产物。是年九月，在给礼部的上谕中，乾隆皇帝明确写道：

> 朕阅四译馆所存外裔番字诸书，虽分类译名物，朕所识者，西番一

---

① See Walter Fuchs, "Remarks on Hua-I-I-Yu", *Bulletia of Catholic University*, Peking, No. 8, 1931.（福克司：《论新〈华夷译语〉》，载《辅仁英文学报》第 8 期，民国二十年十二月版）。

② 杨玉良：《一部尚未刊行的翻译词典——清官方敕纂的〈华夷译语〉》，载《故宫博物院院刊》，1985（4）。他关于这几种西洋译语集中所收词汇数量的统计也不是很精确，如他指出《暎咭唎国译语》收词 730 个。笔者一一数来，却有 734 个。其他几种也都有出入。

③ 如闻宥《国外对于〈华夷译语〉的收藏和研究》（见王元化主编：《学术集林》，卷 7）等。最近，刘红军、孙伯君在《存世"华夷译语"及其研究》（载《民族研究》，2008（2））一文中，不仅认为清朝会同四译馆设立了"西洋馆"，而且认为"西洋馆"里存有包括《暎咭唎国译语》在内的六种西洋译语，但其却并没有提供任何新理由和新证据。

种已不无讹误，因思象胥鞮译，职在周官；辎轩问奇，载于汉史。我朝声教四讫，文轨大同，既有成编，宜广为搜辑，加之核正，悉准重考西番书例，分门别类，汇为全书。所有西天及西洋各书，于咸安宫就近查办，其暹罗、百夷、缅甸、八百、回回、高昌等书，著交与该国附近省分之督抚，令其采集补正。此外，如海外诸夷并苗疆等处，有各成书体者，一并访录，亦照西番体例，将字音与字义用汉文注于本字之下，缮写进呈，交馆勘校，以昭同文盛治。著傅恒、陈大受、那延泰总理其事。①

乾隆十四年（1749）七月，趁暹罗国使臣到京，乾隆又谕令军机大臣等："暹罗国使臣，不必俟朕到京，即令回国。再，傅恒、陈大受所办西洋等国番书，暹罗国人现既在此，可将伊国之文字，交尚书王安国、向伊等询问明白改正，寄信与来保知之。"② 可见一年后乾隆帝仍在督促完成前一任务，也可见编辑"西洋等国番书"的确属于此次编书任务中不容忽视的重要内容，故皇帝要特别将其点出来以概括代表全体"番书"。

乾隆十五年（1750）七月，四川总督策楞奏称完成松潘、汶川等厅州县"所辖西番、猓猡字语"③ 11 本缮写进呈。乾隆十九年（1754）和二十六年（1761），四译馆又分别编纂苏禄译语和南掌译语。④ 现存故宫博物院的"华夷译语"中，就包括有上述"苏禄译语"和策楞所缮呈的四川周边各藏语方言，但没有 18 世纪 60 年代初完成的"南掌译语"。由此可知，乾隆此次谕令编撰的"华夷译语"的完成应当是一个较为长期的过程，至少部分工作在 1750 年以后才得以陆续完竣，而现存于故宫的这批译语，则可能大体完成于 1747 至 1761 年之间。《噗咭唎国译语》的编撰恐也不例外。不过，从其他相关因素来

---

① 《清高宗实录》，卷 324 "乾隆十三年九月"，北京，中华书局，1986。

② 《清高宗实录》，卷 344 "乾隆十四年秋七月"。另，《清史稿》，卷 11《高宗本纪》记载，乾隆十四年秋七月，辛酉，"命傅恒、陈大受译西洋等国番书"，当是误记。

③ 《清高宗实录》，卷 369 "乾隆十五年七月"。杨玉良先生已发现这一点，见其《一部未刊行的翻译词典》，载《故宫博物院院刊》，1985（4）。

④ 《大清会典事例》，卷 514，第 15 册，11898～11899 页。

推断，除《嘆咭唎国译语》之外的另五种"西洋番书"，其完成的时间应该还要更早一些，在 1750 年前后。这是我们对于《嘆咭唎国译语》的编撰缘起及其时间的大体认识。

编撰者、有关内容与"广东英语"之特征

关于《嘆咭唎国译语》的实际编撰者，笔者赞同福克司的大胆假设，认为它不是像其他五部西洋译语那样为在京西方传教士就近统一编定于咸安宫，而很可能是中国人所为。不仅如此，笔者还认定它多半是中国广东十三行英语"通事"的杰作，至少是其主要参与的结果。从表面上看，这一观点与 1747 年乾隆谕令"所有西天及西洋各书，于咸安宫就近查办"似乎不无矛盾，但当时中国既无英美传教士，在京西洋教士中直到马戛尔尼使华时仍无人懂英语，那么由管理西洋贸易事物的两广总督来组织通事编撰《嘆咭唎国译语》，实在也并不值得奇怪。何况乾隆在上述谕令中同时也曾补充提到："如海外诸夷……有各成书体者，一并访录，亦照西番体例……缮写进呈，交馆勘校。"对于这一观点，笔者还可以从以下几个方面来进一步陈述理由：

其一，以记录当年西方传教士通信著称的西方刊物《威尔特－博特》（Welt-Bott）曾记载，1749 年前后居京西方传教士奉敕编撰拉丁、法、意、葡、德与汉语六种语言对译词典，其中，德国传教士魏继晋（Florian Bahr）分撰德文部分。魏继晋还留下一部《六种语言大字典》，原稿藏北京遣使会图书馆，法国学者考狄曾赴该馆检阅，惜未得见。此书很有可能就是现存故宫的法、德、意、葡、拉丁译语的另一汇抄本。① 书中没有包括英语，这与故宫现藏各西洋译语中唯有英语部分未标明"西洋馆"字样一致，似皆可作为《嘆咭唎国译语》不是在京西方传教士一并所编的证据。

----

① 参见费赖之著，冯承钧译：《在华耶稣会士列传及书目》下册，777、1138 页。乌云高娃女士已先提到此书，并作出类似判断。见《清四译馆"西洋馆"》，载《文化杂志》（澳门），2004 年冬季刊，中文版第 53 册。

其二，在名称上，除拉丁语这一欧洲通用的古语直接称《拉氏诺语》之外，其他西洋各国语言都被称作"雅语"，唯有《嘆咭唎国译语》一种称作"译语"。即便这里的"雅"被理解为西洋五国之音译名的共同尾音，那"嘆咭唎"也不当单独例外。这也是它们之间彼此编者不同的证据。

其三，《嘆咭唎国译语》在具体编撰内容上，与其他几种西洋词汇集也存在着一些不同特点，尽管它们同时也具有诸多相似之处。

关于这一点，我们不妨较为详细地作些具体说明。

现存的《嘆咭唎国译语》一共有 2 册，线装。封底通为蓝色，两册的书名"嘆咭唎国译语"六字，均题写在封底的白色贴页上端。全书按顺序分天文门、地理门、时令门和人物门等 20 门，一共收录了 734 个英汉对译词汇。其中，各门收词情况依次如下：天文门 38 词；地理门 52 词；时令门 36 词；人物门 60 词；身体门 36 词；宫室门 20 词；器用门 56 词；饮食门 22 词；衣服门 24 词；声色门 14 词；经部门 20 词；文史门 14 次；方隅门 14 词；花木门 18 词；鸟兽门 50 词；珍宝门 18 词；香药门 32 词；数目门 22 词；人事门 110 词；通用门 78 词。在编撰形式上，该词典由英文原词、对译汉词以及用汉字注出的英文发音构成而成。英文词以草体写出，下面的对译汉字词为楷书。这种分类和编写方式，同法、德、意等其他西洋译语基本相同，显然是执行乾隆御令仿照《西番译语》编法的结果。略有不同的是，《嘆咭唎国译语》和《西番译语》中的"宫室门"，在法、德、葡、意、拉丁等其他五种西洋词汇集中被统一写为"宫殿门"。这一差别虽小，却很引人注目，它同样能表明其彼此之间编者的差别。

不过，现存本《嘆咭唎国译语》本身却并不完整。其第一册内容为"天文类"，但现缺分类标题。估计该本开首至少缺 1 至 2 页。如果缺 2 页，那么其收词量便与《西番译语》的 740 个完全一样。因为现存的西洋译语抄本，每页均收录 4 词，首页则统一留出空白，只收 2 词。前文我们曾提到，故宫所存的西洋译语唯有《嘆咭唎国译语》一种没有在开端前标明"西洋馆"字样，这是否会是其缺漏首页所造成的错觉呢？答案应该是否定的。从现存儿种西洋译语来看，其每一分册的开端都题有"西洋馆"三字，并非只是首页才有。而《嘆咭唎国译语》即便是完整的第二册,其在开端处也没有这三字。

就收词量和内容含量而言,《嘆咭唎国译语》与其他五种西洋译语也有较大不同。后五种的收词量都统一在 2 070 个左右。其中,德语和拉丁语收词 2 071 个,内容与词语的排序也完全相同。法语、意大利语和葡萄牙语收词分别为 2 070 个、2 070 个与 2 069 个,它们只是在"经部门"、"通用门"和"香药门"的词汇上,与德语和拉丁语的收词略有出入,其他则基本一致。而且它们在形式上也都是统一各成五册。相比之下,《嘆咭唎国译语》则只有两册,其收词量仅为其他五种西洋译语的三分之一多一点,彼此之间实在太不匹配。假若它们为同一批西洋人一并所编,此种差异实难以理解。至于这六种西洋译语何以有着统一的封面和缮写设计,则只能表明它们最终抄写和装订的时间相同而已。

当然,《嘆咭唎国译语》不为在京西洋传教士统一所编,而可能为中国人主持广东"通事"编撰的最为明显的证据,还表现在其自身编写内容尤其是其中词汇发音的一些特点上,它们明显带有早期"广东英语"的一些特征。

比如,短句"It is me",对应的汉译为"是我",而下面针对主词"me"的发音却注为"买",显然是"my"的发音。这种不区分宾格和所有格的做法,正是"广东英语"的典型特征之一。又如,汉字词"神",上面对应的英文词是"spirit",下面的汉字注音却是"口鸦是",两者明显不对应。在"广东英语"里,神一般不称"god",也不称"spirit",而正是叫"joss",它是17 世纪澳门葡语"dios"的中文发音。[①] 而一些词来源于澳门葡语,正是"广东英语"的另一重要特征。再比如,在"广东英语"里,"见过"(seen)说"哈思"(可参见唐廷枢 1860 年的《英语集全》等),"做过"则说"哈能",《嘆咭唎国译语》中"done"汉译为"了",发音也正是"哈能"。此外,在该译语里,"R"在拼读过程往往发"L"音(如"rice"读作"来是","write"读作"列的","rat"读作"喇的","red"读作"列"等);"thing"发音成"叮";"true"发音为"都鲁"等,也都带有"广东英语"发音的特点。

---

① See Robert A. Hall, *Hand Off Pidgin English*, p. 27, Sydney, Pacific Publications Pty Ltd., 1955.

　　为了从发音角度更集中说明这一问题，以见前后"广东英语"的某些联系与变化，我们不妨将《嘆咭唎国译语》和 19 世纪 30 至 50 年代所流行的两本带有"广东英语"特征的词语集《红毛通用番话》、《华英通语》加以简单比较，看看其从一至十的数目词究竟如何发音：

反应评估表

书名 数目词	嘆咭唎国译语 （约 18 世纪 50 年代）	红毛通用番话 （19 世纪 30 年代）	华英通语 （1855）
one	丸	温	温
two	睹	都	都
three	的里	地理	地篱
four	阿	科	科
five	辉	辉	辉乎
six	息士	昔士	昔时
seven	些文	心	些呅
eight	厄	噎	口日哋
nine	乃	坭	乃
ten	点	颠	颠

　　从上表可以看出，这些数目词的发音大多相同或者相似。尤其是"three"、"five"和"ten"等的发音，其"广东英语"的特点十分鲜明。值得注意的是，《嘆咭唎国译语》中"four"注音为"阿"，似与日后更为流行的"广东英语"中普遍发"科"音有所区别。但如果我们仔细翻阅《嘆咭唎国译语》，仍可从中发现相同的发音现象，如"flower"（花）发音为"科鲁"，就是明显例证。

　　在《嘆咭唎国译语》中，还存在不少英文词汇、短语和发音不对应的现象，英文书写的错误也所在多有，这大约是从前德国学者福克司觉得该译语集"不易理解"的原因。比如，与"银"对译的英文是"silver"，乃金属之一种，下面的注音却是"money"，即银子和银两；又如"伞"，其英文对译词写为"amberle"（疑为 umbrella 之误），但发音却为"咭的梭"，明显不一致；"图报"的英文短语写作"I return thanks"，但注音却为"别额法我"（疑为

"pay for"），也不一致；其他如"受用"的英文词写作"to enjoy"，汉字注音却为"火被委儿"；"便益"的英文写作"It is good for you"，汉字注音却是"米厘贡点的"；"藏"的英文对译词写作"to hide"，汉字发音却为"意吐君列"等等，均是如此。笔者甚至因此推测，《咦咭唎国译语》的编撰是先写好了汉字词，然后再请人分别标注英文对译词和汉字发音的，也就是说，其英文书写与汉字注音者并非同一人，而且其英文水平也都很有限。

关于《咦咭唎国译语》中的英文拼写错误，我们也可以随手再举出几例：

如将"monkey"错写成"monk"；"order"错写成"orde"；"cow"错写成"cou"；"merry"错写成"mery"（见"乐"被对译为"very mery"）等。至于对"savage"、"foreign"等词的拼写，书中也几乎从未正确过。可以说，类似的英文书写错误在《咦咭唎国译语》里不胜枚举。或许，这也与"广东英语"主要为口语形态的特征不无关系。通事们往往疏于英文书写，或干脆不会写英文，也不令人奇怪。

另外，《咦咭唎国译语》中还有一些明显的发音现象值得注意，像"B"往往发"M"的音，就很突出：如 body 读作"吗叻"；before 读作"墨火儿"；behind 读作"墨罕"；beast 读作"米是"；brother 读作"模罗达"；buffalo 读作"亩法辣"等等。这一特征究竟如何认识呢？笔者以为这可能与广东某些地方如澳门附近中国人当时的发音习惯有关。比如，在澳门葡语（或称"广东葡语"）里，不少"b"就是发"m"音的。如乾隆十六年（1751）成书并于当年刻书出版的《澳门纪略》"澳译"部分，其所收 395 个澳门葡语词汇中，"b"发"m"的词汇就有 8 个，如 barriga（肚），汉语注音为"马哩家"；bambu（竹），汉语注音为"麻无"；batata（番薯），汉语注音为"蔑打打"；baião（苋），汉语注音为"麻养"；bolo（饼），汉语注音为"么芦"等。①《澳门纪略》与《咦咭唎国译语》编撰时期大体同时，其编撰形式和发音特点，对认知后者不无参考价值。

综上所述，笔者认为，《咦咭唎国译语》的具体编撰，虽不能断言与来华西

---

① 参见汤普森：《两份同期澳门葡语方言资料比较研究》，载《文化杂志》（澳门），2008 年秋季刊，中文版第 68 册；章文钦：《广东葡语初探》，载《文化杂志》（澳门），2008 年秋季刊，中文版第 68 册。

人完全无关，但显然不是编辑其他几种西洋词语集的在京西方传教士一并所为，而很有可能是两广总督承受任务后，交由十三行行商主持广东通事编辑而成，其汉字注音部分，可以肯定是广东通事和懂一点英语的中国商人之"杰作"无疑。

十几年前，语言史家周振鹤先生在介绍 1855 年中国人所编的《华英通语》时，曾遗憾地表示，"中国人所编写的，比《华英通语》更早的英语词汇集我们已经一本也看不到了"，他感慨美国人亨特在《广东番鬼录》中所提到的那部取名为"鬼话"的早期英语词汇集，也早已难见踪影。①庆幸的是，仅几年之后，吴义雄教授就发现并撰文介绍了比《华英通语》更早的《红毛通用番话》，他论证指出，这部 19 世纪 30 年代出版的词汇集，大体与亨特所提到的《鬼话》属于同一著述的不同版本。此外，他还根据其他相关资料，深入探讨了 19 世纪以前"广东英语"的特征及其在中西经济文化交往史中特有的功能问题。②如今，当我们面对故宫博物院所藏的这部珍贵的《暎咭唎国译语》的时候，似乎又能够将他们的有关发现从时间上再向前推进 80 年左右了，即基本可以认定，早在 18 世纪中叶，中国人就已在政府的指令之下参与编出了带有初期"广东英语"特征的英语词语集，这就是我们这里谈到的《暎咭唎国译语》。它才真正称得上是中国现存最早的中英对照且以汉字标音的"Pidgin 英语"词语集。可惜其长期藏在深宫，在社会上似并未产生直接影响。当然，目前学界从英语传播史的角度对这一文本展开的研究尚未真正开始，其有关问题还值得进一步开掘。

乾隆的文化趣味、中西交往与"西洋馆"问题辨析

前文我们曾提到，1748 年前后，乾隆帝声称他谕令编撰包括《暎咭唎国译语》在内的诸多西洋译语，目的在于"以昭同文盛治"。这当然不错。他之所以编辑这类书籍，的确有着昭示他一统天下的文治武功非同凡响的强烈愿

① 参见周振鹤：《鬼话、华英通语及其他》，见《随无涯之旅》，198 页，北京，三联书店，1996。
② 参见吴义雄：《"广州英语"与十九世纪中叶以前的中西交往》，载《近代史研究》，2003（1）。

望。因为在他看来，这并不只是徒饰其表的无用虚政，而是与国家统治大有关系的实政。但与此同时，我们还应看到，乾隆帝这样的举措，也是他自身愿意学习和掌握本民族以外的多种语言的浓厚兴趣连带的结果，并与他欲进一步了解西洋国家的"心思"日益增长，特别是与他对西洋园林建筑正发生强烈兴趣可能不无关联。

乾隆皇帝是一个语言兴趣很浓、语言能力很强、文化素养极高的皇帝。世传他通晓多门语言的说法并非空穴来风。他本人就曾多次不无得意地谈到自己努力学习蒙古、回回和藏族等几种少数民族的语言的过程、成绩与动机。如他在一首诗中就曾表白道："癸亥学谈蒙古语，回番唐古递通多。"在诗后的自注中他又详细说明："余自乾隆八年（1743）习蒙古语；二十五年（1760）平回部，习回语；四十一年（1776）平金川，习番语；四十五年（1780）因班禅来谒并习唐古忒语。皆以学而能也，而不学者，光阴玩愒，吾未如之何矣。"① 在《满洲、蒙古、汉字三和切音清文鉴》乾隆序中，他也曾写道："朕即位初，以为诸外藩岁来朝，不可不通其语，遂习之。不数年而毕能之，至今则曲尽其道矣。"② 乾隆十九年（1754），在承德避暑山庄接见厄鲁特辉特部阿睦尔撒纳时，他甚至还曾直接以蒙古语垂询各种情况③，由此可见其蒙古语水平。至于乾隆何以觉得必须亲自学习来朝外藩的语言，他在一首诗中也曾有解答，即所谓"对语不须资象译，通情洽会系深思"④ 是也。或许，乾隆皇帝本人对学习西洋语言本身并无直接兴趣，但他对于本民族以外语言学习的重视，却不妨促使他去感知编辑各种"西洋译语"的意义。

与此同时，我们还发现，乾隆下令编撰"西洋"译语等各种语言词汇集的时候，也恰恰正是他对西洋园林建筑开始发生浓厚兴趣之时。据研究，圆

---

① 《钦定热河志》，卷 47。可见钦定四库全书本。

② 《满洲、蒙古、汉字三和切音清文鉴》乾隆序，台北，世界书局，1986。

③ 参见《啸亭杂录》，卷 3，76 页，北京，中华书局，1980。其原文曰："阿逆行抱见礼，上从容抚慰……并以蒙古语询其变乱始末。"

④ 转引自牛海桢：《简论清王朝的民族语言文字政策》，载《黑龙江民族丛刊》，2005（2）。《清高宗御制诗文全集》（台北，"故宫博物院"，1976）第 4 集第 10 卷《上元灯词》的注释中也写明："蒙古回语皆习熟，弗藉通事译语也。"

明园里著名的"西洋楼"景区之筹划,就开始于乾隆十二年(1747)。在内务府造办处的清档中,有关西洋楼的建设记录,也起于乾隆十五年(1750)。最先开建的西洋建筑是著名的"谐奇趣"。1751年初,乾隆御笔的"谐奇趣"匾已完成,1752年其主体建筑便告完工。① 以后,该工程得以陆续进行,最后一大建筑"远瀛观"建成于1783年。因此,今人欲了解乾隆帝敕修西洋各国"番书"的动机,似不能置圆明园里筹建西洋楼一事于不顾。在这一过程中,乾隆不仅势必要与西方传教士频繁接触,还需了解与西洋园林建筑有关的不少知识。西洋语言文字的意义自然因此凸显。

不过,我们与其单方面地去揣析乾隆皇帝的有关动机,还不如换一个视角来考虑一下当时中国编撰《嘆咭唎国译语》的环境与条件问题。早在明末清初,与泰西天主教传教士来华传教相伴随,西方各国就不断有人来华通商,希图扩大与中国的贸易。继葡萄牙、西班牙和荷兰之后,英、法等国的商人也纷纷来到中国的广州等地从事商业活动。以英国为例,从1637年第一艘英国商船来到广州,到17世纪中叶英国逐渐取得海上霸权,其对华贸易不断增多。1715年,英国在华正式设立了商馆(法国在广州设商馆是1728年,比英国晚13年)。② 到18世纪中叶,其对华贸易总值已超过了欧陆各国对中国贸易值的总和。这一切都使得其扩大对华贸易的欲求更加强化。18世纪中叶,英国人洪仁辉几次带人到宁波贸易,意图在此建立长期的商业据点,引起朝廷的疑虑与警惕。乾隆帝担心洋人深入内地海疆,必然"滋事",遂于1757年(乾隆二十二年)年下令,废除原有的定海关,外国商船以后禁止到宁波等地贸易,只限定在广州一口通商。洪仁辉等英人不服,前往天津申诉。终被清朝圈禁澳门三年,期满驱逐回国。这就是著名的"洪仁辉案"。为防止中国人与西洋外商接触,再次发生类似洪仁辉的事件,1759年,两广总督李侍尧特制订《防夷五事》,规定外商禁止在广东过冬,必须住在指定的商馆中并

① 参见郭黛姮编著:《乾隆御品圆明园》,237~238页,杭州,浙江古籍出版社,2007。
② 梁廷枏的《海国四说》中《粤道贡国说》注称:英国人"其以嘆咭唎名来市,自乾隆八年(1743)始"(263页,北京,中华书局,1993)。若如是,则乾隆18世纪中叶下令编辑《嘆咭唎国译语》便显得较为及时。

接受行商管束；中国人不得借款或受雇于外商，不得代外商打听商业行情等等。这就使得此后中国人与英国来华商人民间的交往，包括彼此的语言授受，不得不寻求一种隐蔽的形式。

上述这种英国对华贸易的迅速发展和清王朝对中外交往的种种限制，实际上成为在广州通行的一种特殊语言形态——"广东英语"形成和发展的社会基础。此种杂交不纯的英语变种，用早期来华美国人亨特的话来说，"无疑是中国人的一种发明"，是"专指在广州的中国人与'西洋人'之间用作进行商业交易和往来媒介的独特语言"①。其基本特征是词汇较少并夹杂着广东方言和葡萄牙语词汇，大体按照中国语法来组织句子，发音上也带有严重的广东方言烙印。因为在中西尤其是在中英贸易关系中有切实的需要，掌握这种交流工具便有利可图，故它能激发在广东的一代代中国人暗中学习的热情；又因为受到官方严厉的限制，中西双方尚缺乏准确掌握对方语言的充足条件，故它又只能较长期地保持一种低水准的、以口语为基本形式的重复状态。

据记载，此种"广东英语"诞生于1715年即英东印度公司正式建商馆那一年前后。② 若如是，则该语言到18世纪中叶时至少也发展了30多年。恐怕其实际存在的时间还要更长些。这就是《㖙咭唎国译语》得以编撰的语言基础。不过，作为一种缺乏对话句子的词汇集，后来那种较为成熟时期"广东英语"的特点，仍无法从《㖙咭唎国译语》中更为充分地表现出来。何况此种语言前后还必然要发生某种程度的变化呢？

下面，我们再来讨论一下与上述事情紧密相关的所谓"西洋馆"问题。

从现存的主要官方文书来看，清初的四译馆包括回回、高昌、西番、西天、暹罗、缅甸、百夷、八百共八馆，乾隆改为"会同四译馆"后，也只设有两馆，合前四馆为"西域馆"，合后四馆另加新增的苏禄、南掌为"百夷馆"，其中并无正式设立"西洋馆"的记载。2004年，乌云高娃在澳门《文化杂志》发表《清四译馆"西洋馆"》一文，继福克司之后再次明确提出"西洋

---

① 亨特著，冯树铁译，章文钦等校：《广东番鬼录》，44～45页，广州，广东人民出版社，1993。

② 参见马士著，区宗华等译校：《东印度公司对华贸易编年史》，第1、2卷合订本，66页，广州，中山大学出版社，1991。

馆"问题进行专门讨论。她强调,"从四译馆的设置、演变过程来看,并未发现清政府在四译馆增设过西洋馆的史料记载。但根据现藏于故宫博物院图书馆善本室的清写本《华夷译语》中的'西洋馆'杂字,可见清四译馆应增设过'西洋馆',并在此教习过西洋语言文字,试图培养兼通汉语言文字和西洋语言文字的翻译人员"。乌云高娃从法国学者费赖之所著的《在华耶稣会士列传及书目》中所提供的有关法国耶稣会士巴多明和宋君荣的有关通信里,得知雍正七年(1729)至乾隆九年(1744),北京曾设立一个"翻译馆",她据此便大胆推断,这一存在了15年的翻译馆"很有可能就是清四译馆'西洋馆'"①。也就是说,她认为清四译馆虽曾设有"西洋馆",但其存在时间却并不在乾隆十三年即1748年之后,而是在此之前。

实际上,乌云高娃这里所提到的1729年至1744年间存在过的"翻译馆",其准确名称并不是"西洋馆",而是"西洋学馆",它也并不属于四译馆的分支,而是为内务府所辖的清宫内所设机构。该馆是雍正皇帝为掌握与日益频繁的俄罗斯进行交涉的主动权而设立的。因为张诚等懂拉丁文的西方传教士在中俄交涉过程中虽发挥过重要作用,但毕竟还不属于可以完全信赖的华人。早在1996年,故宫博物院的郭福祥先生已经弄清过"西洋学馆"问题。郭先生根据自己找到的两份重要档案,证明清宫内的"西洋学馆"其具体设立时间应是雍正七年(1729)十月,奉命裁撤时间为乾隆八年十二月二十二日(1744年2月5日)。该馆所授课程只有一门拉丁语(称"拉的诺字话")——这是当时西洋各国大体通行的古代语言即所谓西洋"通语",而并不学习法、德、英等其他西方各国语言。学生则为内务府官员子弟中愿学者。其学习周期为5至7年,待遇与咸安宫官学生相同。该馆的负责人先为法国传教士巴多明,巴死后又由另一法国教士宋君荣继任。它一共招收了3批学生,共计40名,但只有20名完成学业并补笔帖式等职。1744年,"西洋学馆"之所以被裁汰,乃起于和硕庄亲王的一个奏折。该折要求裁汰该馆的理由是,已完成学业的20名学生"即有委之处,亦属敷用,似无庸再行接续学习"。当天,乾隆帝即采纳了他的意见。②

---

① 乌云高娃:《清四译馆"西洋馆"》。
② 参见郭福祥:《巴多明与清宫西洋学馆》,载《紫禁城》,1997(4)。

"西洋学馆"既不属于四译馆，那么在它被乾隆钦定裁汰以后，何以谕令四译馆编纂的那五种有关西洋的译语还要写明"西洋馆"字样？难道当时的"西洋学馆"可以径直简称或泛称为"西洋馆"？其在隶属于内务府的同时，亦为四译馆所兼属并为四译馆服务？难道这些写明"西洋馆"字样的译语是大体完成于"西洋学馆"时期，1748 年以后只是加以整理和编校？对于这些可能的困惑，乌云女士都没有作出明确的回答。其实，这里面还是存在不少疑问和矛盾的。比如，分别设立于康熙和雍正时期、乾隆时期仍得以延续的"俄罗斯文馆"和"俄罗斯学馆"，它们在名称上虽仅有一字之差，却是分属于国子监和理藩院、且功能也大有差别的两个不同机构；而同时，乌云女士也并不强调那些标明"西洋馆"字样的西洋译语早在乾隆八年（1743）"西洋学馆"裁汰之前就已经有了部分的成稿，仍只是笼而统之地认为它们都为1847 年以后在京传教士所新编，这又难免出现矛盾。

实际上，从目前笔者所掌握的史料来看，有关法、德等五种西方国家译语文本前标注"西洋馆"三字，主要存在以下三种可能：

（一）这五种西洋译语的确部分或全部为传教士所新编，但它们并不表明当时四译馆内实存一个名叫"西洋馆"的机构，只不过是负责编校这些译语的西方传教士们既不能将之归为"西域馆"，也无法或不愿将之纳入"百夷馆"，只好故意写上"西洋馆"三字，借以表达他们对此加以区别的愿望。这样也不会招来什么麻烦，因为宫廷过去也存在过"西洋学馆"这种类似的机构，或许其编者们有的还在那里当过差。

（二）"西洋馆"真的属于会同四译馆内实存但无正式名称的分支机构。当时会同四译馆正式的分支机构名称只有"西域馆"和"百夷馆"，以前所包括的"西番馆"、"暹罗馆"等八个分馆之名称此时实际上都已经不再正式，仅在内部习惯上仍保留使用而已。因事属称，这个编辑西洋译语的部门既已实存，被称为"西洋馆"也很自然。再加上传教士们有意以此区别于其他馆，故乐于标明"西洋馆"三字。这从故宫现存的各种译语中，有的标明分馆名称，有的则不标示，可以佐证之。

（三）不妨秉承前述乌云高娃的大体思路，而将其具体说法略加改造，即认为"西洋馆"此时并不存在，但几年前已被裁汰的归内务府管理之"西洋学馆"曾受命编撰过除《嗅咭唎国译语》以外的其他五种西洋译语集。由于新撰部分是在原稿基础上的补充或对原稿的校刊修订，故仍须署上"西洋学馆"字样才符合实际，但考虑到四译馆其他负责编撰译语的原机构名称都只有三字，故省称为"西洋馆"。

以上情形到底哪一种符合事实，抑或还有其他什么新情况，目前笔者还难以得出确切结论，欲弄清这一问题，尚有赖于今后史料的进一步发掘。

在谈及"西洋馆"问题和《嗅咭唎国译语》，或者说在论及乾隆乃至整个清前期中西关系的时候，我们还有必要对当时中国已逐渐流行起来的"西洋"概念之内涵作一简要的考察。这对认知当时中国人的英国观和西方观，理解乾隆皇帝及其祖、父辈此期所采取的有关"西洋"的重要举措，应不无一些帮助。

从目前的研究来看，"西洋"概念在元代时已有正式使用。当时的主要用法，一指南印度的马八尔国；一表述中国沿海地区所出现的一种"小西洋"观念。其"小西洋"的范围，包括东南亚马来半岛和苏门答腊一带诸国。到元末时，上述"小西洋"观念已罕见载记，"西洋"的地理区域业已西移至印度南部沿海。所谓"西洋国"，也转指印度南部的沿海国度。自明初郑和"奉使西洋"之后，"西洋"概念的内涵又发生了重要变化，它开始指郑和船队所到的印度洋至波斯湾、北非红海一带的地区、海域和国家，同时还出现了泛指海外和外国的引申之义。①

明末清初，西方传教士来华，近代意义的"西洋"概念得以逐渐形成。为了使中国人不至于总把他们与印度等传统意义上的"西洋"国度相混淆，传教士们总爱自称来自于"泰西"、"大西"、"极西"和"远西"，以"泰西×××"和"远西×××"署名的情形也十分普遍，其用意无非借以表示自己所在地区和国度比印度非洲等所处更"西"、才算真正的"西洋"和"西国"。与此同时，他们在主动传播新的近代世界地理知识，或绘制天下万国全图的时候，还自觉地将今日所谓的"印度洋"即明初指代"西洋"的地域称为

---

① 参见万明：《释"西洋"：郑和下西洋深远影响的探析》，载《南洋问题研究》，2004（4）。由于论题所限，该文基本未讨论郑和下西洋以后的"西洋"概念问题。

"小西洋",将非洲以西的海域及其沿海欧罗巴诸国称为"大西洋"。① 随之而来的结果是,"西洋"概念逐渐被"大西洋"所充占、甚至独占。所谓"西洋人"、"西洋炮"、"西洋画"中的"西洋",也多泛指包括英国在内的欧西各国了。如1697年时,浙江定海为与英国等西方商人贸易而修的"红毛馆",又被称为"西洋馆";1711年,面对不断东来的欧洲强国,康熙皇帝曾不无忧虑地预言道:"海外如西洋等国,千百年后,中国恐受其累。"此康熙"逆料之言",后来也成为魏源《海国图志》一书"欧罗巴洲各国总叙"中的首引之句;1730年,著名的《海国闻见录》一书的"大西洋记"中,也谈到了英国的位置等等。乾隆时期,"西洋"概念的主流使用与康雍时期同。②

不过,在欧洲人东来之后,由于葡萄牙长期盘踞澳门,总以西洋代表自居,而中国人对欧洲了解甚少但相对说来与澳门葡人又接触较多等缘故,以"大西洋国"来指称葡萄牙一国的用法,在清初以至乾嘉时期的中国也并不少见。③ 甚至还有专指意大利一国的用法。④ 以致晚清之初,魏源在《海国图志》里不得不专门强调指出:"其实大西洋者,欧罗巴各国之通称,澳夷(指葡萄牙以及被误解为'澳夷'的意大利——引者)特其一隅,不得独擅也。以其洲言之,则各国皆曰欧罗巴;以其方隅言之,则皆可曰大西洋;以其人

---

① 如利玛窦就自称大西洋人、"大西洋陪臣"等。其所编《坤舆万国全图》已有此种大西洋、小西洋概念。当时,也有将"大西洋"称为"大西海"、"小西洋"称为"小西海"、"西洋"称为"西海"的。如《职方外纪》的"四海总说"就写明:"从小西洋至大西洋为西海。"但当"西洋"概念逐渐为欧西所垄断以后,"西海"便多指欧西。如《职方外纪》署名为"西海艾儒略增译",其中的"西海"即是这种用法(参见谢方校释:《职方外纪》,146、27页,北京,中华书局,1996)。乾隆皇帝的《千里镜》一诗中,也这样使用"西海":"巧制传西海,佳名锡上京。欲穷千里胜,先办寸心平。……"(《清高宗(乾隆)御制诗文全集》,第1册,813页)

② 参见中国第一历史档案馆编:《清中前期西洋天主教在华活动档案史料》,第4册,北京,中华书局,2003。其中,泛指欧西各国的"西洋"概念的使用已随处可见。

③ 直到19世纪前中叶,以西洋国指称葡萄牙的情况仍时常见到。如谢清高1820年口述、杨炳南笔述的《海录》中有"大西洋国"专节,即指葡萄牙。英国领事馆罗伯聘1842年出版的《华英通用杂话》(*Chinese and English Vocabulary*)中,仍以"西洋"指葡萄牙(见该书39页,香港,1842)。

④ 如1751年奉旨修撰、1763年完成的《皇清职贡图》中的"大西洋国"就指意大利。1820年的《嘉庆重修一统志》依然如此。这恐怕主要是由于西洋人所信天主教之罗马教廷在意大利的缘故。

言之，则皆可曰红毛。"① 不过尽管如此，当时称红毛的，主要还是荷兰人和英国人，而以英国人后来居上。故乾隆朝时有人奏称"红毛国在西洋中为最大，有大船甚多"② 之类的说法。魏源同时还将印度洋等昔日被称为"小西洋"的地区改称为"西南洋"，将非洲即当时所谓"利未亚洲各国"改称为"小西洋"。但他的这一发明在晚清却未能传播开来，更遑论改变特指欧西（以后又添进美国）的"西洋"概念之流行内涵了。

乾隆时，在北京宫廷服务的西方传教士中没有英国人，出于对日益强大的英国的妒忌和恐惧，也有一些欧陆传教士特别是在华有特殊利益的葡萄牙国传教士，喜欢有意无意地将英国排除在"西洋"之外的，而军机大臣中也有误信之者。如马戛尔尼使华时，军机大臣"传在京西洋人"帮助翻译拉丁文和英文禀书，这些西洋人便声称"原禀有西洋字一件，伊等俱能认识，谨译出呈览。其嘆咭唎字禀一页，伊等不能认识。又称，该国即系红毛国，在西洋之北，在天朝之西北。该国与西洋向不同教，亦无往来"③ 云云。这里，英国被明显排除在西洋之外，而拉丁文被则特称为"西洋字"，以与英文加以区别。由此也可见前述"西洋学馆"只授拉丁文字一事，在"西洋"概念的理解上，原也并非只是出于偶然而已。

了解"西洋"一词内涵的上述演变，无疑有助于我们认知清前中期的中西关系，也可借此透见当时中国人认识外部世界的曲折历程。

---

① 《海国图志》"欧罗巴洲各国总序"，268 页，郑州，中州古籍出版社，1999。
② 《英使马戛尔尼来聘案》，见《掌故丛编》，658 页，北京，中华书局，1990。
③ 同上书，616 页。

七、集中国古代园林文化之大成^①
——鼎盛时期圆明园的文化特征及其成因

小　引

　　研讨鼎盛时期圆明园的园林文化特征，需要先对该园的历史及其"盛时"的时间范围，作一简要说明和辨析。

　　圆明园约始建于 1707 年，即康熙四十六年，原是皇四子胤禛的御赐花园。两年后，康熙帝为之题写"圆明园"匾额，并先后多次到该园游览进宴，在一定程度上提升了它的影响。圆明园的鼎盛时期，当始于胤禛继位的雍正元年（1723）。从雍正开始，历乾隆、嘉庆、道光、咸丰五朝皇帝，有近 140 年的时间，都在圆明园园居理政，该园遂成为与紫禁城互为表里的第二个政治中心，特称为御园。其园林的文化内涵，也因之不断得到充实和发展。

---

　　① 本文系与圆明园管理处陈名杰、叶亮清合写。原作于 2008 年初，时横店掀起的异地重建圆明园风潮仍在延续中。后曾作为圆明园管理处编《圆明园百景图志》（北京，中国大百科全书出版社，2010）一书的"绪论"使用。收入本书时，文中另外加上了小标题并插图。插图得到张超帮助，特致谢忱。

　　因此，欲把握圆明园园林艺术和文化的最高水准，将五朝皇帝园居时期至英法联军毁灭之前的圆明园，统称盛时圆明园，自然是不错的。这也是目前许多人谈论圆明园时，自觉和不自觉秉持的观点。但也有学者认为，如果从圆明园自身兴建经营的角度来看，其基本风貌的奠定和集中发展，都是在雍乾时期，只有这一阶段的圆明园，才能称作盛时圆明园。到了19世纪，该园实际上已逐渐进入其黄昏岁月。这种认识，显然也有其道理。不过，从文化内涵的角度来考虑，把一个具有累积性的文化生命之盛衰，完全与一个王朝的盛衰简单等同，也终有其欠妥之处。因此我们认为，要想完整地把握鼎盛时期圆明园的园林内涵及其成因，有时候应该将两种理解自觉地调和起来。

　　盛时圆明园，从雍正元年（1723）拉开序幕之后，得到迅速发展。到乾隆九年（1744），圆明园四十景全面竣工。次年，开建长春园（早期曾俗称东园）。乾隆三十二年（1767），归并熙春园，俗称东园，也就是今天的清华园。两年后，又归并春和园（康雍年间为康熙第十三子胤祥的赐邸花园，园名交辉），改名绮春园，俗称南园。乾隆四十五年（1780），再归并淑春园，不久改名春熙院，也就是今天的燕园。除此之外，圆明园福园门南边，绮春园西墙外的澄怀园，俗称翰林花园，在圆明园盛时，也一直是南书房和上书房翰林的值庐，其看守和修理事项，都归圆明园总管大臣直接派员经理。在管理体制上，澄怀园当是圆明园的一座附属花园。这样算起来，雍乾时期的圆明园，已包括圆明五园加一座附属的翰林花园。

　　圆明园面积最大之时，占地400多公顷（即6 000多亩）。其著名景点最多之时，达到126处；建筑总面积也有20余万平方米，超过了故宫。在园中，仅皇帝御制的各种牌匾就有1 000余块，这也是历代皇家园林中所绝无仅有的。乾隆皇帝在《圆明园后记》中，曾这样得意地赞叹该园说：其"规模之宏敞，丘壑之幽深，风土草木之清佳，高楼邃室之具备，亦可称观止，实天宝地灵之区，帝王豫游之地无以逾此"①。

---

① 《乾隆御制集·圆明园后记》，见中国圆明园学会主编：《圆明园》，第1集，93页，北京，中国建筑工业出版社，2007。

　　的确，就园林规模之宏阔，风景之富美多彩，文化内涵之丰厚，乃至世界影响之巨大等多方面而言，圆明园都堪称中国古代园林文化的集大成之作。1743 年 11 月，在京的法国传教士王致诚，曾从北京发出著名的《致达索（M. d's Assaut Toises）函》，向友人详尽而生动介绍并高度赞美了圆明园，称其为"万园之园"、"无上之园"。该函在法国，乃至整个欧洲，特别是在英国，引起很大反响。圆明园的美名，从此也渐为欧洲所知晓。

　　以圆明园为代表的中国园林艺术传到欧洲后，帮助改变了过去欧洲那种层次不足、无掩映、一览无余、整齐对称得有点僵硬单调的所谓古典主义造园艺术，使之获得了一种新的艺术活力。在欧洲，逐渐兴起一种中国式的新式花园，由于英国人较早将其引入实践，故又被称为"中英式花园"。

　　可以说，在乾隆时期，圆明园等艺术杰构，已经开始为中国古典园林赢得崇高的国际声誉和美好形象。不过，圆明园更为广泛地为西方人和整个世人所知，却还是在它遭受毁灭之后，确切地说是在其遭受毁灭之时。这不仅是圆明园的不幸，中华民族的不幸，也是世界文明的一大悲剧。法国著名作家雨果在得知英法联军无耻地焚烧圆明园的消息后，曾以无限愤恨和惋惜的心情写道："这是一个震撼人心的，尚不为外人熟知的杰作。就像在黄昏中，从欧洲文明的地平线上，看到的遥远的亚洲文明的倩影。"①

　　圆明园不仅代表了 18 世纪中国皇家园林艺术的最高标准，也向来被誉之为"中国一切造园艺术的典范"。但我们以为，如果要简洁概括它的园林文化最为基本和最为显著的特征，或许还是"集大成"三字，要来得较为允当。对于中国古代园林文化来说，圆明园无疑是一个"集大成"性的硕果，或可称之为"集锦式"的杰作。它的这一集大成或集锦式园林文化的显著特征，至少表现在以下几个方面，或者说，可以从如下几个视角来加以把握。

---

①　张恩荫、杨来运编：《西方人眼中的圆明园》，2 页，北京，对外经济贸易大学出版社，2000。

中西园林文化和造园艺术交融的"博览会"

从园林整体来看，盛时的圆明园集中运用了当时中国优秀园林各种构思和技巧，综合融会了各种传统文化思想的精华，不仅荟萃南北景观，千姿百态，情韵万种，而且首次大规模地、开创性地吸收了西方园林的优长，整个园林，就犹如 18 世纪乃至 19 世纪初叶中西园林特别是中国园林艺术的一个盛大"博览会"。

当时的圆明园，远借西山的背景屏障，近取玉泉山和万泉河水系的绰约风姿。错落有致的建筑，与优美秀丽的山形水系、花草树石穿插组合，相映成趣，构成一区区各具特色、丰富多彩的园林景观。一百多个园林景群，共同造就了圆明园特有的园中有园、园园相连的集锦式园林大观。中国 2 000 多年的优秀造园传统，在此集中呈现。江南水乡之明秀，与北国山川之雄奇，相生相融，代表性地体现了中国人文山水的高度美学境界。西洋楼景区的欧式园林风格，恰当地融会了东西方造园艺术的技巧，成为世界园林史上，东西方园林建筑艺术相互交流、共同造就的经典作品。

对于盛时圆明园的园林艺术，前人和今人都有很多精彩的描述和评论。英军随军牧师麦吉写道："必须有一位身兼诗人、画家、历史学家、艺术品鉴赏家、中国学者和其他我也一时说不完的各种才华的人物，才能描写得更为详尽，让你有更清晰的概念。"① "我从未遇见一处景色，能让你犹如身处仙境，今日方算实现梦想。"② 美籍华人、历史学家汪荣祖先生称盛时圆明园是"园林艺术最伟大的综合体"③。清代皇家园林史研究专家、中国人民大学王道成教授的评价则是："圆明园集我国古代园林艺术之大成，是我国古

---

① 麦吉著，叶红卫、江先发译：《我们如何进入北京》，187 页，上海，中西书局，2011。
② 同上书，136 页。
③ 汪荣祖：《追寻失落的圆明园》，16 页，南京，江苏教育出版社，2005。

代园林艺术发展的高峰，也是我国古代园林艺术的光辉总结。"① 清代皇家园林研究专家张恩荫先生则认为，圆明园造园艺术中最为独到与精妙之处在于，平地叠山理水，山起西北，水归东南，九州四海俱包罗于其内，与我国版图的山水形势，颇为相似，虽由人做，宛自天开。② 何重义先生更把圆明园一个个精美绝伦的园林景区，形象地比喻为一幅幅令人神往的立体丹青。③

以上之种种观察和评价，角度各异，见解有别，但叹服圆明园不同层次的综合魅力一点，却无不相同。

具体到造园的题材和意境，也就是园林建设的总体构思与创意来说，鼎盛时期圆明园"集大成"的艺术特征，则又往往通过以下四种特色，分别或综合地展现出来：一是融会儒道释各派的文化观念，二是巧妙再现和构筑古今名家的诗情画意，三是自觉地荟萃南景北韵，四是有效地融入外来和国内多民族的艺术因素。这里，我们不妨仅就前三点，略作揭示。

在园林艺术构思方面，圆明园综合体现中国传统思想文化丰富内涵的特色相当明显。儒、释、道三家融合互补，本为中国传统文化的魅力所在。以圆明园最著名的四十景为例，它们全面体现了儒家的治世境界，佛家的天国境界，以及道家的神仙与自然境界。具体说来，四十景综合运用题点、寓意、象征、比附、寄情、状景等表现手法，将中国传统思想文化的内涵与意境，体现到建筑、山石、水体和植物的精致组合之中，然后通过匾额楹联和御制诗文，加以明白解读，从而突出主题，渲染意境，并使之不断得到强化。

对圆明园四十景的内涵与意境，周维权和乔云先生，以及清华大学建筑学院的吴祥艳博士，都有深入的研究，对各种景点的总体境界，以及"大一统"等各种具体意象及其关系的分析解读，清晰而细致，我们多表赞同，故特列表引录如下：

---

① 王道成：《圆明园重建大争辩》，8 页，杭州，浙江古籍出版社，2007。
② 参见张恩荫：《三山五园史略》，34 页，北京，同心出版社，2003。
③ 参见何重义、曾昭奋：《一代名园圆明园》，40 页，北京，北京出版社，1990。

总体意境	具体意象	景点名称	景数
治世境界	天下大一统	九州清晏、万方安和、山高水长	3
	中正治国	正大光明、廓然大公	2
	勤政亲贤	勤政亲贤、汇芳书院	2
	崇祖孝亲	鸿慈永祜、长春仙馆、镂月开云	3
	修身养德	茹古涵今、四宜书屋、澡身浴德、涵虚朗鉴、澹泊宁静、洞天深处	6
	视农观稼	映水兰香、北远山村、多稼如云	3
神仙境界	佛家极乐天国	月地云居、日天琳宇、慈云普护	3
	道家神仙境界	蓬岛瑶台、方壶胜境、别有洞天	3
自然境界	自然山水境界	天然图画、碧桐书院、上下天光、西峰秀色、鱼跃鸢飞、坦坦荡荡、水木明瑟、平湖秋月、接秀山房、夹镜鸣琴、坐石临流、曲院风荷	12
	田园境界	杏花春馆、武陵春色、濂溪乐处	3

资料来源：乔云：《圆明园四十景意境初探》，见中国圆明园学会主编：《圆明园》，第5集，113页，北京，中国建筑工业出版社，1992。

除了圆明园四十景之外，长春园、绮春园、熙春园、春熙院的众多景区创意，也都包含有传统思想的丰富内涵。即便是西洋楼景区的景点命名，也脱不开传统文化理念的渗透，如谐奇趣、海晏堂和远瀛观，表现的虽是西洋景观，其寓意，仍是传统的天下和谐与太平之义。

实际上，"圆明园"三字的造园主题思想，也集中体现了儒佛道融合、至少是儒佛会通的传统文化精神。"圆明"二字本佛教语，所谓"圆明一切智"，含有大智慧、高境界之义，既神圣，又空灵。但雍正和乾隆两帝对其含义的权威解说，却并没有局限于阐释该词的佛教内涵，而是将其与《周易·系辞》中的"蓍之德圆而神，卦之德方以知"和《尚书·大禹谟》中"允执厥中"的儒家旨趣，甚至道家的养生之道，自然融汇起来。在《圆明园记》之中，这位自称"圆明居士"的雍正帝这样写道：

嘉名之锡以圆明，意旨深远，殊未易窥。尝稽古籍之言，体认圆明之德。夫圆而入神，君子之时中也；明而普照，达人之睿智也。若举斯义以铭户牖，以勖身心，虔体天意，永怀圣诲，含煦品汇，长养元和。不求自安而期万方之宁谧，不图自逸而冀百族之恬熙。①

这种修身、养性、进德、明智的主题解读，虽然难逃自我标榜、自我辩解之讥，但毕竟也体现了雍正帝创建圆明园时的思想底蕴，以及他所认同的精神境界追求。

至于圆明园巧妙再现和融会前人诗情画意的艺术构思特色，我们仅从一些景点的名称中，也可以概见一斑。如"上下天光"、"西峰秀色"、"杏花春馆"、"武陵春色"、"蓬岛瑶台"、"澹泊宁静"等，其名称出处和意境，一般士人就多耳熟能详。下面，为了具体生动地感受景点之构筑主人的文化修养、精神情趣和造景思路，我们不妨再将另外几处一般人相对生疏的景点之诗文来路与乾隆的体认，略作例举，以助了解。

如福海南岸的"夹镜鸣琴"景，就是对唐代诗人李白诗意的再现。李白的《秋登宣城谢朓北楼》诗里，有"两水夹明镜，双桥落彩虹"的佳句。乾隆皇帝在《夹镜鸣琴词序》中明确说明道："取李青莲两水夹明镜诗意，架虹桥一道，上构杰阁，俯瞰澄泓，画栏倒影。"大北门内的"北远山村"景，与唐代诗人、画家王维的田园诗以及《辋川图》有密切关系。乾隆皇帝在《北远山村诗序》中，也很清楚地写明了该景点的构思。"映水兰香"一景，则直接来自对《诗经·国风·豳风》诗意的联想，乾隆《映水兰香》诗云："日在豳风图画里，敢忘周颂命田官。"诸如此类，不一而足。

圆明园造园艺术的第三个特色，即自觉地荟萃南景北韵，这主要是通过大量移植江南名园及其景观来实现的。乾隆时期，苏堤春晓等杭州西湖十景，杭州南屏山下的汪氏"小有天园"，浙江海宁的"安澜园"等著名江南园林景观，连名带姓，都被全部移植园内。其他如仿照无锡惠山寄畅园意境、改建双鹤斋、建以叠石为著的"廓然大公"景（嘉庆皇帝曾诗赞双鹤斋："结构年深仿惠山，名园寄畅境幽闲。曲蹊峭茜松犹茂，小洞崎岖石不顽"，对此

① 《日下旧闻考》，卷80 "世宗宪皇帝御制圆明园记"。

景意境颇有感悟）；仿绍兴兰亭曲水流觞意境，建兰亭八柱的"坐石临流"景；仿江宁（南京）藩司署中瞻园，即明代中山王徐达西园旧园的规制，造"如园"；仿苏州黄氏涉园，成"狮子林"等，都在在体现了此种艺术追求。

对于乾隆帝这种集天下园林美景之大成于一园，以供其游赏的持久不衰的帝王热情与兴趣，晚清词人王闿运在《圆明园词》中曾有生动写照："谁道江南风景佳，移天缩地在君怀。当时祇拟成灵囿，小费何曾数露台。"① 盛时圆明园的风景，最终成为18世纪园林艺术的世界博览会，实与此不无关联。

园林建筑艺术透视：一种集大成的典型

就园林中最重要的组成部分——建筑艺术一端来看，圆明园的园林文化之集大成性，也有突出体现。盛时的圆明园，高度集成了中国古代建筑的几乎所有类型与丰富多彩的结构形式，并在很多方面都有所创新。它可以称得上是18世纪中外建筑艺术、特别是中国古代建筑艺术五彩缤纷而又浑然一体的"综合展览馆"。

圆明园的主要建筑类型包括殿、堂、亭、台、楼、阁、榭、廊、轩、斋、房、舫、馆、厅、桥、闸、墙、塔，以及寺庙、道观、村居、街市等，应有尽有。其盛时的建筑样式，也几乎囊括了中国古代建筑可能出现的一切平面布局和造型式样：既有常见的单檐卷棚灰筒瓦屋面，朴素淡雅；又有宫殿式重檐琉璃彩瓦覆顶，金碧辉煌；既有一进两厢、二进四厢的规整院落，又有灵活多变的建筑组群。建筑平面布局共有38种之多，除常见的矩形、方形、圆形、工字、凹凸字、六角、八角外，还有很多独特新颖的平面形式，如眉月形、卍字形、书卷形、十字形、田字形、曲尺形、梅花形、三角形、扇面形，乃至套环、方胜等，可谓丰富无比。

---

① 王闿运：《湘绮楼诗集》，卷8。

盛时圆明园的总体建筑布局，采取大分散、小集中的方式，把绝大部分的建筑物集中为许多小的群组，再分散配置于全园之中。全园一百多组建筑群，无一雷同，但又万变不离其宗，都以院落格局作为基调，把我国传统院落布局的多变性发挥到了极致。

下面，我们不妨简单浏览一下这个建筑艺术"展览馆"里 20 余万平方米建筑中的几类代表性作品：

（一）高大宽阔的殿堂，彰显皇家气派。正大光明殿、勤政亲贤殿、圆明园殿、奉三无私殿、九州清晏殿、慎德堂、澹怀堂、含经堂、迎晖殿、敷春堂以及欧式建筑海晏堂，都是特定景点的主建筑，堂皇壮观。尤其是整个含经堂组合建筑群，气势恢弘，让人想起紫禁城的庄严凝重。

（二）临风点景的亭台，蕴涵无穷韵味。圆明园里各种风格的亭子，大约有 140 余座。如独竖湖心三间见方的重檐亭（鉴碧亭），雄踞山巅面阔三间的长亭（凌虚亭），石刻名帖的八柱兰亭，珍奇的五竹亭，跨高逾丈的桥亭（夹镜鸣琴）；还有点缀各种景点的荷香亭、浩然亭、清会亭、引溪亭、揽翠亭、知鱼亭等。其功能各异，形式亦多样，或方形，或圆形，或椭圆形，还有六角形、八角形、扇形、梅花形，不一而足。各式亭台，与周边山形水系和园林植被巧妙因借，互为衬托，联想勾画，风韵绵长。

五竹亭里观洋景，荷香亭中生莲心；鉴碧亭里赏波光，浩然亭中思正气。凉亭观阵，映衬月宫剪影；坐石临流，体会兰亭诗意。清会亭的武陵春色，引溪亭的紫碧秋艳，揽翠亭的光风霁月，凌虚亭的缥缈云烟，还有那坦坦荡荡知鱼亭中，让人回味不尽的鱼乐之辩……凡此种种情韵，皆与亭台建筑融为一体，无法分离。

（三）精美有致的楼阁，展示高超技艺。圆明园中，精致的楼阁建筑，分布极广，主要供观景之用，也有藏书楼和几处戏楼。如九州清晏景区的清晖阁，上下天光景区的涵月楼，天然图画景区的朗吟阁，紫碧山房景区的澄素楼与含清阁，濂溪乐处景区的鉴光楼与披襟楼，四宜书屋景区的染霞楼、山影楼、烟月清真楼以及无边风月之阁，等等。从五朝皇帝的御制诗文中，我们可以找到这样的楼阁不下百个。它们被精心布置在山丘湖畔的园林建筑景群之间,可供东望朝霞,西眺远山,览尽盛世名园的风花雪月。可惜,如今这些精美的楼阁都早已灰飞烟灭了。

(四)造型优美的桥梁,尽显变化之能。圆明园内 200 余座桥梁、涵闸与水关,足以开设一个专门的桥涵专题"展览馆"。其主体三园内共有砖、石、木结构的桥梁 180 余座,体态多姿,造型各异,构成园内整体美的一个重要组成部分。

对于圆明园内的桥梁多变之美,法国传教士王致诚在 1743 年那封著名的信件里,曾有过细致的描写和高度的赞词。他写道:

> 河渠上有距离不等的桥梁,以方便从一处通向另一处。这些桥梁一般都用砖头和方石砌成,也有几座木架桥。一切均相当高大,足以使船只自由通航。桥梁配有艺术性加工和雕刻有浅浮雕的大理石护栏。此外,它们之间在建筑方式上始终有差异。但您也不要一直相信这些桥梁是直线建成的,根本不是。它们都是盘旋和蜿蜒式的,以至于使某一座其直线距离只有 30—40 法尺的桥,经过蜿蜒曲折之后,便可多达 100—200 法尺。我们甚至会看到,它们或在中间,或在边缘,都有些供人休息的小亭阁,由四根、八根或十六根廊柱支撑。这些亭阁一般都建造于那些视野最开阔的桥上,其余的则位于木架或汉白玉拱桥的两端,结构非常优雅,但与我们的全部欧洲观念都相去甚远。①

此外,盛时圆明园,还建有众多的湖畔水榭,委曲相通的游廊,高挑亮丽的敞轩,宁静的斋房,优雅的石舫,精美的影壁、宫门、石狮、麒麟、牌楼,曲折蜿蜒的驳岸,柳暗花明的园路,两处别致的买卖街市,以及风格各异的庭院馆舍、寺庙道观等。如法慧寺里那座七级五色琉璃多宝塔,通高23.55 米,属国内各式塔坛建筑中的精品。

特别值得一提的,还有融会国内各民族乃至中西建筑的突出特色。圆明园山高水长景区与长春园里含经堂广场的蒙古包,是草原民族特色建筑风格的典型代表。伊斯兰教风格的方外观以及反映南疆阿克苏风情的线法墙

---

① 杜赫德编,耿昇译:《耶稣会士中国书简集》,第四卷,291 页,郑州,大象出版社,2005。

（画），生动再现了西域民族的建筑特点。园中的舍卫城，效仿印度古代桥萨罗国的国都兴建，体现了南亚建筑的风格。西洋楼景区则有意大利巴洛克式、法国罗柯柯式等欧式风格的建筑，包括线法桥、线法山、线法墙、迷宫、西式亭台、殿堂、牌楼、蓄水楼、喷泉水法，以及西式石雕石刻和方形水池，等等。因此我们说，盛时圆明园是 18 世纪中外建筑艺术的综合展览馆，确实毫不夸张。这一点，实际上也可以成为前文我们未曾论证的圆明园造园艺术风格的第四个特点，即"有效地融入外来和国内多民族之艺术因素"的一个补充说明。

大水法铜版图（清宫廷画师满族人伊兰泰绘）

萃珍无数的特殊"博物院"和"图书馆"

从圆明园的文化收藏来看，其园林文化的集大成性同样得到突出体现。它既是一座荟萃无数文物珍宝的巨大"博物院"，也是一座藏有众多珍贵图书文献的皇家"图书馆"。

把圆明园比作一座饱藏奇珍异宝的博物院或博物馆，并不是我们的想象和发明，而是许许多多亲历圆明园、研究圆明园、述说圆明园的外国人异口同声的真切感受。参与焚毁圆明园的侵华法军上尉巴吕就证实说:"第一批进入圆明园的人,以为是到了一座博物馆,而不是什么居住场所。因为摆在架子上的那些东方玉器、金器、银器,还有漆器,不论是材料还是造型,都是那么珍稀罕见。那简直就像欧洲的博物馆。"法国军医阿尔芒·吕西更感慨道:"世界第八大奇迹!""我为我看到的东西所震惊,瞠目,惊呆!现在,《一千零一夜》对我来说,完全是实实在在的东西。两天中,我在价值 3 000 万法郎的绫罗绸缎、金银首饰、瓷器、青铜器和各种雕像中,总之是在珍宝财富中徜徉!我想,远自蛮族对罗马的洗劫以来,没有人见到过这样好的东西。"

大文豪雨果也慨叹:"我们(法国)所有大教堂的财宝加在一起,也许还抵不上东方这座了不起的富丽堂皇的博物馆。"① 1902 年,法国地理学家埃利赛·雷克吕和奥内西姆·雷克吕出版《中华帝国》一书,谈到圆明园时,同样写道:园中那些"包含着大量艺术杰作的珍贵器物,有很多被毁坏、被随意分掉,或者不可挽回地丢失了。同时,还有大量文物被挑选出来,在欧洲建立新的博物馆"②。

英法联军洗劫圆明园的后果,直接地推动了欧洲文物拍卖市场的无耻繁荣。从 1861 年起,来自圆明园的中国文物珍宝,被一次一次地在伦敦和巴黎拍卖。直到 150 年后的今天,圆明园的文物,仍不时出现在海外文物拍卖市场,不停地刺激中华儿女敏感的神经。

盛时圆明园到底收藏了多少文物珍宝,这些珍宝的流失,又价值多少,我们今天已经无法估计。2000 年春,保利艺术博物馆从香港拍卖市场竞购圆明园海晏堂牛首、虎首、猴首铜像,曾耗资 3 317 万港元;2007 年 6 月,圆明园流失海外 147 年的一只粉彩霁蓝描金花卉大瓶,被京城收藏界名人马未都以 2 408 万元收购,还觉物超所值;2007 年 9 月 20 日,全国政协常委何鸿燊先生,以 6 910 万港元的价格,购买圆明园海晏堂马首铜像,决定捐赠给国家。而这些文物对于圆明园当年所收藏的珍宝来说,不过九牛之一毛而已。

---

① 维克多·雨果:《给巴特勒上尉的信》,见伯纳·布立赛著,高发明等译:《1860:圆明园大劫难》,382 页,杭州,浙江古籍出版社,2005。

② 同上书,346 页。

同时，称鼎盛时期的圆明园为精品荟萃的"皇家图书馆"，也丝毫没有夸张。圆明园中的文源阁，是清代皇朝七大最著名的藏书楼之一。1775 年，乾隆帝仿浙江宁波范氏天一阁而建文源阁于园内，它与同期建成的紫禁城文渊阁、避暑山庄文津阁，及稍后建成的盛京故宫文溯阁，合称皇家"北四阁"（扬州文汇阁、镇江文宗阁、杭州文澜阁，则合称"南三阁"）。除文源阁外，圆明园散存各种珍贵文献的地方，还有不少，如长春园含经堂的霞翥楼，即称为"味腴书室"，具有藏书功能。因此，圆明园中不仅藏有大量图籍书画，而且珍品宝册无数。

《古今图书集成》这部世界上现存规模最大、保存最完整的类书，初版仅64 部加 1 部样书，文源阁即藏有一部；《四库全书》这部中国古代也是世界古代史上规模最大的丛书，当时一共抄写 7 部，前 4 部抄写最为精美，其中第 3 部，就于 1783 年藏于文源阁，且其每册首尾，都钤有"文源阁宝"、"圆明园宝"的宝玺。为了自己阅读方便，乾隆帝还曾特命编纂过珍贵的《四库全书荟要》一书。它精选《四库全书》的重要篇目，共计 12 000 册，但总共只誊抄了 2 部，1 部贮藏紫禁城大内，1 部于 1780 年缮成后，收藏于长春园含经堂霞翥楼（味腴书室）。用"味腴书室"玺，以示区别。可惜，这些图书，后来多毁于英法联军的强盗之火。

我国历史上第一部大型丛帖，被誉为诸帖之祖和"宋拓第一真迹"的《淳化阁帖》初拓本，当时就珍藏于圆明园含经堂淳化轩。乾隆《钦定重刻淳化阁帖》拓印本和摹帖版刻石，也是珍品。《钦定重刻淳化阁帖》拓印本拓于1773 年，圆明园共收贮 18 部，分别存放在园内保合太和殿、狮子林等多处。摹帖版刻石始刻于乾隆三十四年（1769）二月，至三十七年（1772）四月刻成，共 144 幅，镶嵌在淳化轩前边的 24 间左右回廊之中。独此一套，弥足珍贵。目前的圆明园展览馆仍存有残损刻石。

圆明园中收藏的书画珍品，还有东晋顾恺之《女史箴图》的唐代摹本，元代程棨摹自南宋楼璹所绘的《耕织图》画轴等。前者本来收藏在清宫大内，后转存圆明园，1860 年被英军大尉基勇抢掠至英国，1903 年被大英博物馆收藏，成为该馆最重要的东方文物之一；后者分为耕作、蚕织两部分，共 45

图，极为精美。原收藏于圆明园多稼轩，现存于美国。①

在圆明园之中，有关该园自身的多种珍贵图画，特别是那些中西合璧的杰作，尤其值得一提。仅列举三种于下：

《圆明园大观图》。这是首幅综合反映盛时圆明园全景大观的通景总图。由宫廷著名画师冷枚、唐岱、沈源和意大利画家郎世宁等人，历时两年半合作完成。先张挂于九州清晏清晖阁，后移挂于正大光明殿。配上红木边柏木心的巨型图框，分为 18 堂。通高 4.4 米，通宽 11.2 米，极为壮观。后毁于1860 年 10 月焚劫之灾。

绢本彩绘《圆明园四十景图咏》。这是一套盛时圆明园四十景的分景工笔彩画精品，所绘建筑、泉石、植物等景观，皆工笔写实，因而成为后人领略圆明园盛时风貌的最直观、最形象的珍贵史料。四十景图，自乾隆元年（1736）到乾隆九年（1744），历时 9 年完成。各幅彩图，分别有汪由敦所书《乾隆御制四十景诗》，共计 40 对幅。直到乾隆十二年（1747），奉旨安设于圆明园奉三无私殿御前呈览。前后历时 11 载有余，成图不易。且独此一套，实属孤本。1860 年被法军上校杜潘掠至法国，1862 年 5 月被拍卖，后由法国国家图书馆转购，收藏至今。

第三种，《西洋楼铜版图》。绘制长春园西洋楼景区各座欧式建筑、庭院的立面透视图像，共计 20 幅。乾隆四十六年（1781）四月起稿，到全部誊绘并雕成铜版，印制成图，历时 5 年。主要画师为满族人伊兰泰。每块铜版，用红铜 26 公斤。该图前后分两次，共压印成白露纸图 200 套。它是我国印刷史上，首次引进西欧铜版印刷工艺，自行刻版印刷的第一部印刷品，具有首创意义。

正因为圆明园集皇宫、"博物馆"和"图书馆"于一体的无法估价的巨大文化收藏，它的毁灭才成为中华民族，乃至人类文明无法弥补的损失。法国历史学家伯纳·布立赛，在其《1860：圆明园大劫难》一书中曾写道："不妨大胆打个比方。圆明园之因英法联军之过而毁于一旦，很可能相当于凡尔赛

---

① 参见蒋文光：《元程棨摹本和清乾隆刻石〈耕织图〉》，见中国圆明园学会编：《圆明园》，第 2集，40 页，北京，中国建筑工业出版社版，1983。

行宫、加卢浮宫博物院以及法国国家图书馆，全遭普鲁士军队焚毁。"① 这种法国文化精英对于焚烧圆明园持续不断的历史反省，或许能使遭受劫难的中华儿女们，多少感受到一丝慰藉之情。

皇家的文化、娱乐中心及其园林文化成因略说

盛时的圆明园，也可以说是清代五朝的"皇家文化活动中心"。每年正月，山高水长景区都要举行元宵大型火戏，同乐园则要举办大型灯戏。仅在乾隆一朝，这样的火戏和灯戏，就举办过48届；每年端午节，福海水上龙舟竞渡，成为景观。盛夏观荷，中元节放河灯，还有寿庆、宴赏、礼佛等活动，亦均有成例。此外，圆明园内还专门设有升平署和如意馆等机构，专事承办歌舞和绘画等皇家文化活动。

盛时的圆明园，还堪称当时的皇家植物园和珍稀动物园。园内牡丹台、竹子院、梧桐院、杏花村、桃花坞、芰荷香、君子轩、松风萝月，以及深柳读书堂等多处景点，均以植物风景特色成名。全园植物，除了松、竹、柳、荷、梧桐、侧柏、国槐、枫树、海棠、山桃、文杏、玉兰、牡丹、月季、菊花、兰花、藤萝等百余种乡土花草树木之外，还引进培植了江南的梅花与芭蕉，塞北的敖汉荷花与乌沙尔器，五台山的金莲花，新疆的桑树，南亚的波斯桃，西洋的含羞草等20余种树木花卉。所谓"二十四番风信咸宜，三百六十日花开竞放"，说的就是圆明园四时不尽的繁花、蓊郁葱茏的绿树，与层层冈阜、潺潺流水和鸟语禽鸣，交织成一幅大自然的美景，令人陶醉。圆明园内的珍稀动物，则有白猿、麋鹿、朱鹮、仙鹤、孔雀、天鹅以及五色锦鲤。光是西洋楼养雀笼一处，常年笼养的各种鸟类，就有400多只。

总之，最盛时的圆明园五园，一园为主，四园相辅，会通古今，兼融中西，其集大成或集锦式的园林文化，何其洋洋大观也。

---

① 伯纳·布立赛著，高发明等译：《1860：圆明园大劫难》，前言部分，9页。

养雀笼铜版图（清宫廷画师满族人伊兰泰绘）

下面，我们不妨对盛时圆明园集大成或集锦式文化特征的形成原因，再作一点简要的分析。

在我们看来，圆明园上述文化特征的形成，乃是康乾盛世的直接产物和表现。此时经济繁荣，国家统一，政治稳定，综合国力强盛，帝王气魄宏大，多方进取。皇权得以强化，君主的享乐之心也因之弥涨，许多园林工程，不仅由此兴办，而且也因此具备了走向大规模和高水准的前提条件。

从经济方面看，18 世纪中国的经济总量，据研究在世界总份额中，占到了将近三分之一。每年清王朝的财政收入，高达 4 000 万两白银。国库存银，雍正时曾超过 6 000 万两；乾隆时，更是曾经高达 8 000 万两。正由于有雄厚的财力，乾隆帝才得以大肆兴建园林工程，并不惜工本，不吝耗费，务求质量精益求精，坚实美观。盛时圆明园急剧扩张的规模，移天缩地的集锦，还有大量文物文献的形成，持续不断的修葺增饰，都得到了财力的充分保障。嘉庆之后，圆明园建设的相对收缩与衰退，也未尝不是综合国力明显下降的反映。

就政治方面论，从雍正到咸丰，五朝君王长期驻跸，专制皇权随时"滋润"，实为圆明园成就"万园之园"的重要原因。正如我们在前文所提到的，盛时圆明园，是一座兼有"苑囿"和"宫廷"双重功能的特殊型制的皇家园林，有着非常重要的政治地位。在长达近 140 年的时间里，它实际上成为与紫禁城互为表里的大清王朝第二个政治中心。雍正帝就声称，"朕在圆明园与宫中无异也，凡应办之事，照常办理"，从而首开驻跸圆明园处理政务的先例，此后则延为常规。

五朝皇帝在圆明园处理政务的地方，主要集中在大宫门内的前朝区。举行朝会、大考等大典的正大光明殿，类似紫禁城的太和殿与保和殿；御门听政和日常办公的场所勤政亲贤殿，则兼有大内乾清宫与养心殿的功能。此外，圆明园的山高水长楼、同乐园殿，长春园的含经堂等处，也兼有一定的理政功能。除了常朝视事、御门听政、殿试传胪、詹翰大考、勾决人犯等例定政务外，重大的民族与外交国务，尤其是接见与宴赏活动，包括接待葡萄牙、荷兰与英国使臣等重大外交事件，都曾安排在圆明园举行。

在封建集权制度发展到顶峰的清王朝，最高统治者所在之处，就是政治核心所在之地。据张恩荫先生《三山五园史略》和贾珺博士《清代离宫御园朝寝空间研究》（2001 年清华大学博士论文）统计，从雍正到咸丰，五朝皇帝驻跸圆明园的时间，全都超过其宫居紫禁城大内的时间。具体而言，除去为前朝皇帝服丧的年头之外，雍正帝平均每年驻园 210 天；乾隆帝年均驻园 126 天（紫禁城宫居年均 110 天）；嘉庆帝驻园时间年平均 162 天（宫居年均 135 天）；道光帝驻园年均多达 260 天（宫居年均不足 91 天）；咸丰帝在 1860 年出逃避暑山庄之前，驻园 7 年，年均也达 216.6 天。这一清楚的事实，迄今为止，似尚未引起清代政治文化研究者们足够的注意。

实际上，作为大清王朝中后期实际的政治枢纽之一，圆明园的重要性甚至不在紫禁城之下。与这种御园政治核心地位相一致，其园规模之宏伟、建筑与园林艺术之讲究、陈设之精美、收藏之丰厚，也就不难理解了。

同时，我们还可以从传统文化资源与专业技术的积累方面，来认识这一问题。中国几千年丰富的思想文化遗产，为圆明园的兴建，提供了取之不尽的设计创意题材。中国传统园林建筑艺术，在明清时期，已经成熟，到 18 世纪更是发展到了高峰。清王朝设有专管构建的正式机构，即工部营缮司和内务府营造司，颁行了《工程做法》、《内工则例》以及《圆明园内工则例》等专业技术条例，总结了一套设计、施工、布局、装饰的系统经验，技能精熟。一批能工巧匠，以精湛的建筑技艺，供奉内廷。如历代相传的"样式雷"世家，自康熙朝一直到光绪朝，长期参与主持皇家园林的设计建设，都是归依内务府的杰出匠师。康乾盛世，也十分重视工程质量，反对减银省料、草率施工，立下检查工程质量的规章。如有坍塌损坏，承修官员，必罚银赔修，故工程质量之佳，乃为历朝所未有。

此外，盛时圆明园集大成或集锦式园林特征的形成，与18世纪中西方文化交流互动，也有很大关系。盛时圆明园的如意馆，长年供养着一批耶稣会宫廷画师。这是一批来自法国、意大利、波西米亚等不同西方国家的天主教传教士，也是一批景仰中华文化，自身又有专业特长的文化技术人才。其中郎世宁、王致诚、艾启蒙等人负责设计督造西洋楼欧式建筑，蒋友仁负责设计督造水法喷泉，汤执中负责主持绿化。乾隆十二年（1747）建成谐奇趣（其中左右两边曲廊伸出的六角楼厅，是演奏蒙、回、西域音乐的地点）、蓄水楼、迷宫花园与养雀笼。乾隆二十五年（1760）前后，建成方外观、海晏堂、远瀛观、大水法。西洋楼景区的建成，标志欧洲建筑与造园艺术于18世纪首次被引入中国皇家园林。与此同时，欧洲也出现中国庭园风格。18世纪中西方文化交流，在音乐、绘画、印刷、建筑、园艺、植物、天文地理、机械钟表等领域的交流成果，都在鼎盛时期的圆明园有所体现。除了西洋楼之外，圆明园各处殿堂陈设的西式钟表、天文地理仪器、铜版画，以及西式地毯，等等，也都很有代表性。可惜的是，这种正常的交流互动，终没能长久保持和得到健康发展。

最后，我们想强调的是，盛时圆明园集大成或集锦式特征的形成，不仅与乾隆皇帝旺盛的精力、宏大的气魄和求"全"的追求、高度的文化素养与审美趣味、强烈的园林爱好等帝王个人因素有直接关系，甚至可以说，他本人在这一过程中，实际上发挥了最为关键的作用。

比如，圆明园四十景，是乾隆定型完成的；圆明五园的宏大格局，是乾隆拓展归并的；西洋楼景区的建设，也可直接归因于乾隆皇帝的好奇心理；圆明园周边的其他皇家园林，也大都在乾隆朝进行了大规模的改建和扩建。

圆明园里的珍贵收藏，同样大多是在乾隆时代形成。乾隆一生，御制圆明园诗文 2 300 多篇，不仅数量巨大，艺术质量也远在其他四位皇帝之上。至今散存在圆明园遗址的御制碑刻，90％以上都是乾隆精美的御笔。乾隆皇帝在圆明园里的活动，留下的影响最为广泛，也最为深远。他给这座旷世园林的奇迹，打上了自身不可磨灭的印记。

当然，以上几个方面的因素都不是孤立的，而是综合互动的，它们共同铸就了鼎盛时期圆明园绝世的灿烂辉煌。

今天，距圆明园被列强焚毁已经有 148 年。然而时间的流逝，却并没有改变国人对圆明园昔日盛景无法遏制的怀想，更没有抹去它被毁之后，留在国人心中那种持久的伤痛。相反，两者似乎都同样鲜明并且日趋沉重。近日，面对浙江横店再一次高调响起的圆明园异地重建之声，我们又一次真切地感受到这一历史自身意义的复杂与沉重。于是谨做此文，以资反思。①

---

① 关于笔者对圆明园遗址文化内蕴及其整修的意见，可参见拙文：《也说圆明园遗址的内蕴与整修——兼评〈圆明园：历史·现状·论争〉》，载《光明日报》，2000-04-20。

八、晚清寿阳祁氏之文化①

在清代中后期，也即嘉道咸同光五朝，山西寿阳祁氏乃是享有盛名的一大望族，与常熟翁家齐名，时称"南翁北祁"。翁氏者，翁心存、翁同龢、翁曾源等是也；祁氏者，祁韵士、祁寯藻、祁世长等是也。与翁家相比，祁氏虽无"状元门第"之荣，却亦有"两朝帝师"之誉②，且三世之中，代有翰林。或以史地之学名动天下，开一代学术新风；或以诗文书法领袖群伦，影响嘉道以降诗旨书趣。屡掌著名书院者有之，累柄朝廷文衡者亦有之，育才督学，家风有声。此外，祁氏还是清代山西刻书业的"四大家族"之一，曾刊刻不少有影响的书籍。因此称寿阳祁氏为晚清中国的"文化名门"，实不为过。

---

① 此文初作于 2004 年，原是应祁氏后人祁石之请，为其所编《祁氏诗集》所作序言。后摘发于《山西日报》。《寻根》杂志 2005 年第 1 期曾刊全文，题为《清代寿阳祁氏之文化》。这次收入本书，又有相当的增补并插图。在收集资料过程中，得到山西省祁寯藻研究会刘长海、郭华荣先生的大力帮助和支持，特致谢意。

② 笔者以为，通常所谓"三代帝师"之称，严格说来恐有未妥。因为祁寯藻入值南书房、充经筵讲官时，道光已继位，故他对道光皇帝而言，任职南书房虽久，却并无正式的"师傅"名分。这与他出任上书房总师傅后，对当时为皇子、后来为帝的咸丰而言实有所不同。

从考古到经世：开边疆史地学研究之新风

山西寿阳祁氏，相传为春秋时晋国大夫祁奚的后裔。后累世传衍，转为平民。至康熙时代，始有考中进士者，从此诗书传家，渐有起色。祁家真正为世所知，首当归功于史地名家祁韵士（1751—1815，字鹤皋）。祁韵士身历乾嘉两朝，1778 年中进士，不久授翰林院编修，任《四库全书》分校官，国史馆纂修并升任总纂。他一生学术先重考古，后转为经世，在清中期学术由乾嘉汉学转向"经世实学"的过程中，具有某种象征意义。这在祁氏个人，当然也有学术对象选择上的偶然性。任职国史馆时，祁韵士恰受命编《蒙古回部王公表传》，历时 8 年，由此打下对于边疆史地研究的深厚基础。他还因此留下大量底稿和相关资料，后经他人编辑补充，编成有关新疆和西藏等地区的重要编年史著《皇朝藩部要略》，成为这一学问领域里的开创性著作。梁启超谓："中国学者对于蒙古事情为系统的研究，自此始也。"[1] 其实，这一研究的具体内容还并不为蒙古所限。

在祁韵士走向西北边疆史地研究的过程中，其自身精湛的满文修养，成为其取得成就的重要学术条件。考中进士、进入翰林院之后，祁韵士即奉派学习满文。其满文老师为满洲大臣德保、阿桂、富炎泰，汉臣钱䇓石等。祁氏在自订年谱中，曾不无得意地谈到这一点，并言及他本人在这一事业中的勤苦劳绩，他写道：

> 先是奉旨创立《蒙古王公表传》，武进管先生干贞纂传数篇，奉差离馆，时无锡相国嵇文恭公为总裁，知余谙习清文，派令接纂是书。余既任事，通核立传体例，计内札萨克凡四十九旗，外札萨克若喀尔喀……多至二百余旗，以至西藏及回部，均应立总传、分传。羌无故实，文献奚征，虽有抄送旗册，杂乱纠纷，即人名亦难卒读，无可作据。乃悉发

---

① 梁启超：《中国近三百年学术史》，见张品兴主编：《梁启超全集》，第 8 册，4592 页。

大库所贮清字红本，督阅搜查，凡有关于外藩事迹者，概为检出，以次
覆阅详校，择其紧要节目，随阅随译，荟萃存作底册，以备取材。每于
灰尘坌积中忽有所得，如获异闻。积累既久，端绪可寻，于是各按部落
条分缕析，人立一传，必以见诸实录红本者为准。又以西北一带山川疆
域，必先明其地界方向，恭阅《皇舆全图》，译出山水地名，以为提纲。
其王公等源流支派，则核以理藩院所存世谱订正勿讹。如是者八年而书
始成。①

由此可见其开创此学之艰辛。

1805 年，祁韵士因亏铜案被罢职判罪、遣戍西域。然而塞翁失马，焉
知非福。他因此恰好获得了实地考察西北边疆、印证所学、纠谬补偏的绝
好机会。流放伊犁期间，他受伊犁将军松筠之命编纂新疆地志，遂抱定
"倘不足以信今而证古，是无益之书，可以不作"② 的宗旨，把考证书史和
实地见闻结合起来，编定了《西陲总统事略》、《西陲要略》和《西域释地》
等书，集中汇聚了他关于西北史地学研究的主要成就，对后世产生了重要
的影响。

1820 年前后，由于张格尔叛乱的发生及其活动的加剧，西北边务日益引
起人们的重视，西北边疆史地学的研究终于蔚然成风。而首开这股学风的正
是祁韵士和徐松，用梁启超《中国近三百年学术史》的话来说，即"兹学首
倡之人如祁鹤皋、徐星伯辈"，其学"虽由考古引其端，而末流乃不专于考
古，盖缘古典中可凭藉之资料较少⋯⋯（故）所记载又往往得自亲历也"③。
徐松，字星伯，其最为重要的史地名作为《伊犁总统事略》（后道光帝赐名
《新疆识略》），在当时同样产生了很大影响，然该书正是在祁韵士《西陲总统
事略》的基础上进一步扩充和深化而成的。由此也可见，祁氏在这一新兴的
学术潮流中具有着名副其实的先驱地位。

----

① 《鹤皋年谱》，见《祁寯藻集》编委会：《祁寯藻集》，第 1 册，136 页，太原，三晋出版社，
2011. 感谢孟超、乐嘉辉及时提供该资料集。
② 祁韵士：《西陲要略》"自序"，山西省文献委员会印本。
③ 梁启超：《中国近三百年学术史》，见张品兴主编：《梁启超全集》，第 8 册，4593 页。

依笔者之见，讲求"经世"之学，开清代中后期西北边疆史地研究的新风尚，实乃寿阳祁氏文化的精髓之一。它预示着乃至直接标志着嘉道之际乾嘉汉学向"经世实学"的近代转向。对于祁家来说，这无疑是祁韵士创造和遗留下来的一笔宝贵的文化遗产。但除了祁韵士本人的开拓性贡献之外，其子祁寯藻在继承这笔遗产、弘扬嘉道咸同时期以边疆史地研究"经世致用"的学风方面，也发挥了不容忽视的重要作用。这一点，当与他当时崇高的政治地位和士林领袖的特殊身份，有着密切的关系。以往，学界对此问题关注有限，揭示仍有不足。

祁寯藻（1793—1866），字叔颖，又字淳甫，后避同治帝讳，改为实甫，号春圃，为祁韵士的第五子。他 1814 年考中进士，道光元年（1821）入值南书房，后累官至户部尚书、军机大臣、协办大学士。1849 年任上书房总师傅。咸丰登基后，拜为体仁阁大学士，赏太子太保衔，充进讲官。1861 年同治皇帝即位后，又被任命为幼皇的四个师傅之一。可谓道咸同三朝官至极品的老资格重臣，卒后谥"文端"。

祁寯藻做人有则，为官清廉，行政务实，很受时人称赞。道光皇帝就曾称赞他："观汝始终是正派人。"[①] 晚清著名诗人张维屏在《松轩随笔》记载说："寿阳相国性如玉洁，心比春和，学博而不矜才，丰而不露，见人有善必称道之。其休休有容之度，盖有古大臣之风焉。"[②] 鸦片战争时期，祁寯藻支持林则徐禁烟主战，并偕黄爵滋视察福建海防和禁烟事，与权臣穆彰阿意见多左。后又与肃顺不和，反对肃顺"铸大钱"，因志不遂而多次请辞。加之又

---

① 秦缃业：《祁文端公神道碑铭并序》，见缪荃孙：《续碑传集》，卷 4，见《祁寯藻集》，第 1 册，818 页。关于祁寯藻与嘉庆皇帝之间，有一则"仁宗不识祁字"的趣闻未曾见今人提及，这里不妨录存，以备查考。熟悉清末掌故的柴萼记述说："王小岩先生，受业于王文慎门下，旅京有年，偶见宴会肃客之单，写祁中堂（寯藻）为初中堂，异之，向文慎问故。文慎曰，先皇天语也。祁为翰林时，值南书房，仁宗误祁为初，呼为初寯藻。事传于外，遂沿用之。按祁相国为孙文节（铭恩、兵部侍郎，殉难予谥）之座师。文节日记，亦有时写祁为初云。"（柴萼：《仁宗不识祁字》，见杨家骆主编：《梵天庐丛录》，卷 2，国学名著珍本汇刊笔记汇刊之一，19 页。按，祁寯藻入值南书房时，已是道光元年，若此事真有，当在之前。）

② 《晚清、民国名人论祁寯藻》，见《祁寯藻集》，第 1 册，793 页。

为诗坛盟主、书法中坚，一时颇得士林清望。

就学术而言，祁寯藻虽不废汉学考据，但却更为注重秉承乃父"经世"宗旨。他政务繁多，在西北史地学方面无暇深研专攻，但仍与俞正燮、张穆、何秋涛等著名边疆史地学者密相交游，并广刊边疆史地著作，有力地推动着这股学术新风向前发展。其父祁韵士的名著《皇朝藩部要略》、《西域释地》和《西陲要略》等，就是他特请张穆等或补充编辑、或逐一校订之后加以刊行，使之得以较多流传于世的。张穆在校勘祁韵士著作之前，对西北史地已有钻研，然并无突出成绩。他后来成为道咸时期最为出色的边疆史地学名家之一，与祁韵士著作的启发和祁寯藻的识拔、鼓励，实分不开。

张穆的杰作《蒙古游牧记》，堪称清代研究蒙古地理最为详博的著作。但该书最初的创作念头，就是产生于校勘《皇朝藩部要略》一书的过程之中：他发现《皇朝藩部要略》详于"编年"，而短于"地志"，遂立志补其不足。《蒙古游牧记》完成后，祁寯藻又慧眼识精品，特出资刊行，为这一杰作的传播作出了重要贡献。在序言中，祁大赞此书，称其"结构则详而有体也，征引则赡而不秽也，考订则精而不浮、确而有据"，他尤其欣赏该书能将经世与考据、今务与古义两相结合的治学精神，认为"海内博学异才之士，尝不乏矣。然其著述卓然不朽者，厥有二端：陈古义之书，则贵乎实事求是；论今事之书，则贵乎经世致用。二者不可得兼。而张子石州《蒙古游牧记》独能兼之"；"是书之成，读史者得实事求是之资，临政者收经世致用之益，岂非不朽之盛业哉!"①

张穆去世后，祁寯藻又以刊布其遗著文集为己任，并在为张穆文集所写序言中，盛赞其"讲求经世致用，于兵制、农政、水利、海运、钱法尤所究心"②的治学精神。从这里，今人不难窥见祁寯藻当时的学术旨趣和嘉道学风转移时期那种真实的过渡形态。

---

① 祁寯藻：《蒙古游牧记序》，1867 年寿阳祁氏刻本。又见《祁寯藻集》，第 1 册，664～665 页。

② 《祁寯藻集》，第 1 册，663～664 页。有关张穆和寿阳祁家关系的微妙方面，可参见吕文利：《1839：张穆学术人生转折若干问题》，载《清史研究》，2007（1）。

　　鸦片战争后，世界史地特别是西方和俄罗斯的历史和地理研究，得到学者们的进一步重视，这与西方列强和俄罗斯的侵略直接相关，也未尝不是此前西北史地研究的自然延续。① 对于这两方面的学术发展，祁寯藻均曾给予支持。其对何秋涛中俄边疆地理研究的长期勉励和赞助，堪称显例。1858 年，何氏完成名著《北徼汇编》（后咸丰赐名为《朔方备乘》），祁寯藻即为之撰写序言，大加揄扬，赞其记述信而有征，搜采博而不杂，辨别是非"确而不可移易"，堪称实事求是、"能究端末以周知古今"的史地学佳构。他甚至还认为该书"虽所记仅北徼一隅，而考核之精，持较魏（源）徐（继畬）二书，不啻后来居上"②。此言或不免有拔高之嫌，然其身居枢要、提倡奖掖边疆史地之学的那种积极情态，却已跃然纸上。

　　徐继畬是祁寯藻的山西同乡，他的域外史地名作《瀛环志略》完成后，前几卷曾呈送祁寯藻等友人。据总理衙门大臣董恂回忆，1849 年，他随祁寯藻到甘肃查办案件，"每夕于行馆篝灯记所经山川道里，寿阳相国见而嘉之，爰饷以是书"，董恂本人正因此而得以受读《瀛环志略》，并"大喜过望，日置肩舆中，且行且读"③。1866 年，在给新版《瀛环志略》所写的序言中，董恂曾专门提到这一点。祁寯藻在其晚年的日记里，谈到此书时，也仍强调它为"有用之书"④。这说明徐继畬此书的传播，曾得到过祁氏的重要支持。从现存祁寯藻的诗集中，我们可以看到祁、徐二人的不少唱和之作及其中蕴涵的彼此的友谊。不过，徐继畬此书盛赞西方政治制度一点，无疑乃时代之先见，当时大概还得不到祁氏的首肯。

　　值得一提的是，祁寯藻在边疆史地学方面不仅提倡有力，还亲自从事过一些实际的东北边疆史地研究。如道光九年（1829），他随道光帝到满洲的发

---

　　① 有关这一时期传统地理学演变及其向近代地理学转换的总体历史，可参见郭双林：《西潮激荡下的晚清地理学》，77～114 页，北京，北京大学出版社，2000。

　　② 祁寯藻：《北徼汇编序》，见《北徼汇编》同治四年（1865）刊本，新版《祁寯藻集》似漏收此序。

　　③ 《瀛环志略》同治五年版董恂序，转见方闻编：《清徐松龛先生继畬年谱》，273 页，台北，台湾商务印书馆，1987。

　　④ 《静默斋日记》同治四年九月十三日，见《祁寯藻集》，第 1 册，301 页。

祥地东北边疆地区巡查，就撰写了《三姓山川》、《富克锦舆地略》，《珲春境内村屯里数》和《宁古塔村屯里数》等论著，表现出鲜明的经世取向。《三姓山川》考察记述了今黑龙江依兰县方圆千里地区内马鞍山等 53 座山与窝肯河、牡丹江等 30 条河流的情形；《富克锦舆地略》记述了今黑龙江富锦县当年赫哲兵驻守的一些兵站、卡伦以及有关界牌的分布等情形；《珲春境内村屯里数》记录的则是今吉林省珲春与黑龙江宁委县为中心的地区当年的村屯分布，与珲春城的距离，以及彼此之间的道里等情况；《宁古塔村屯里数》的内容，不仅包括了宁古塔的村屯数、彼此的道里，各村屯的住户数量、地理位置特点，还特别记述了中俄交界的"倭"、"那"、"玛"、"拉"、"喀"、"亦"等字石界牌的方位，及其所标示的具体疆界内涵。[①] 这些考察和记述虽然简略，对今人研究清代东北边疆地理，却不乏历史价值。在祁寯藻之前，有关中国东北地区地理研究的著作很少，有所涉及的只有方式济的《龙沙纪略》、杨宾的《柳边纪略》和吴桭臣的《宁古塔纪略》等不多的几种，可见其这方面的研究，实具有一定的开创意义。

除东北之外，祁寯藻对京口（今江苏镇江）地区的地理也有专门研讨。同治四年（1865），已经 73 岁的祁寯藻著成《京口山水考》六卷，包括《京口山考》四卷，《京口水考》二卷。"山考"对丹徒、丹阳、金坛、溧阳内的大小山岭，包括山中的洞涧峰石、寺庙宫观、亭台楼阁、墓碑铭文等重要名胜，无不一一记录；"水考"则包括了以上四地的主要江河、湖泊、津渡、港浦、桥驿、溪流、堰塘、池潭、荡淀、井泉，以及相邻的一些名胜，可谓清代镇江山水风景研究的重要资料，十分难得。

1861 年，身为帝师的祁寯藻还试图以致用的舆地学影响最高统治者。他主张授读同治帝以舆地学知识，曾上折言："窃谓《帝鉴图说》讲毕，即宜讲舆地之学"，裨"山川疆域形势，开卷了然"[②]。

祁寯藻的经世之学，受到过传统"民本"和"农本"思想的深刻影响。他非常关心民瘼，重视农桑，在当时的大臣中是极为突出的。这从其所撰写

---

① 祁寯藻关于东北地理研究的著作，可见《祁寯藻集》，第 2 册，793～807 页。
② 祁寯藻：《为呈进书籍事奏折》，见《祁寯藻集》，第 3 册，343 页。

的《马首农言》一书，可以概见一斑。"马首"为寿阳的古称，《马首农言》
则是祁寯藻 1834 年至 1836 年在家为母守孝期间，走访邻里乡农所完成的一
部关于寿阳的综合性农书，所谓"日与田夫野老游于陇畔，时时询问，著成
此书"①。该书全书共 14 篇，对寿阳地方的地势、气候、种植、农器、农谚、
五谷病、水利、畜牧、备荒和纺织等有关农业生产的情形，进行了综合考察
与记述，集中体现了他为学务实的经世学风。该书不愧为当时北方传统农耕
技艺的总结，不少内容具有一定的实用价值。阅读该书时，能不时发现乾嘉
学术重实证的精神在文献考据之外领域里的某种延展。比如，在强调谷物种
子的重要性时，他就"以道光十四年秋收九分计之"，对灰谷、大小白谷、小
蛇谷、小黄谷一穗有多少瓣、一瓣有多少粒、总共有多少粒等数字，一一进
行精确详细的统计，由此得出"谷子种不一，一穗颗粒多寡不同"②的切实结
论。其认真与细致程度，简直让人吃惊。

提倡经世致用，与讲求经学其实也并不必然矛盾。在许多儒士那里，"致
用"恰恰是以"通经"为逻辑前提的，他们反对的只是烦琐无用的考据学和
空疏不实的理学而已。就经学而言，祁寯藻主张"汉宋兼容"，摒除门户之
见，强调"通经之学，义理与训诂不可偏重。后学不察，以训诂专属汉儒，
义理专属宋儒，使划分界限，学术日歧"③。他对构成清代朴学基础的小学尤
其是"说文之学"（或称许学）的研究兴趣，可谓终身不改④，"其视学吴中，
获景宋抄本《说文系传》，锓诸版，于是小徐书始行于世。一时游其门者，如
安邱王筠、顺德苗夔辈，率精研训诂声韵，胥公提倡之力也"⑤。

---

① 秦东来：《禀请祁文端公入祀乡贤祠事迹节略》，见《祁寯藻集》，第 1 册，799 页。

② 如《马首农言》指出，"灰谷一穗七十六瓣，瓣百八十四粒，得八千九百八十九粒。……小黄
谷一穗八十五瓣，瓣百一十五粒或百二十粒，得九千八百三十五粒"（《祁寯藻集》，第 1 册，415 页）。
《马首农言》信为祁寯藻所著，而精于小学之王筠（字篆友）仅为之校勘而已。支伟成《清代朴学大师
列传》之"王筠"传，将此书列为王氏著作而赞其"典雅翔核，有六朝地志风度"（支伟成：《清代朴
学大师列传》，176 页，长沙，岳麓书社，1998），误。

③ 《清史稿》，卷 385 列传 173《祁寯藻》，转见《祁寯藻集》，第 1 册"附录"，812 页。

④ 祁寯藻晚年，特为长孙取名"友慎"，即明此意，"欲其由文字训诂以探讨义理，尚友许君，
淑慎尔德也"（《观斋行年自记》，见《祁寯藻集》，第 1 册，157 页）。

⑤ 支伟成：《清代朴学大师列传》"第二十五"，345 页。

"小徐书"，指的是南唐徐锴所作《说文解字系传》，学界久已难用，少见的汪氏刻大字本和马氏所刻袖珍本，"讹脱错乱，厥失维均，阅者苦之"①。当时流行的《说文解字》，大多是北宋初徐铉奉敕校勘整理的校定本，俗称"大徐书"。为此，祁寯藻特访得顾千里所藏宋代《说文解字系传》影印本，请李兆洛、苗夔、承培元等名家对之予以精心校勘，作《说文解字系传校勘记》三卷，并另附其所访得的徐锴之《篆韵谱》一书一并刊刻，"用以研究六书，由训诂以通义理之原"②。该书的出版，对于治许氏之学者不啻为福音，随后被广为翻印，一定程度上推动了当时的朴学研究。

王筠与苗夔，均为晚清研究小学大家，尤精于说文，祁寯藻对他们曾大力识拔，如苗夔所著《说文声订》、《说文声读表》等名著，就均为祁氏捐资出版。有"清代朴学殿军"之誉的俞樾著成《群经平议》后，也特寄呈祁寯藻请教，并尊其为师。信中称："国朝经术昌明，扫虚浮而归之实学，诸老先生发明古训，是正文字，实有因文见道之功。数十年来，此事衰息，独吾师以经学受主知，倡后进，海内治经者奉为圭臬。乾嘉一脉，庶几未坠。"③在回信中，祁寯藻由衷揄扬俞樾对"明堂"研究的贡献，并勉励他"学裕才优，名山著述正未可量"④，这对当时俞樾的学术发展之鼓舞作用，当不难想见。就俞樾的《群经平议》自身而言，其长处诚如有学者所指出，"实在于校，而不在于诂"，甚至《诸子平议》"亦以校勘出硕果"⑤，这一学术取向，可能的确得到过祁氏主持校勘出版的《说文系传》等著作的启发；而就祁寯藻当时倡导经学的影响力而言，俞樾所说"海内治经者奉为圭臬"虽难免过誉，但还是反映了当时身居高位的祁氏提倡朴学的某种独特作用和特殊地位。

著名的晚清笔记《春冰室野乘》的作者，也有大体类似的评断。他认为

---

① 祁寯藻：《重刊影宋本〈说文系传〉叙》，见《祁寯藻集》，第 2 册，545 页。
② 同上书，546 页。
③ 俞樾：《俞曲园书札·上祁春圃相国》，转见《祁寯藻集》，第 1 册 "附录"，812 页。
④ 《致俞樾书》，见《祁寯藻集》，第 1 册，367 页。
⑤ 杨向奎：《俞樾（曲园）学案》，见《清儒学案新编》，第五卷，507 页，济南，齐鲁书社，1994。

"道咸两朝功令文字，最为卑陋，歙县（指大学士曹振镛——引者）一人启之也。祁文端既贵，以小学提倡后进，辇下学派，始稍稍振起，然远逊乾嘉之盛矣"①。民国初年，支伟成著《清代朴学大师列传》，也因此特将祁寯藻与毕沅、阮元、潘祖荫、王先谦等人同列，归入"提倡朴学诸显达列传"一类，应当说这是实事求是、反映了历史真实的。

谈到祁寯藻的经世之学，恐怕有一点必须辨明，那就是这位清谨好学的"文端公"对于西学和洋务的态度。前文我们曾提及他从了解域外地理新知的角度，对《瀛环志略》等涉及西学的著作有所接触和认可的情形，从他的日记和杂记中，还能偶尔见到他提到几本明清之际的西学书。不过总体说来，祁寯藻对西学并无太多兴趣，更谈不上深入讲求。作为"正学"象征的两朝帝师，这其实也并不令人奇怪。而且与同为同治师傅的倭仁和李鸿藻比起来，他的态度已经算得上较为开明了。遗憾的倒是其子祁世长，他在这方面不仅较其父未见长进，反而更形退化。可能是受其亲家李鸿藻的影响较多，他很讲求理学，"雅不好西法"。由此亦可见祁氏"经世之学"内在局限的一面。

祁氏诗歌与晚清"宋诗"旨趣

如果说，注重"经世"和导扬西北边疆史地之学，为寿阳祁家的文化精髓，而这一传统在祁家内部从祁寯藻以后逐渐中断而不免有令人遗憾之处，那么，以学人之趣、诗人之才写情景交融之诗，尤其是祁寯藻提倡宋诗，产生较大影响，其家族长期诗教相传、延绵不绝，则可谓寿阳祁氏的另一文化特色所在。

祁氏一族中，诗歌最富盛名者为祁寯藻。其父祁韵士在世时并不以诗名，但其好诗工诗，却为祁氏家族的诗歌传统奠定了基础。祁韵士早年曾编《别

---

① 李岳瑞：《春冰室野乘》，见《栖霞阁野乘（外六种）》，67 页，北京，北京古籍出版社，1999。

裁诗选》二册，以整齐秀丽的阁体字亲手抄录，一直传于其家。该诗选共收录清朝百余诗人的七言律诗和绝句 200 余首，所选多为咏史和登高望远之作，可见选者的兴趣和高阔的胸襟。由于该编摘录于沈德潜（归愚）的《国朝诗别裁》，故称为《别裁诗选》。① 祁韵士本人还创作了不少诗歌精品，特别是他西戍途中的"万里行吟"（曾编成诗集《濛池行稿》）和描写、叹咏西域风物的百首《西陲竹枝词》，在笔者看来，不仅具有独特的文学价值，还不乏广义的文化史意义，特别是对研究清代西域的风土文化来说，其重要性实不可替代。

就艺术而言，祁韵士的诗感情真挚、内容新鲜丰富，状物清新自然，且移步换景，与一般乾嘉学人书斋里生产出来的那种干枯奥涩的诗风，确有不同之处。读其"万里行吟"诗，觉佳句纷呈，美不胜收。如"麦浪平翻陇，杨花浅覆泥。天高云作幕，岸阔水迎堤"（《出西安城西行》）；又如"山外有山皆拥雪，水中无水尚名河"（《抵凉州刘苇亭观察见招》）；"春迟塞草不成绿，风紧河沙无定流"（《甘肃道中》）；"广漠无边芳草白，流沙极目暮云平"（《无题》）等等，均可见其状物写景之杰出诗才。实际上，在写景能力方面，他较享有诗名的祁寯藻并不逊色，甚且犹有过之。

祁韵士有一首咏新疆赛里木湖（海子）的诗歌，集中展现了他高超的写景能力和出色的诗艺。该诗写道：

> 三千弱水竟谁探，巨泽苍茫势远涵。万顷光分浓淡碧，一奁影划浅深蓝。群飞白雁翔初起，对舞文鸳浴正酣。极目寥天明月好，清辉彻夜浸寒潭。（《行抵伊犁三台观海子》）

诗中，海子那苍茫远涵的气势，色、光、影交织的奇妙夜景，寂静清冷的湖面上白雁初翔、文鸳酣浴的动物情态，还有诗人那寂寥落寞的心境，瞬间构成一幅自然绝妙而又动人心魄的风情画，留给读者以无尽的遐思。其对仗之工、照应之妙、对色彩的感受层次之丰富、鲜明和揭示之精确，都令人难忘。

---

① 《别裁诗选》曾收入《寿阳祁氏遗稿》，台北，台北经联出版事业公司，1976。

祁韵士不仅写景能力强，也注意"言情"。在至今仍存的一幅行书书轴里，他曾抄写袁枚《随园诗话》关于"凡写诗，写景易、言情难"的一段论述，以为"景从外来，目之所触，留心变得；情从心出，非有芬芳悱恻之怀，便不能哀感顽艳"。可见"性灵派"对他产生过某种直接的影响。① 在祁韵士的诗中，其写景的深处，或底蕴处，人们往往能鲜明地感受到诗人那颗敏感的"心"在跃动、有"情"字在背后支撑，是真正的情景交融。这对其子祁寯藻等后来作诗强调切实的"性情"论，不无发蒙作用。

近代以来，特别是现代西域旅游业兴盛以来，祁韵士对"哈密"、"延边"等地和西瓜、甜瓜、"鄂博"等西域风物的吟咏，更早已成为广为开发的"文化资源"。有的不仅读来兴味盎然，还能增加今人对于当时乃至今日有些少数民族文化风俗的了解。如其《西陲竹枝词》中，有一首题为《鄂博》的诗写道："告虔祝庇雪和风，垒石施金庙祀同（过者必祭，或插箭，或掷财物而去）；塞远天空望不极，行人膜拜过残丛。""鄂博"者，蒙古语译音，今作"敖包"也，本为"石头堆"之意，最初只是道路和境界的标志，后来意义发生变化，被认作神物，凡路过者都需下马施舍。这一持久延续的蒙古族风俗，早在嘉庆之初即有如此妙诗记载，岂不趣哉！②

作为清代道咸两朝"以高位主持诗教"之"巨公"，祁寯藻诗歌创作的数量和影响，都要超过乃父。他自幼接受父教，也好作诗，一生作诗近三千首。与当时诗坛名流程恩泽、何绍基、张际亮、张穆等广相唱和，著有《馤䜩亭集》、《馤䜩亭后集》等诗集，被认为是清中期以后"宋诗运动"的重要开启人。

晚清同光体诗歌主将陈衍曾论曰："有清二百余载，以高位主持诗教者，在康熙曰王文简（士禛），在乾隆曰沈文悫（德潜），在道光、咸丰则祁文端（寯藻）、曾文正（国藩）也"（《近代诗钞》叙）；又言："道咸以来，何子贞（绍基）、祁春圃（寯藻）、魏默生（源）、曾涤生（国藩）……莫子偲（友芝）

---

① 参见宋涛：《祁韵士行书钞袁枚〈随园诗话〉句轴》，载《太原日报》，2009-06-22。

② 据说，现今山西寿阳广种的特色菜"回回菜"——莲花菜，也是祁韵士1808年从西域引进的（见王银海、逯尔耀：《祁寯藻故事四则》，载《祁寯藻研究》，2009（1）），待考。

诸老，始喜言宋诗"（《石遗室诗话》卷一）。著名诗论家钱仲联《梦苕庵诗话》亦云："有清一代，巨公能诗者，首推王文简、阮文达、祁文端、张文襄诸公"；"道光一代，祁、翁两文端秉国政，俱以实学为天下倡。《䂬䃮亭集》清真瘦硬，力追苏、黄，陈石遗《近代诗钞》取以冠首。外曾祖翁文端公（心存），亦擅吟事……大抵得力唐人处多。以较祁文端，祁则开同光风气之先，翁则结乾嘉流派之局"①。在此之后，各种新式的文学思潮史，虽对宋诗运动和同光体褒贬不一，然对祁寯藻于晚清诗坛影响的这种定位，所言却大体不差。

同光体是晚清影响最大的主流诗派。其诗人由追摹宋诗到极端推崇黄庭坚，以致诗风趋于干涩、喜用僻典，"只益生硬，更无余味"（梁启超语），末流之弊，甚至沦为张之洞所嘲"不堪吟"之"江西魔派"。这的确是宋诗运动的结果之一。但它却并非始倡宋诗之人的最初本意，更非据以评判这些宋诗倡导者诗歌实践的简单准绳。

宋诗运动本由清中叶主张"肌理说"的翁方纲发其端。程恩泽、祁寯藻等紧接其后，并身体力行。他们既不满于明代前后七子"文必秦汉、诗必盛唐"的主张，所以特别提倡应该重视宋诗，又因不满于清初王士祯等所谓"兴会神到"、"得意忘言"的"神韵"说和沈德潜等拘泥于汉魏盛唐格律声调的单一"格调"说，而强调作诗务须"学问"与"性情"相结合，"义理"与"文理"相融会。同时，他们还特别倡导所谓"切实"，以翁方纲之言谓之，即写诗必须"切己、切时、切事，一一具有实地"（《神韵论》）。因此，他们最为推崇的诗人是杜、韩、苏、黄等唐宋名家，而对于李白的"谪仙"之诗却表难以欣赏。这虽限制了其诗歌的进一步成就，且最终也还是未能摆脱对宋诗一味模仿的形式化泥潭，但在当初，他们试图另辟新境，对于纠正轻视宋诗的风气，导扬写实精神，实不乏一定的积极意义。

宋诗运动的兴起，可以说既是乾嘉朴学之风在诗歌领域的某种延展或投射，也是嘉道时期受内忧外患激发而勃兴的"经世思潮"干预诗风的表现，

① 钱仲联：《梦苕庵诗话》，184、273 页，济南，齐鲁书社，1986。

是两者互动的文学结晶体。在其形成初期，祁寯藻和程恩泽乃是核心的主持人。而顾祠修禊则是这一诗派形成过程中的重要活动。顾炎武祠堂的修建，由宋诗派代表人物之一的何绍基1844年出资出面发起，边疆史地学者张穆等积极鼓动，并重辑《顾亭林先生年谱》，由祁寯藻资助刊行。从此，一批讲求致用实学的学者和诗人，就经常性地在顾祠等地聚会设饮，谈诗论学、议论时政。这是崇尚宋诗的风气得以迅速形成的推动因素之一。何绍基曾在《忆顾祠》的诗序里记述当时的情形说："近年京师吟社，多在顾祠、长椿寺、松筠庵、寿阳第。"① 可见，祁寯藻的京师府第也是当年顾祠之外孕育早期宋诗风尚的重要场所。

在一首向其子祁世长讲述自己诗歌生涯、传授诗教的五言诗中，祁寯藻曾很清楚地说明了自己的诗歌旨趣和主张。该诗写道：

> 少小喜为诗，初诵十九首。趋庭赋春草，亦云性情厚。……顾惟才力薄，敢冀言不朽。弱冠习杜韩，惊眩汗流走。苦拈山石句，那有掣鲸手？白傅亦心折，乐府时在口。未解谪仙语，终焉堕尘垢。诗到苏黄尽，山谷岂坡偶。沧海叹横流，遗山亦诤友。中州清淑气，后学沾丐久。唐宋道虽殊，渊源视所受。领会风人旨，博观而约守。岂慕汉魏前，遂薄元明后。国朝群彦出，涵盖无不有。……要在屏浮诞，必先去稂莠。吾衰学不进，旧作诗覆瓿。惟念献诗义，缘情不敢苟……。（《说诗示世长》）②

从诗中我们看到，祁寯藻虽提倡宋诗，追摹苏东坡和黄山谷，讲究清雅，但却并不排斥杜、韩风格之外的唐诗，而是主张对古往今来的一切好诗都要学习。他强调的是"涵盖无不有"、"博观而约守"，是"诗义"与"性情"相结合。实际上，他所厌恶的只是"浮诞"之习而已。他不仅终身喜爱平易畅达的白乐天，而且乐于创作"乐府"诗。甚至于他还赞赏李白诗歌中"豪放"

---

① 何绍基（子贞）著，曹旭校点：《东洲草堂诗集》，卷23，639页，上海，上海古籍出版社，2006。

② 《古今体诗四十九首（戊午）》，见《��亭后集》，卷15，见《祁寯藻集》，第2册，435页。

的一面（可见其诗《春海以〈山谷集〉见示，再叠前韵》①）。如果我们通览其诗集，实不难发现，他的诗歌创作，与上述诗歌主张是大体符合的。其诗众体皆擅、内容丰富，形式也多样，遣词或不免有奥拗之时，但总体说来诗风却可称畅达，有时甚且还相当"随意"。如《惜良马行》一首，简直就是信笔而出，一任自然。这与后来同光体诗讲究"深僻"迥然有别。

在内容上，祁寯藻的诗歌反映现实生活和时代问题的作品也所在多有。如《牵夫谣》、《哀流民》、《粤寇三十首》、《书生六首》，痛言鸦片问题的《新乐府》三章、《罂粟花叹》等，皆平易而生动，写出了自己感时悯世的真情实境。可见其所倡导的"切实"诗论，的确并未完全落空。特别值得一提的是《新乐府》三章，这是禁烟运动期间祁氏表明政治态度的文学之作，该诗以活泼生动的语言，写出了吸食鸦片的危害和必须加以禁绝的理由，祁寯藻当时还曾以"辎轩使者"的名义，请幕友张穆手书，以木雕版印刷行世，"俾多士循省，且为民诵之"②，鲜明地体现了以诗劝诫和资政的经世宗旨。

就诗的总体风格而论，祁寯藻的作品或有如前贤所云的"瘦硬"之处，但笔者以为，李慈铭的"清雅"二字论评，当更符合其诗的整体特点。特别是其描摹自然之诗，颇多清新佳语，引人玩味。如"风软水无骨，草长山有衣"（《洪江放舟》），"乱田寻径入，乔木送村来"（《江夏道中晚行》），"凉雾酿成深树雨，好山皱出远天霞"（《石门塘》），"老柏拿云根卧石，枯藤委地蔓藏蛇"（《杂兴》）等诗句，均练达而自然，透显出深厚的诗歌功力。不过，从祁寯藻"清雅"的诗歌中，我们也难得见到像龚自珍那样激昂慷慨而又痛快

---

① 《春海以〈山谷集〉见示，再叠前韵》有云："胎骨能追李杜豪，肯从苏海乞余涛，但论宗派开双井，已是绥山得一桃。"（《祁寯藻集》，第 2 册，123 页）祁寯藻喜仿白居易《新乐府》作诗，除关涉禁烟运动的《新乐府》三章外，他还曾几度仿此作《新乐府》四章，或为同僚之父祝寿，或感颂友朋母教。并作《题香山〈新乐府〉二首》、《书〈香山诗集〉后，感帅中丞事》、《再题〈香山集〉》等诗，晚年致仕后，仍作《〈香山诗集〉题后》、《读香山句有感，续成一律》等。从这些诗作来看，他喜欢白居易，除"效香山体"作诗，也有感怀相似境遇、敬重白氏人格等其他作用因素。见《祁寯藻集》，第 2 册，93～94、175、296、423～424、515 页。由此亦可知，对"宋诗派"人物的诗作特征，实不能简单化一概而论。

② 《祁寯藻集》，第 2 册，207 页。

淋漓的讽咏时弊之作。他的诗歌代表了当时主流士人的风气，但显然还缺乏激扬时代的强音。

　　时人和后人对祁寯藻的诗艺多有褒扬。徐继畲赋诗推崇其"相业诗名两相称，寿阳端合比欧阳"①。诗人张芾赞其"凡怀一友，纪一事，寓一情，义必求其详，言必根诸性，而又覃思研虑，崇实黜华。……沉鸷精快，悱恻缠绵，洵儒者之言，诗人之诗也"②。徐世昌也认为他"于诗致力尤深，出入东坡、剑南，而归宿于杜、韩"，特别强调其"罢政后所作，托意深婉，诗境益进"③。在评价祁寯藻的诗歌造诣和影响方面，同光体骁将、精通诗学的陈衍的有关论说，流播最广。在他看来，学问与性情相结合，乃为理解祁寯藻诗艺的关键，其以学人之笔，写性情之诗，允为"学人之诗"的典型，而"证据精确，比例切当，所谓学人之诗也，而诗中带着写景言情，则又诗人之诗也"④。他认定祁寯藻的诗歌之所以能开近代宋诗之风，乃因其"素讲朴学，故根底深厚，非徒事吟咏者所能骤及"。实际上，这种"学问＋性情"说，乃是晚清宋诗派诗人论诗的基本立足点之一。

　　除祁寯藻外，祁韵士的第六子祁宿藻和第三子祁寀藻，亦均擅诗。宿藻，字幼章，曾著《玉峰吟草》、《清英竹枝词》等诗集。他是道光朝的进士、翰林，官至湖南、江宁布政使，死后享"文节"之谥，并入传《清史稿》。寀藻，号渔庄，为道光朝举人，曾刊刻诗集《锄经草堂试帖》，张穆在所题弁言中称赞其"秉经缥文，彬彬有法，诗则古近体兼括众妙"，"晋中罕见"。此外，他还遗有一部《砚北草堂诗》的手稿，现存山西太原图书馆。⑤ 祁寯藻之子祁世长，字子禾，为咸丰朝翰林、侍读学士，曾屡任乡会试考官、多省学政，并官至工部尚书，死后谥"文恪"。祁世长自幼受到父亲严格的诗教，精古今体诗，也崇奉杜甫、白居易和苏东坡。有诗文集多卷未刊。此外，晚清

①　《馤欱亭后集》卷17中所附"松龛《题馤欱亭集》四首"，见《祁寯藻集》，第2册，461页。
②　张芾：《题馤欱亭词草跋》，见《祁寯藻集》，第1册"附录"，794页。
③　徐世昌：《晚晴诗汇·诗话》，见《祁寯藻集》，第1册"附录"，795页。
④　陈衍：《石遗室诗话》，卷28。
⑤　参见奇岩：《祁氏人物》，载《祁寯藻研究》，2008（1）。

寿阳祁氏中，善诗者还有祁朝骧、祁恩光、祁用唐、祁琛等多人。这些祁家人物功名显隐不一、诗作水准有别，然均有佳诗遗世。诗脉甚且一直延续至今，令人惊奇不已。

在祁寯藻的诗集中，我们能不时见到他与家人（如三兄祁宷藻、六弟祁宿藻等）的唱和之作，也能见到他对家族晚辈传授诗道和以诗歌形式进行的敦敦家教，由此可以感受其家族浓郁温馨的亲情文化，并不难得窥其诗书传家特点之一斑。如祁寯藻写给祁宷藻之子的《示六侄世敦》一诗即写道：

> 吾侄喜为诗，脱手辄累纸。诗虽不必工，其言多近理。亦复见性情，涤瑕存其美。锄经有遗编，经训乃根柢。每怀对床时，鸡鸣晦不已。汝念乃考训，慎毋昧厥始。敦厚诗之教，顾名义在是。试读三百篇，正变具微旨。古人惜分阴，游荡众所鄙。玩时而愒日，何以饬伦纪。汝今且学诗，质朴胜浮靡。上以奉慈亲，下以训诸子。贫也夫何病，滥矣斯可耻。哦诗日静坐，静中得所止。汝年正及强，吾衰已久矣。书此作家诫，文渊曷敢拟。[①]

结合前文所引其《说诗示世长》一诗，祁家不绝的诗歌传统，已不难理解矣。

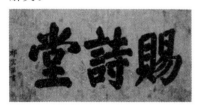

祁寯藻所书横幅
（选自《祁寯藻书法精典》，太原，
山西古籍出版社，2004）

就内容而言，祁氏诗歌还有一个重要的共同点或值得补充，那就是都用心描摹、深情吟咏家乡寿阳之风物名胜。笔者曾见祁韵士作序、祁寯藻作跋的诗集《平舒山庄六景诗》，堪称其中代表。这是祁氏家族的诗人们共同吟咏其家乡山西寿阳平舒村风物景观的汇集之册，它初刻于 1811 年，收录祁家四代文人共 11 人的有关诗作 66 首，大多乡情浓郁、脍炙人口。其中，有的祁氏之诗清末时还被勒成诗碑，如祁韵士在戍边途中所写的思念和想往故乡方山的《梦游方山》一诗，就于 1834 年被祁

---

① 《祁寯藻集》，第 2 册，509 页。

寯藻兄弟勒碑，树立于方山之中。这些诗作，与祁寯藻等所书写的那些众多精美楹联、帖刻和碑文等一起，早已成为寿阳不容忽视的地方文化资源或人文景观，至今仍然受到当地文化人的喜爱。

发扬帖学的艺术：祁氏书法遗产及其他

除诗歌传家之外，重书法、留下不少书法精品并为当时和后世所宝，也是寿阳祁氏值得一提的文化遗产。祁韵士编有《书史辑要》六卷；祁寯藻更是有清一代相当著名的书法大家，人称"书法为一时最，得者皆宝贵之"①；祁世长也有擅书之名，曾略微增删出版元朝书法理论家陈绎曾的名著《翰林要诀》以教士；同族祁朝骧等人的书法造诣，亦颇为不凡。目前，寿阳祁氏的书法遗产，已经越来越得到世人的重视。

祁韵士的《书史辑要》，今人已难以得见，甚属遗憾。但从其留下的条幅、联语等来看，他对帖学很下过一番工夫，不仅善书，还重视笔法理趣。现存他抄录给友人的唐代书法理论家李阳冰《翰林禁经》著名的"九生法"条幅一帧，可窥一斑。《翰林禁经》讲求笔法，所论"永字八法"，影响深远。

在寿阳祁氏中，祁寯藻的书法最妙，声名也最著。笔者多年前曾见后人整理印行、流传于清末民初的《祁寯藻字帖》一册，以及收录了其几种书体作品的小册子《祁寯藻墨迹选》，虽系零篇散字，难窥全貌，然丹道之

祁韵士书《翰林禁经》
"九生法"条幅
（刘长海先生摄赠）

精、法书之美，已令人爱不忍释。最近又得见郭华荣、刘长海先生所编《祁

---

① 《山西通志》，卷135 "祁寯藻"，转见《祁寯藻集》，第Ⅰ册，815页。

寯藻书法精典》一册，品味其所收录的祁氏各类书法作品一百三十余件，更
为其精深的书法造诣所折服。

祁寯藻书法诸体兼擅，最善行、楷。其楷书结体和运笔，出入欧、颜、
柳、赵之间，欧体立基、颜柳为骨，造型端庄稳健，遒劲潇洒而又兼函赵松
雪之圆润，真是精美绝伦。人谓"大书深刻之绝诣"，可谓知论。祁寯藻现存
的楷书之作，除 1844 年所书《御赐祁埙碑》风格有异外，其他作品书风均较
为接近。早年，他楷书欧体柳骨，后又参以颜法，故被公认为"馆阁体"在
道光朝的代表性书体，有所谓"祁寿阳，其称首也"之说。① 其典型作品，现
存《唐平淮西碑》、《三晋东馆记》、《般若波罗蜜多心经》、《蓝公教织记》等
等。尤其是《唐平淮西碑》，融颜、柳于自然，既端严厚重，又刚健挺拔，洋
溢着一种风格独具的大家气度。②

祁寯藻的行书，代表了其书法的最高水平，造诣最深。他学行书由
赵、董起步，终于直法二王。其书蕴欧、柳风骨，藏山谷韵味，并杂入孙
过庭之小草，形成一种用笔老到、意态潇洒、秀劲优美、气韵连贯而又洋
溢书卷气的独特书体，长期受到书丹界的宝爱。祁的行书佳作，有 1848
年所书的《子史粹言》摘句，1852 年所书《祁氏支祠记》，现藏山西省博
物馆的《时任西京轴》，以及谈祖石帖、澄清帖等法帖的数幅行书轴和多
种精美楹联。

---

① 欧阳兆熊、金安清的晚清笔记《水窗春呓》卷下"馆阁书变体"："国初，圣祖喜董书，一时
文臣皆从之，其最著者为查声山、姜西溟。雍正、乾隆皆以颜字为根柢而赵、米间之，俗语所谓墨圆
方光也。然福泽气息，无不雄厚。嘉庆一变而为欧，则成亲王始之。道光再变而为柳，如祁寿阳，其
称首者也。咸丰以后，则不欧不柳不颜，近且多学北魏，取径愈高，成家愈难，易流于险怪，千篇一
律矣。"（谢清尧点校本，北京，中华书局，1984）

② 祁寯藻在《裴晋公祠补书韩碑歌》中曾详细记述书碑原委，并说明此碑内容"咸丰元年十月
书成，六年上石。此墨本四轴，即存裴氏家。八年八月记"。此诗还提及"道光初年平定回疆，告功太
学，碑文寯藻曾奉敕书于武成殿壁"（《祁寯藻集》，第 2 册，426～427 页）。可见祁氏在道光朝官方的
书法地位。另外，他任江苏学政时，还曾"遵旨恭书《圣谕广训》"等，广为刊刻传播。后来祁为帝
师，也亲授同治帝和诸阿哥楷书书法。曾上奏太后云："臣集柳书《玄秘塔》字，书屏四幅，送惠邸
外，颜《多宝》、柳《玄秘》二帖各三分，其八、九、十阿哥皆学书，曾以文诗临仿相质，故赠之。"
（《静默斋日记》同治三年正月二十日，见《祁寯藻集》，第 1 册，288 页）

祁寯藻咸丰元年（1851）所书《唐平淮西碑》局部（选自《祁寯藻书法精典》）

以《子史粹言》为例。该作品乃祁寯藻任职户部尚书期间，从清代学者丁俭《子史粹言》一书摘录书丹而成，本是供他自己作座右铭之用，但因其书法精美，1848 年即被同乡王居仁刺史看中，摹刻立石于寿阳县龙门河村。1882 年，鉴于此碑"残没"，又有人加以重刻。据有学者研究，晚清时期将祁书《子史粹言》摹刻或刻屏者，不仅京师有，山西太谷等地也有，至少不下五处，可见其流播之广。①

从 1882 年碑刻拓本来看，祁寯藻所书《子史粹言》布局精当，疏密有致，结字秀雅，笔力劲敛，气韵洒脱从容，且一以贯之，其功夫湛深已达自由挥洒之境，不愧为一代行书大家。

值得一提的是，在祁寯藻的行书作品里，现还

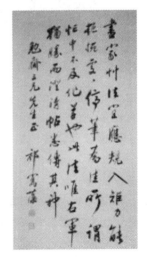

祁寯藻谈澄清帖行书轴
（选自《祁寯藻书法精典》）

① 参见刘长海：《祁寯藻与〈子史粹言〉》，载《山西政协报》，2007-12-28。

祁寯藻1848年所书《子史粹言》摘句。1882年勒石于晋祁白圭之翰香斋，寿阳荣焕刻字
（引录于《祁寯藻书法精典》）

存有较多内容丰富、精致优雅的各种楹联。仅《祁寯藻书法精典》所收就有44 幅。阅读欣赏这些饱含人生哲理、内容各异、风格有别且爽心悦目的行书楹联，诚不失为一种绝妙高雅的双重精神享受。

在晚清书坛，"碑学"兴盛是突出的特点，也是书法发展最为重要的体现。嘉道时期，经由乾嘉考据学蕴涵引发的"碑学"运动，正方兴未艾。特别是阮元发表《南北书派论》和《北碑南帖论》之后，这一潮流逐渐进入理论自觉阶段。祁寯藻密切交游的何绍基和莫友芝等宋诗派代表，就都是此期书法碑学派的中坚人物。同一时期，"碑学"理论的标志性作品《艺舟双楫》的作者包世臣，也与祁寯藻相识并有着书信来往。毫无疑问，祁氏并不排斥碑学的努力，他学小篆、隶书，摹习唐碑，在一定程度上受到过碑学的实际滋养，甚至他还反复强调楷行二书之篆、隶来源的重要性，并赞赏阮元、何

绍基"北碑南帖派久别，研经创论得未曾（见阮文达《北碑南帖论》及《坐位帖跋》）。赖君发挥义更畅，拳拳奉持常在膺"①。不过，综合而观，祁寯藻的书法精神还是融碑学于帖学之中，他更注重和讲求帖学，亦更得益于帖学。他一生多有殊遇，得见名帖无数。入仕之前，曾从满族大臣、著名书法家那彦成学习笔法，后还入其幕"襄理笔砚"，并"就馆于其家，校勘书画法帖"一年多。那氏家以富藏名帖著称，在他的家中，祁寯藻得见宋拓的欧阳询《九成宫碑》、颜真卿《祭侄文》行草帖以及《淳化帖王大令书》等墨宝，并在那彦成的指导下同那氏之子一起朝夕披览、临摹不断。每日无事，则坚持写小楷一千余字，从而打下了牢固的书法基础。那彦成精于帖学，笔法出入于李邕和柳公权之间，而归本于颜真卿，他尤其酷爱临摹家藏《多宝塔》帖，一生临摹近百本。经常观摩那彦成临《多宝塔》贴，并接受其"缓"法之训，使早年的祁寯藻学书大获教益。在《观我斋日记》里，祁氏曾详细地记录了上述学书的经历。他记那彦成"缓"法之训曰：

> 作字之法，愈缓愈进。常人落笔，即思满幅驱毫不定，拙目惊羡，谓如风卷落叶者，余视之直抄书佣耳。作字缓则笔定，疾则笔滑。不但工书，即此是学，人品学问，俱可呈露，非可草草也。

祁并表示自己"祗领训辞，铭诸心版"②。

进入南书房后，祁寯藻所见珍稀名帖更多。眼界大开，境界愈高。他曾两次得到道光所赐乾隆年间高质量重刻的《淳化阁贴》③，从中长期品赏二王书韵；后又多次校勘《石渠宝笈》所录秘府法帖，精心揣摩其笔法，行书因

---

① 《何子贞太史题宋拓〈论坐帖〉长句，次韵和之，并简张诗舲司空》，见《祁寯藻集》，第2册，471页。不少学者论及祁寯藻书法思想时，爱辗转援引此诗后所附何绍基原作中的"南北书派本代兴"、"典型虽云有前矩，浩气独出无同能"诸诗句，此做法本已不妥，况还未必符合祁氏本人思想的实际。

② 《祁寯藻集》，第1册，206页。

③ 参见祁寯藻：《〈淳化〉、〈大观〉法帖源流》，见《祁寯藻集》，第1册，672页。他自述说："乾隆间重刻《淳化阁帖》，乃摹宋初赐毕士安旧本，精善绝伦，非南宋后诸刻比。臣寯藻于道光元年入直南斋前后，两拜恩赐：一则内府未装卷子，一则盘山静寄山庄装潢陈设本，皆乾隆时所拓也。"此外，祁寯藻还藏有姚鼐校定的《淳化阁帖》闽本，自认为"亦足珍尚"（《祁寯藻集》，第1册，268页）。

此大进。咸丰元年（1851），他又亲得皇上赐观王羲之《快雪时晴帖》等"三希"之帖，并奉旨作诗记述此事，其诗有云："山阴妙墨即兰亭，诏许传观共惊叹。心正笔正真谛存，肥瘦何须苦分判。溯源王氏逮颜柳，一脉相乘静可按。意窥秘府苏米迹，逸气纵横恣汗漫。细参此帖独圆劲，钟张未远存质干。中秋伯远亦希珍，晋代风流思运腕……。"① 从该诗中，我们不仅可略窥其学书际遇，也能见其自觉继承传统书法的有关思想与审美追求。

祁寯藻晚年尤其喜好《大观帖》。《大观帖》乃宋代大观年间徽宗因《淳化阁帖》版已裂坏，出内府所藏真迹、命重摹上石而成的历代书法精品汇集。其中标题、款识由蔡京书写，摹刻精良，并校正《淳化阁帖》不少错误，质量胜于前者。此帖宋代初拓本除皇帝赐与外，难以另得，故流传极少。乾嘉时期的帖学大家翁方纲，曾得临川李氏《大观帖》残本，题字万余，后此帖一部分转为祁寯藻所得。祁氏《息园日记》记载此事云："余所藏宋拓《大观帖》第六册，王右军书，北平翁覃溪先生校定，细字数万言。海内此帖，生平所见无逾是者。道光年间，章太史琼为物色者。"② 有感于此一书法奇遇，祁寯藻还特取号"观斋"，作《观斋歌》以志珍重，并述及自己书法所受的影响："遂以观斋自题署，如壁上观旌旗翻。心摹手追都不到，云烟过眼经几番。……平生骄笔好驰骋，臂痛无力胜囊鞬。自从石渠见快雪，俗书一埽（扫）枝叶繁。抱残守缺仅有此，摩挲晋鯶思周颥……。"③ 晚年祁氏的行书越发显出晋人潇洒的风韵，恐与此不无关系。

祁寯藻不仅是习帖的书法大家，也是帖学的研究者和名帖的刻传人。他曾著有《〈淳化〉、〈大观〉法帖源流》、《〈禊帖〉源流》、《临〈兰亭〉跋》等文，对历史上许多名帖的流传脉络、法书特点、书法价值乃至临摹经验，都有研究和讨论。如他在《临〈兰亭〉跋》一文中，就强调"欲学《兰亭》，须俟楷书已有规模，先写怀仁《圣教序》一二年，然后再临《兰亭》，则事半功

---

① 《祁寯藻集》，第 2 册，282～283 页。
② 《祁寯藻集》，第 1 册，268 页。
③ 《祁寯藻集》，第 2 册，358 页。祁寯藻所见的《大观帖》藏本除此之外，还有段春湖所藏的另一古拓，但他比较之后，认为，段氏所藏"较此远逊"。

倍，且无后人习气"；"学书须逐字学，逐字记，及至得意疾书，则有登岸舍筏、得鱼忘筌之乐。苟为不熟，无如不作"；"草书既熟，但极力作楷，则行草自进。然最难得者书卷之气，学问固不可少，人品殆有古焉。苏、黄、米、蔡，（蔡）本指蔡京，后人以君谟易之。文章诗举（学），莫不皆然"①，等等，这些学书心得，无一不是津梁之谈，值得后代好书者反复体味。

晚年，祁氏的"寿阳家塾"还特请任槐庭重刻了颜真卿著名的《忠义堂帖》。此帖真迹原在道洲何绍基家，何氏曾将其摹勒上石。此次寿阳重刻本，"筋骨风格奕奕如生"，祁寯藻坚信，"它日此帖当与道洲帖并传"②。这种自觉刻帖传播的善举，对于弘扬传统书法艺术，无疑善莫大焉。

另外，在自己的诗集中，祁寯藻还对不少书法名帖作过吟咏，并对晋唐以后的帖学巨匠，如赵孟頫、董其昌，以及被康有为称为清朝"帖学荟萃"人物的张照、刘墉等人的书法，多有诗赞③，相比之下，其对清朝碑学书法的典型代表，除何绍基交往密切难免唱和外，则少有誉词。这一切都表明，祁寯藻虽身在碑学成风的时代，却主要还是一个帖学书法的继承者和弘扬者。

祁寯藻之子祁世长的书法，也自觉地秉承乃父遗风，擅长行楷，在同光时代颇负盛名。因此之故，光绪五年（1879），为举业服务的出版商特别请他出山，来主持增补元代书法名著《翰林要诀》一书（又题《翰苑分书、乡会要诀》），以与道光朝状元龙启瑞（号翰臣）畅行一时的《字学举隅》相配套。龙氏的《字学举隅》只是教士子如何辨别字的形体、错别字和俗体字，而没有同时传授如何写字之法，用祁世长的话来说，即"惜学书之法，犹有未备者"④。对于参加科考的举子来说，增补的《翰林要诀》一书当然正其所需。

---

① 《祁寯藻集》，第 1 册，673～674 页。

② 同上书，667 页。

③ 如其赞张照临颜真卿《论坐位》和《祭侄文》二帖，就抒发了一种"性情论"，与其诗论同调。诗云："天瓶大笔冠时英，心画从来见性情。太学一碑留典则，平原两帖更纵横。若教宝笈编摹入，定付贞珉拓本行。珍重玉虹题字在，南张北孔合齐名。"（《祁寯藻集》，第 2 册，260 页）

④ 《翰林要诀》（《翰苑分书、乡会要诀》）祁世长序言，该书系山东祁寯藻研究会秘书长刘长海先生影印馈赠，扉页标明光绪五年雕刻版，藏京都琉璃厂酉山堂书坊。

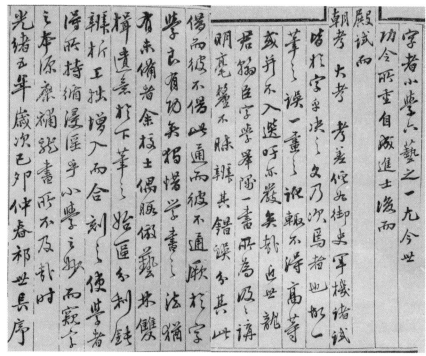

祁世长为 1879 年增补刻本《翰林要诀》所写序言，刊于书首

祁世长对《翰林要诀》原著的增删其实无多，不过最后一章"法书"部分对原书楷、行各帖的顺序调整和补充，还是显出了较深的帖学修养和切实有效的授书用心。祁世长为该书所作序言，以精美的行书写就，略有草意，用笔娴熟、结字优美、映带自然而行气贯通，实无愧于为举子示范之作（见上图）。此外，该书的正文部分均以标准的小楷书写，书家皆为当时擅书之秀并多出祁氏门下者，如光绪二年的状元王仁堪、榜眼王赓荣、名士盛昱、余联沅，同治朝榜眼黄自元等等，他们的姓名均被特意标明在书的每页左下，以吸引和激励士子。此乃一时风气使然①，也可见祁世长当时在正统书界的号

---

① 笔者曾见 1875 年李光明庄精刻本《状元阁字学举隅》一书，也是请 20 余位名手书写刻板，如法炮制。

召力和影响力。顺便提及，民国初年曾手书"天津劝业场"五字巨匾的书法名家华世奎，也是祁世长的门生。

长期以来，学界关于晚清的书法史研究，往往过于强调"碑学"及其代表性书家的创造性贡献，而对那些致力于"帖学"、注重于传承中推陈出新的书家，则不免多所忽略。实则帖学的创获，愈到后世愈形艰难，同碑学书法易于在字形用笔上取巧弄怪、一端偏胜有别，正统书风于妍美体态的保持中即便小有所成，已属难能可贵。这也是笔者格外偏爱祁氏书法，特别是祁寯藻那清雅秀劲、功力深湛之行书的原因之一。

作为一代"文化名门"，寿阳祁氏留给后世者多矣。若从今人的角度来看，祁氏的文化遗产，仅如上述，尚有未及。即如祁韵士的《己庚编》，祁寯藻的多种日记，以及祁世长的《祁子长先生日记》和《养闲余录》等，便为研究清代漕仓积弊、晚清士林风习和京官生活的有用史料。另据美国汉学家恒慕义主编的《清代名人传略》记载，英国国会图书馆还藏有一部文稿，题为《寿阳祁氏试卷汇钞》，内收祁氏数代共计十二人应乡试会试时所撰诗文。根据钤印和内容判断，它可能是 1852 年前后祁寯藻手订或亲自命人编辑而成。该文稿对于研究清代科举文化的价值，也是不言而喻。然迄今为止，国内学者研究清代科举，尚少见有人对其专门加以利用者，故特录于此，以备查考。

九、清末民初现代"文明""文化"
概念的形成及其运用[①]

　　清末民初现代意义的"文明"和"文化"概念的形成与社会化运行，无疑是中国思想文化史上的一件大事。学术界对此问题已有关注，但研究仍未能充分展开。[②] 本文拟在以往研究的基础上，考察"文明"、"文化"两个核心词之现代内涵的出现、演变及其当时人的理解和运用，并力图在一种动态把握中，去认知和揭示这两个概念与清末民初一些重大的思想运动之间所曾经有过的历史关联。

中西"文明"、"文化"概念的早期接触与对应

　　在中国，现代"文明"和"文化"概念的形成，是清末民初中、西、日

---

　　① 此文原文有 8 万字。是笔者 2004 年底和 2005 年初应绪形康和森纪子之邀，在日本神户大学访学时的研究成果。其中近 5 万字，曾以《晚清民初现代"文明""文化"概念的形成及其历史实践》为题发表于《近代史研究》，2006（6）。这里提交的乃是笔者应《近代史研究》主编徐秀丽教授的要求，对其再度大加压缩，以供《近代史研究》英文版使用的中文底稿。特此说明。

　　② 铃木修次《"文化"と"文明"》一文（见《文明的词语》（《文明のことば》，日本，文化评论出版株式会社，1981）一书）和方维规《近现代中国"文明"、"文化"观的嬗变》一文（载《史林》，1999（4）），是最重要的前期研究成果。其他如石川祯浩等先生，也皆较早有过研究。

文化和政治互动的结果，它与西方世界"Civilization"和"Culture"（德文分别为"Kultur"和"Zivilisation"）的概念及其日本形式的传入有着直接关系。在英文和法文里，"Civilization"用于表示人类物质和精神生活两方面的社会进化和发展成就的现代含义，约在18世纪末和19世纪初时已经流行开来。"Culture"一词现代含义的形成，则经过了英、法和德文之间更为复杂的互动，它在19世纪的绝大多数时间里，用法与"Civilization"非常相近，且一直混淆不清。其彼此逐渐区分，形成一种以"文明"表示外在物质成果、以"文化"代表内在精神概念的情形，可能较早受到德国文化民族主义思想的影响。这种区分在西方世界更趋明显和稳定，则是20世纪初年以后之事。与此相一致，那种表示文艺和学术教育一类事物的狭义"文化"概念也随之在西方逐渐发展起来。① 从某种意义上说，清末民初中国人的现代"文明"和"文化"概念形成和流行起来的过程，就是中国人运用传统的"文明"和"文化"词汇来对应和接纳西方现代"Civilization"和"Culture"（包括"Kultur"和"Zivilisation"）概念，并使其内容彼此涵化、根本趋同的过程。

中国古代很早就有"文明"和"文化"两个合成词，"文明"乃是文教昌明之意；"文化"则是与"武化"相对的文治教化。大体而言，中国古代的"文明"和"文化"两词，基本上都不用于个人行为修养和知识水准判断，而主要用于说明社会和族群达到的发展水平。它们与蒙昧、野蛮相对，在这点上同现代的"文化"与"文明"概念内涵很容易相通。不过，前者尚处在与进化发展观有着本质区别的绝对"文明"意义的境界，它只是历史的片段，而并不贯穿历史的始终。在中国古人眼里，随着绝对"文明"的实现，历史遂进入了循环变动、甚至"今不如古"的时期，这正是中国士人理想的"黄金时代"一直停留在"三代"的原因。具体地说，传统的"文明"或"文化"概念中，既缺乏古往今来物质成就和精神积累总和意义上的那种名词概念内涵，也缺乏现代"文明"或广义"文化"概念中那种自身始终不断积累、进步，后阶段胜过前阶段，在前者比在后者"野蛮"、在后者比在前者"文明"

---

① See Raymond Williams, *Keywords: A Vocabulary of Culture and Society*, pp. 57 - 60, 87 - 91, Flamingo, London, 1983.

的相对的形容词比较级含义，这两者的合一，乃是现代"文明"概念的精髓。

或许，在中国传统的"文明"、"文化"概念与现代概念之间，除上述差异外，其内在各构成因素的具体内涵与赖以依存的内在价值标准存在着不同，乃是更为重要的区别。传统的中国"文明"和"文化"概念在其逐渐成熟之后，重视的只是道德教养及相关的学问知识，那些财物经济、军武发展方面的内容则往往受到极端轻视，甚至经常不被视为"文明"和"文化"的题中应有之义，这成为晚清中国新旧文化冲突的思想根源之一。

早在19世纪中叶，西方的现代"文明"概念就在中国有所传播，不过一开始主要以形容词的形式出现。如1856年，英国传教士理雅各（James Legge）在其为中国学生学习英文所编的英汉对译教材《智环启蒙塾课初步》（*A Circle of Knowledge*）一书中，就介绍过西方流行的"Savage or Barbarous Nations，Half-civilized Nations，Civilized Nations"三分观念。观其实意，中国本应与日本、印度等亚洲国家一同被归为半开化国家之列，这些国家的人民被认为是"于格物致知，已有所获，于教化政治，已有所行，但仅得其偏"，也就是程度还不够。但作者显然出于策略考虑而并未明言包括中国。至于文明开化国，则指的是西班牙、葡萄牙、意大利、俄罗斯、波兰、英国和美国，在这当中，又以英美两国之人"为天下之至明达者"。此处的"明达"指的是"Enlightened"，即文明开化之义。① 可见西方的"文明"概念符号词，在他那里是被译作"被教化"或"明达"的，而其判断标准，则在于科学、教育和政治的发展程度。

20多年后的1878年3月，清朝驻英法公使郭嵩焘向国人介绍了同样的西方"文明"概念。他在《伦敦与巴黎日记》中，对英语中的"Civilized"、"Half-civilized"、"Barbarian"等词进行了音译，并间接解释了"文明"概念的含义为"有教化"。他强调说："三代以前，独中国有教化耳，故有要服、荒服之名，一皆远之于中国而名曰夷狄。自汉以来，中国教化日益微灭，而政教风俗，欧洲各国乃独擅其胜。其视中国，亦犹三代盛时之视夷狄也。中

---

① 参见沈国威、内田庆市：《智环启蒙塾课初步》，见《近代启蒙の足迹》，243～245页，日本，关西大学，2002。

国士大夫知此义者尚无其人,伤哉。"① 在这部广受学人关注的日记中,郭氏不仅一般性地介绍了西方的"文明"概念及其所附丽的一些判断,还对其表示了某种程度的认同态度。其所谓"政教"里面也已隐含了理财有道、物质繁盛等未曾明言或未能清楚言明的内容。甚至于在文中,他还自觉将当时的西方摆在了最为"文明"的位置,并置中国于"半开化"的境地,这等于部分颠覆了中国传统评判"文明"的价值标准。像这样的议论在当时的京城引起轩然大波,受到保守势力的攻击,实在毫不足怪。

就基本内涵而言,现代"文明"概念指的主要是人类创造的物质和精神成果的总和,一种两方面都发达意义上的不断进化着的社会综合状态,一种相对而言的当下较高发展水平。因此,具体判别一汉字词是否为现代"文明"概念最核心的对等性符号,似乎至少应该符合以下两个条件,即,该词既可与建立在不断进化、发展的相对"比较级"意义上的"Civilized"对应,又可与不断进化和积累之物质和精神成果总和意义上的名词概念"Civilization"或"Culture"对应。只有符合以上标准的汉字对应词汇的使用,方可称得上现代"文明"概念在中国最早出现的词形符号标志。

基于此,笔者以为,现代汉字"文明"概念的核心词汇符号可能产生于明治维新初期的日本。《明六杂志》已经较早使用它,福泽谕吉1875年出版的《文明论之概略》一书,对这一概念的确立和传播贡献最大。而在中国,黄遵宪于1879年出版的《日本杂事诗·新闻纸》中"文明"一词的使用,或可视为现代"文明"概念完整出现的较早标志。黄曰"一纸新闻出帝城,传来今甲更文明"。注曰:"新闻纸中述时政者,不曰文明,必曰开化。"② 而在其完成于1890年而于1895年出版的名著《日本国志》书中,黄又引入了此现代"文明"概念,不过书中所用乃是"文化"一词:"(有)曰日本法律仍禁耶稣教,背宗教自由之义,实为文化半开之国。"③ "文明"与"文化"二词,在明治时期的日本,往往混用,意义上并无明显差别。

① 《郭嵩焘日记》,第3册,439页,长沙,湖南人民出版社,1982。
② 黄遵宪:《新闻纸》,见《日本杂事诗》,642页,长沙,岳麓书社,1985。
③ 黄遵宪:《日本国志》,229页,台北,文海出版社,1968。

　　戊戌维新以前，无论是在来华传教士还是在中国人自己编纂的英汉词典中，均未有直接以"文明"或"文化"两词来对应上述英文词的现象，一般都以"教化"和"有教化"等词对译之。不仅英汉词典如此，甲午以前的其他西文翻译文献中，以"文明"、"文化"两词来直接加以对译的也并不多见。不过据笔者最新考证，中国人颜永京和美国在华传教士丁韪良，曾分别于1882 年和 1883 年，多次以"文化"一词来对译"Civilization"，留下了戊戌前西方概念在华传播的直接印记。

　　颜永京（1838－1898），上海人，1861 年从美国大学毕业后回国传教，并致力于译述西学，是晚清中国人中独立翻译西方人文社会科学著作的开创者。1882 年，他曾将斯宾塞（Herbert Spencer）的《教育论》(*On Education*）第一部分译成《肄业要览》一书出版，书中有三处七次使用过"文化"一词。或许是意识到以"文化"一词来对译包括了物质繁荣等内容在内的"文明"内涵与传统中国人的惯常理解有明显差别之故，颜永京在相关译文之后，特以括弧方式加注曰："文化昌炽，即国中士农工商兴旺之气象也。"① 此处"昌炽"一词的使用可谓苦心孤诣，它与"文化"连用，构成"文化昌炽"，确实能传达出一种社会整体发展的"文明发达"之含义，为以后"文化"一词开辟出包括物质发展层面内涵的广义文化概念，走出了先路。颜永京不愧是真正理解了西方现代"文明"概念内涵，而又自觉探索和创造出对应词的可贵先驱。

　　1883 年，同文馆总教习、美国传教士丁韪良（W. A. P. Martin），出版《西学考略》一书，也在现代"Civilization"意义上多次使用了"文化"一词。是书是他利用回美国休假之机对欧美国家的高等教育和科学研究情况进行调研的见闻记录，也是甲午以前介绍西方教育和新学、主张加以效法的重要著作。在该书里，他称世界文明的三大发祥地为"文化三原"，且使用了"西国文化"和"希腊文化"等名词。② 丁氏在出版此书之前，与日本汉学家和洋学家中村正直等有较多文书交往，且此次考察又经过了日本，或许受到过日本相关用法的影响，也未可知。

---

① 颜永京：《肄业要览》，光绪二十三年（1897）质学丛书初集重刊本，3、45、33 页。

② 参见丁韪良：《西学考略》，同文馆光绪癸未聚珍版，卷上，21 页；卷下，1、43 页。

不过，总的说来，甲午战争之前，现代"文明"和广义"文化"概念虽已出现，但仍然很零星。其较大范围的使用，还是在甲午之后的戊戌维新时期。1896 年 5 月出版的《文学兴国策》和同年创刊的《时务报》中对"文明"一词的大量使用，可以说揭开了现代"文明"概念在中国得到广泛传播和发挥独特政治文化动员功能之序幕。

《文学兴国策》原名为 *Education in Japan*（《日本的教育》），是日本大臣森有礼所编美国教育家对日本教育的评论和建议的论集，由美国传教士林乐知口译，中国进士任廷旭笔述而成。当年它曾风行一时。该书实际上是美国人向其东方小兄弟日本热情灌输其现代"文明"理念的一部教科书。在该书中，"文明"一词的使用，涉及"文明"内在的进化发展、速度快慢，以及其所包括的政治、经济、法律、教化等多方面的综合概念之含义，基本上传达了现代"文明"概念的主要内涵。① 而《时务报》中对"文明"概念的使用，最初则主要出现在"东文报译"栏里。② "东文报译"栏系专门聘请日本汉学家古城贞吉主持。其所译大量文字，都出自古城一人之手。它是戊戌时期日本新名词传入中国早期最重要的渠道之一。日本人自己亲自"输入"，这是早期日本新名词新概念在华传播的重要现象。实际上，从戊戌思想家们对于"文明"或"文化"一词的使用时间大多都在《时务报》发行以后一点来看，日本的直接影响也显而易见。

甲午战后现代"文明"概念的流行与维新、革命之关系

甲午战后，现代概念意义的"文明"一词（包括广义"文化"一词）已频繁出现于报刊、上呈皇帝御览的变法专论和奏折等各种著作之中，甚至出

---

① 参见《文学兴国策》，6、14～16、31～32 页，上海，上海古籍出版社，2002，"近代文献丛刊本"。另见《森有礼全集》（近代日本教育资料丛书人物篇）第 3 卷所收 *Education in Japan*，日本，宣文堂书店，昭和四十七年。

② 参见古城贞吉译：《太平洋电线论》等译文，载《时务报》"东文报译"栏，1896-09。

现在宋恕的《致夏惠卿（曾佑）书》这样的私人通信里。维新思想家和活跃知识分子如康有为、梁启超、严复、谭嗣同、唐才常、章太炎等，洋务派趋新人物盛宣怀，在华传教士林乐知、李佳白，乃至极端讨厌新名词的保守人士叶德辉等，均在新的语境中加以新式使用。可以说，当时一般有知识而又关心时局的士夫，对于现代"文明"一词的大体含义，已经不算陌生。

从当时的许多具体使用来看，一些先进的知识人对于现代"文明"概念中那种不断进化、呈现"等级阶段"的内涵，对于"文明"包括物质和精神的整体发达之社会含义等，也都基本了解并表示认同，对于以西方和日本社会发展为代表的现代"文明"的价值和先进的"文明"生活，也开始表示出明确的向往。换言之，在戊戌时期，现代"文明"的概念及其传播实践，已开始较为深刻地影响到中国的政治变革运动，逐渐有力地改变着人们的部分价值观念，并已初步显示出必将进一步影响人们社会生活的前景和力量。当是时，人们已开始逐渐习惯于用"文明"的概念来认识问题、判断得失，提出和论证变法维新的主张和举措。因此，笔者认为现代"文明"概念及其在实际运用中所涵带的一套具有时代特征的相关价值——现代"文明"观念，在这一时期的中国部分先进分子思想中已经初步形成了。

这里，有必要对本文中所涉及的现代"文明"概念与现代"文明"观念之间的关系问题作点说明。现代"文明"观念指的是现代"文明"概念在当时的实际运行即社会化实践过程中所直接携带的那些现代性主导性价值观念。具体到戊戌时期来说，则大体包括崇尚进化论、合群观、物质军事强盛、科学发达、教育平等、议会民主制度、讲求功效等等方面，乃至对新闻出版等领域的各种现代化设施本身的先进性意识。当然，就"文明"概念的单个使用者而言，他们未必对上述现代性价值全都认可，甚至于还可能出现完全反其道而行的运用（如叶德辉），但从当时使用现代"文明"概念的主体来看，主要还是那些引领时代潮流的戊戌维新思想家，因而其主导使用倾向，也无疑是对前述现代"文明"观念的基本认同。

值得强调的是，甲午战争的强烈刺激所导致的心理和思想急变，特别是进化论思路的导入，对于现代"文明"概念的传播及其相关价值观念在中国的确立，曾产生直接而重要的影响。具体论之，战败的残酷现实，亡国灭种的危险，迫使人们整体反思西方文明的优长和自己传统的不足，并迅速形成西方和中国都是政教、商务、文教等综合发展整体的意识，强烈感觉到西方的强势和中国的劣势不仅表现在军事上和物质上，更源于其优势的学术、教育和政治体制。而整体考虑问题的方式与强烈的"变革"意识相结合，同时也呼唤出"进化论"——首先必然是一种从"力"和"智"角度着眼的本能期盼。此时，被赋予了时代意义的"维新"二字本身就是进化论意识的产物，它体现了一种追求"进化"和整体变革的双重含义，而人类社会的进化论，实质上就是一种"文明"论的逻辑。

戊戌年五月，康有为在进呈光绪帝的《日本变政考》中，有一段"按语"，非常清晰地体现了中国士人对政治体制、经济和文教发展等整体演进的"文明"概念内涵之接受，与开始认同进化论、竞争论以及现代民族国家观念之间的紧密关联，特引录如下：

> 进步者，天下之公理也。小之则一身一家，推而极之，全球万国，无强则无弱，有愈强者则先之强者亦弱矣。无富则无贫，有愈富者则先之富者亦贫矣。无智则无愚，有愈智者则先之智者亦愚矣。故进步者，将尺寸比较，并驱争先。己国文学与外国文学比较，则欲其愈盛也。兵力与兵力比较，则欲其愈强也。物产与物产比较，则欲其愈多也。商务与商务比较，则欲其愈增长也。工艺与工艺比较，则欲其愈精良也。……日本开议会之始，伊藤卓识，深契此义。国事以是为宗主，人心以是为宗主，讲之极精，磨之极熟，虽欲不强盛文明，得乎？[①]

从概念史的角度来看，一个概念的流行和社会认同程度，同与其对立的概念和相关的概念群的出现、传播，具有密切的联系。[②] 戊戌时期，同"文

① 康有为：《日本变政考》，卷6，见黄彰健：《康有为戊戌真奏议》附录，243～244页，台北，"中央研究院"历史语言研究所史料丛编，1974。
② 在这方面，德国学者柯史莱克在其被译成英文的著作《概念史的实践》中有精辟的论述，可见其《"进步"与"落后"》一文（"Progress" and "Decline"，*The Practice of Conceptual History*，pp. 118-235，Stanford University Press，2002）。

明"对立的现代"野蛮"概念也广为流行。同时，与之相关的现代新概念，像"进化"、"进步"、"物竞"、"天择"、"物质"、"维新"、"改良"、"革命"、"民族"、"国民"、"宪法"、"立宪"、"社会"、"民权"、"民主"、"议院"、"议员"、"法权"、"版权"、"女学"、"权利"、"自由"、"群学"、"名学"等等，也于此时一道兴起和流传开来，共同构成了这一宏大概念得以基本确立的新式语言环境。它们与现代"文明"或广义"文化"的概念互相匹配，彼此引发、呼应，有力地传达和界定出一种崇尚物质发展、议会民主政治、科学进步、逻辑思维等的现代"文明"之整体观念，用现在时髦的话来说，就是构成了一套现代"文明"话语——实际是一种现代"文明"概念运行或实践的产物。

甲午战后，现代"文明"概念及其在实际运用中直接附丽于此的相关现代价值观念的导入，对于戊戌时期各项变法问题的认识，均产生了不同程度的影响，并逐渐构成整合维新变法总体思路的理论根据。梁启超是较早乐于使用新式"文明"概念并明确形成了带整体性现代"文明"观念的思想家，在他的带动和示范下，"文明"一词逐渐得到越来越多先进知识人的使用，以"文明"概念来思考中国的改革问题，并赋予这一概念以新的现代性价值标准，也开始渐成风气。1896 年，梁在其传诵一时的《变法通议》中，就赋予了发展"女学"以"文明"的名义，在《论女学》中他又强调提高妇女的智识和兴办女学，是"文明贵种"的必然行为。① 同年，梁还著文反省"中国以文明号于五洲，而百人中识字者，不及三十人"② 的社会文化程度，同时，也将道路的畅达、卫生与否，视为"闭化之国"与"开化之国"的明显差别所在。

戊戌时期，在维新思想家心目中，广开"学会"成为"文明之国"开发智识的良途；大办报纸、普建图书馆被视为推进文化进步的手段，甚至报纸销量的大小，也被看作"文明"与否的标志。谭嗣同就曾致信唐才常说："金

---

① 参见张品兴主编：《梁启超全集》，第 1 册，30～33 页。
② 《〈沈氏音书〉序》，见张品兴主编：《梁启超全集》，第 1 册，90 页。

陵销《时务报》仅及二百份，盖风气之通、文化之启闭，其差数亦如此也。"①
戊戌时期及以后报刊和学会等在中国得到较大发展，与此种价值观的奠定有
着密切关联。

铁路，此时也被认为是必须兴建的"文明"利器。1898年9月5日，康
有为在奏折中便强调："凡铁路所到之地，即为文明繁盛，铁路未开之所，即
为闭塞榛荒，此万国已然之迹也。"② 与铁路类似，现代城市的市政建设、警
察的设立，也被当作"文明"国的根本所在。唐才常在《湘报》上就著文指
出："（西方）为有文化之国，而根本实源警部。"③

与此同时，反对早婚和多育，提倡"强种"，也被先觉者纳入了"文明"
观的视野。1898年6月，严复撰文就此视角对中国早婚、人口众多、素质不
高进行了深刻的反省，他强调"其故实由于文化未开，则民之嗜欲必重而虑
患必轻。嗜欲重，故汲汲于婚嫁，虑患轻，故不知予筹其家室之费而备之"。
结果造成子女众多，"谬种流传，代复一代"。他还出此提出学习欧人"择种
留良"之说以"制限婚姻"④ 的办法，表现出卓识和远见。

最有意思而又很能代表现代"文明"价值观影响的，还在于湖南1898年
3月"延年会"的兴办。它是由熊希龄等根据"文明人"的生活方式而创办
的。其宗旨就是要节约时间，讲求效率，以达到相对延年益寿的目的。而这
正是维新家心目中现代性文明的精髓所在。谭嗣同在为该会所写的《延年会
叙》中这样写道："是故地球公理，其文明愈进者，其所事必欲简捷。简捷云
者，非以便人之苟焉为窳惰也。文明愈进，其事必愈繁，不简不捷，则生人
之年，将不暇及。"并强调西方强大发达的原因正在于此。延年会规定，入会
者必须严格规定做事时间表，有事拜交，需先"函约"钟点，无事不闲聊，
无故不请客、不赴席，从而真正养成现代"文明"的生活习惯。⑤

① 蔡尚思、方行编：《谭嗣同全集》上，262页，北京，中华书局，1981。
② 中国近代史资料丛刊《戊戌变法》，第2册，255～258页，上海，神州国光社，1953。
③ 湖南省哲学社会科学研究所编：《唐才常集》，138页，北京，中华书局，1980。
④ 严复：《保种余义》，载《国闻报》，光绪二十四年四月二十三、二十四日。
⑤ 参见蔡尚思、方行编：《谭嗣同全集》下，410页。

不仅如此，戊戌维新思想家们还形成了一种宏阔的"文明之运会"观，认为当时的世界已经进入了一种"文明"的时代，一切不合"文明"要求的事情都需要废除，反之则必须兴办。这是不以人主观愿望为转移的时代命运，即严复所谓"运会"。1897年春，梁启超在公开发表的《与严幼（又）陵先生书》中，就曾对这一重要观念有过清晰阐述，并以此为据，论证了"民主"制度在中国实行的必然性，同时对中国实现"文明"、赶超西方的前途充满信心。信中写道，民主制度的出现，在西方本来也是近代以来的产物，中国如果从今日开始即加以提倡，"则数十年其强亦与西国同，在此百年之内进于文明耳"。目前，中国与西方虽存在着差距，但这点差距从地球发展的漫长历史来看，实在太微不足道了。地球如今既然已进入"文明之运"，那么中国也不得不在此形势的逼迫下进行变革，讲求"民权"，否则就只好走向灭亡。他在信中还明确提到康有为也具有此种看法：

> 南海先生尝言，地球文明之运，今始萌芽耳，譬之有文明百分，今则中国仅有一二分，而西人已有八九分，故常觉其相去甚远。其实西人之治亦犹未也。①

这里，梁启超依据新掌握的进化论，以自己的语言，从整体认同现代西方"文明"的角度，表达了当时国人对于"文明"时代性观念最为明确和深刻的见解。

我们惊奇地看到，1897年严复在《天演论》手稿本的"案语"中，1898年初唐才常在《湘报序》中，也都使用了相同的"文明之运"的说法。这种"文明运会"思想的形成与运用，不妨说是戊戌时期维新派现代"文明"观念初步确立的重要标志。

现代"文明"观念的兴起，对戊戌变法的实际进程也产生了直接影响。这一点我们从戊戌变法的灵魂人物康有为一些关键的变法上书和奏议中对"文明"概念的运用，可见一斑。如1898年，在上呈光绪皇帝的《日本变政考》一书和1898年1月呼吁光绪帝赶紧变法的《上清帝第五书》等之中，康

---

① 梁启超：《与严幼陵先生书》，见张品兴主编：《梁启超全集》，第1册，72页。

有为都使用了现代"文明"概念，有的还是多次使用。

在极具影响力的《上清帝第五书》中，康有为以列强将要把中国不当"文明之国"而作为"野蛮国"加以瓜分的紧迫形势，来告诫最高统治者变法已经刻不容缓。① 事实证明，这种"瓜分豆剖、渐露机牙"的警笛，终于打动了光绪帝。变法的《定国是诏》的最终颁布，与康有为的这些上书中"文明"和"野蛮"的分辨刺激，不无直接关系。

现代"文明"概念的社会化实践还促进了各项维新改革，这在戊戌时期的湖南表现得最为突出。湖南是戊戌时期维新活动开展得最有声色的地区，在当时的中国"号为文明"，而思想先进的湘籍维新人士正是明确以"文明"的目标来推进各项改革的。1898 年 5 月 11 日，《湘报》上载《论湖南风气尚未进于文明》一文，对湖南落后愚昧的社会风气提出痛心疾首的批评，呼吁加大改进的力度，典型地体现了维新人士对于"文明"内涵的整体理解与强烈追求"文明"的思想力量。该文认为，尽管湖南当时已经开办了新式报馆、学堂，架起了电线，通了轮船，铁路和保卫局也在筹办中，各种专门学会也纷纷建立等，但湖南仍算不上"文明"："风气之开，或者此为起点，文明之化，其实尚未权舆。"② 这显然是从正面弘扬现代"文明"价值。

可以说，将中国的变革放在"文明"发展不可抗拒的世界潮流的大视野中去考虑，乃是戊戌维新思想家在变法全面启动之前就已基本形成了的重大思路。正是由于他们掌握了现代"文明"概念及其在实践（运用）中将那些即时附丽的相关现代性观念——政治民主、思想自由、男女平等、物质进步、崇尚"学战"、军事发展等作为潜在的理念基础，决定了他们所致力的戊戌维新运动既不是一场简单的政治变法运动，也不是一场单纯的思想启蒙运动，而是一场真正全方位的现代性整体变革——一种寻求"文明化"的运动，并因此成为了中国现代学术文化转型整体萌发的真正起点和现代化事业整体启动的自觉开端。因为，现代"文明"概念首次提供了一个融合政治、经济和文化发展的整体综合的社会价值目标和观念基础，能将现实努力的整体价值目标和进化论的理论逻

---

① 参见汤志钧编：《康有为政论集》上册，202 页，北京，中华书局，1981。
② 张翼云：《论湖南风气尚未进于文明》，载《湘报》，1898-05-11。

辑有机地结合在一起，这也是现代"文明"观念在变革功能上涵括"进化论"而又超越单纯"进化论"理念的地方所在。就此而言，现代"文明"概念，与今人所谓"现代（性）"概念（Modernity）在内涵上实很有相通之处，甚至可以说，它就是清末民初时历史地涵带现代性整体把握功能的另一宏大概念形态。有趣的是，在词性上，现代汉语中的"现代"和"文明"两词，亦都可既作名词、也作形容词，这就为它们提供了不同寻常的思想整合能量。

甲午战争前，洋务运动虽然开展了 30 余年，但却一直并未解决深层的价值观之转换整体根据的问题，他们的所作所为，都只不过是为了具体应付外来压力而已，"洋务"二字真是太能反映这一时期清朝统治者所做一切的性质了。在他们那里，"强"和"富"除了抵御列强侵略之外并不具有自身的价值和更高的意义。

因此，洋务派人士虽然也讲"自强"、"求富"，但"自强"真正成为时代的强音，成为社会上广泛流行的词汇，"求富"真正获得社会意义上的价值合法性，却是甲午以后的戊戌时期。在戊戌维新思想家严复等人那里，"富强"意义的凸显，已与其他现代性价值紧密联系在一起，已与整体性变革的思路联系在一起，已与进化论和现代"文明"概念相依存。如果说甲午战败、割地赔款的巨大耻辱感，显示了"强"无法漠视的现实意义，那么"强学会"、"强学报"的呐喊，严复传播的"物竞天择、适者生存"、"优胜劣败"的《天演论》和《原强》诸篇专论，张之洞"自强军"的创建，才真正有力地宣布和揭示了"强"的自身价值——一种体现"文明"的价值："强"是"文明"的结果和体现，"文明"是"强"的原因和根据。于是《论语》中一味尚"北方之强"鄙"南方之强"的观念才真正松动；于是什么叫"强"、为什么要"强"、怎样才能"强"，才真正成为了晚清思想史的主题，具有了名副其实的"现代思想史意义"。

1895 年 11 月，康有为在《强学会后序》中明确宣称："夫强二：有力强，有智强。"[1] 传统崇尚的"文"与"德"的力量，这时终于被毫不含糊地排除

---

[1]　汤志钧编：《康有为政论集》上册，172 页。

在"强"的内涵之外。如果说在传统中,尚"智"还能为"文化"价值观所容忍,那么尚"力"、重"物质",则实难信服中国士大夫。这种与传统文化概念中"轻武鄙力"价值取向的公然离异,一开始虽得力于甲午战败的强烈刺激,但不久实因为获得了新的"文明"或广义"文化"概念作为理念基础,才变得更加坚实:它表明,"强"和"富"之所以有价值,"合群"和"尚学"之所以有力量,并非仅因为恃之便能打败对手,而是因为它们本身就是社会"文明"综合进步的结果和体现。这种建立在相对理性之上的价值落实,才是更加可靠的。也就是说,现代"文明"概念的获得,使人们在甲午战败后激烈的情绪冲动形成的感性认识,找到了一种理性价值的整体性依托,从而促使人们更加自觉地从价值观念、学术教育和制度变革相结合的综合角度来考虑变革问题,最终形成为戊戌变法中的综合行动。这也是此后清末其他一切变革的理论基础。

1897年上半年,风行一时的《时务报》"英文报译"栏曾发表一篇题为《论军事与文化有相维之益》的专论,在这两者之间的勾连上,颇具象征性。该文是近代中国各类报刊中最早在标题上出现"文化"一词的文章,又专谈"文化",更涉及"文化"一词的具体用法和新旧"文化"概念价值内涵的转换问题。全文出现"文化"一词十三次,基本是在广义的"文化"即"文明"的意义上使用的。全篇主要想说明的乃是"尚武"精神和文明发展的密切关联。[①] 它与稍后的20世纪初年中国兴起的"军国民教育"思潮则一脉相承。

过去,中国学者基于总结历史教训的目的,总喜欢将洋务运动与明治维新相比。的确,就运动的背景和启动的时间而言,两者实有共同之处。但如果就运动的目标、指导理念和变革内涵的广度、深度来看,真正可与日本明治维新、特别是其19世纪70年代中叶以后的情形相比的,其实是戊戌维新和此后的清末新政。因为归根结底,它们和明治维新一样都明确地基于一种现代"文明"理念的整体启导,尽管其结果和命运仍有不同。

---

① 参见张坤德译:《论军事与文化有相维之益》,载《时务报》,第28册,光绪二十三年五月初一日。

尽管戊戌维新失败，义和团运动给东西列强的入侵带来新的借口，中国在饱经灾难之后，仍然走向对现代"文明"主流价值观的认同之路。实际上，清政府标榜的所谓"新政"，也不过是在追求现代"文明"价值的名义下，所进行的一场内政、外交、经济和教育改革的全面自救运动罢了。在20世纪初的中国社会，"文明"的名义走向极度的时髦，这从"文明史"、"文明戏"、"文明棍"、"文明脚"、"文明结婚"之类名词广为流传，成为代表"摩登"事物和进步价值取向的特定说法中，能够得到集中的反映。以上诸名词，的确是现代"文明"价值观的产物，而它们的流行，又反过来有力地传播了现代"文明"观念。

当然，也有人讨厌"文明"，如大诗人、陕西布政使樊增祥即是典型。1904年他课卷时，一发现"文明"二字，便"严加痛斥"①。也有人讽刺"文明"，1903年至1905年，著名谴责小说家李伯元在《绣像小说》杂志上连载《文明小史》这一小说，即对早期新政时代中国官场和社会上开始流行的各种"文明"行为与表象，给予生动的文学再现，并成为清末"文明"概念得以广播的标志性文学符号之一。但重要的是，从此人们行为的"正当性"说明，已经完全离不开"文明"的名义。在这方面，革命党人的"文明"话语极有代表性。

在清末，革命党人可谓弘扬和实践现代"文明"观念的一支生力军。他们在崇拜"文明"名义和以之自觉进行政治动员方面，一点也不亚于维新派和立宪派。在革命派看来，革命正是追求文明的表现，且是实现由野蛮进于文明之必要手段，而清王朝之所以成为革命的对象，乃是因为它早已成为了"文明公敌"之故。② 至于其所主张的废除君主、建立共和，则更认为属于"文明时代"的必然要求，所谓"'君'也者，成立于野蛮时代，发达于半开化时代，而消灭于极文明时代"③。前面提到的《文明小史》的作者，就曾借

① 《樊山政书》，卷6，161页，北京，中华书局，2007。
② 参见章士钊：《驳〈革命驳议〉》（1903年6月），见《章士钊全集》，第1册，32页，上海，文汇出版社，2000。
③ 章士钊：《说君》，见《章士钊全集》，第1册，62页。

小说中人物之口讽刺革命党人冲天炮道:"世兄是文明不过的,开口革命,闭口革命"①,这实在不是灵机一动的偶然虚构。1903 年,鼓吹革命最力的邹容在《革命军》中便公开宣称:"革命者,由野蛮而进文明者也。"他认为英国资产阶级革命、法国大革命和美国独立战争就是这种性质的革命,而"法、美文明之胚胎,皆基于是"。不仅如此,他还将革命区别为"野蛮之革命"和"文明之革命"二种,认为"野蛮之革命,有破坏,无建设,横暴恣睢,适足以造成恐怖之时代。……文明之革命,有破坏,有建设,为建设而破坏,为国民购自由平等独立自主之一切权利,为国民增幸福"②,并慨然以实行"文明革命"自任。与邹容齐名的另一革命宣传家陈天华,在《警世钟》里则公开倡导"文明排外"。在遗著《狮子吼》中,他还直接把主人公的名字取为"文明种"。可见"文明"这一现代价值与其所从事的革命事业之间,有着何等密切的关联。不过也有不喜欢"文明"概念的革命家,如章太炎。当反对革命者攻击"排满"复仇为野蛮行为时,章氏便公开谴责流行的"文明"概念虚伪不真,实已沦为"时尚之异名"和"趋时之别语",并明确主张将其废绝不用。③ 这从一个侧面表明,当时"文明"概念的运行已经日趋复杂。

狭义"文化"概念的形成与五四新文化运动

在清末,"文明"一词具有名词和形容词的双重功能,既可表示广义"文化",又可标明其广义"文化"发展的较高水平和价值追求方向。故在清末十余年,它能独占鳌头、成为时代中心概念。相比之下,"文化"一词的传播虽然也越来越多,但使用频率却远无法望"文明"一词之项背,它只成为后者的某种陪衬而已。

---

① 李伯元:《文明小史》,339 页,上海,上海古籍出版社,1997。
② 《革命军》"绪论"和第三章,8、35 页,北京,华夏出版社,2002。
③ 参见章太炎:《定复仇之是非》,载《民报》,1907 (16)。

不过，由于"文明"一词的形容词价值判断的含义过于强烈的缘故，在那些并不需要明确表示价值倾向和程度判断，而只需表明不同时代、不同地域和民族以往物质和精神发展之历史延续性的成果那种一般综合意义的场合，"文化"一词倒显示出了某种潜在的优越性，可以更为方便地用来陈述申说物质发展方面落后的那些民族特性之"文明"。这种差别使用在日本明治后期国粹思潮兴起后，也逐渐传到中国。1904 年前后出现的强调中国传统价值的国粹派人士，有的就比较乐于使用广义"文化"一词，特别是章太炎。但是，那种被视为"文明"深处的精神价值内核所在，同时又与政治、经济等相对的现代狭义"文化"概念之公然提倡和大规模使用，并从这一含义上的"文化"之整体角度和高度来思考中国的发展问题、寻找变革新路，却无疑是五四运动前后才得以最终形成的事情。

五四新文化运动初期，陈独秀提倡"科学与人权并重"。从表面上看，他所依赖的仍然是一种广义的"文化"即"文明"观念，与戊戌时期似乎并没有什么不同。其实，如果我们细加分析，则不难发现，戊戌时期，虽然有个别深刻的思想家如严复，已在价值观念深层对中西文明有所比较，但总的说来，那时的思想家重视的主要还是文明的各个方面都必须全面发展，并特别强调教育和政治体制变革之必要性，却还未着眼于从文明根本精神再造的角度来思考中国的变革问题。倒是戊戌变法失败以后，梁启超等从"形质的文明易求、精神文明难至"的角度对此有所反思，提出改造"国民性"的新民思想——经鲁迅《文化偏至论》的"尊个性而张精神"（立人）——最终倒向了林毓生在《中国意识的危机》中所阐发的所谓"五四"思想家"借思想文化的途径"解决问题的这一历史性思路。

这里，有必要提及一下清末思想家们将"文明"作"物质—精神"二分的思维模式形成及其影响问题。实际上，在清末民初走向摩登的"文明"思潮中，舆论界始终都存在着那么一股既认可"物质发达"、实业进步的必要性，更重视民族素质、精神文明培育的思想深流。体现在"文明"概念的理解上，就是许多思想精英们都习惯于先将"文明"的内容予以二分：或曰形质与精神，有形和无形；或曰物质与道德，外在与内在等，而同时，又程度不同地将概念的重心置放在后者之上。此种思维模式的形成，究其动因，既不乏外来的新思想资源之功，更可能具有传统旧思想习惯的牵引之力。而梁启超则成为运用这种模式进行"新民"启蒙的杰出代表。

第一次世界大战爆发后，秉承"物质—精神（或道德）"二分的"文明"概念观来判定中西文明或文化之特点和优劣的议论更加流行了。与此同时，从这一角度立论的中国人自己有关"文明"的正式定义，也随之产生。1917年，《东方杂志》主编杜亚泉便以"经济"和"道德"的新二分法，给"文明"下了定义。他认为，"于人类生活有最重要之关系者，一曰经济，二曰道德。……文明之定义本为生活之总称，即合社会之经济状态与道德状态而言之。经济道德俱发达者为文明；经济道德均低劣者为不文明。经济道德虽已发达而现时有衰退腐败之象，或有破坏危险之忧者皆为文明之病变。文明有时而病，如小儿之有麻疹、百日咳，为人类所不得不经过者。今日东西洋文明皆现一种病的状态，而缺点之补足病处之治疗乃人类协同之事业"①。由此出发，他认定东西文明各有不足和长处，并首次明确地提出了两者"乃性质之异，而非程度之差"②的观点。五四时期的文化论争，因此出现了更为复杂的局面。而在这当中，如何认知与处理政治、经济和道德文化的关系，实际构成思想选择的底蕴和关键之一。

民国初年，政治体制的变革徒具形式那一令人失望的残酷现实，一方面急剧加强了人们"文明"是一个整体不可割裂的印象，而同时，也促使人们去寻找"政治"以外的别途来解决困境。于是从精神价值层面整合教育、学术、道德、文艺等因素的狭义"文化"概念之需要，便逐渐凸显出来。促成这一转变的，还包括第一次世界大战所导致的对"文明"概念的反省因素。这一点，与在德国和日本的情况略为近似。第一次世界大战前后，区别于"文明"一词的"文化"概念的使用，在西方特别是德国大规模流行开来并趋于稳固。而这一使用，又迅速传到日本。大正时代，日本思想界对于"文化"概念尤其是狭义"文化"概念使用急剧增多的情形，

---

① 杜亚泉：《战后东西文明之调和》，载《东方杂志》，1917年第14卷第14号。
② 杜亚泉：《静的文明与动的文明》，载《东方杂志》，1916年第13卷第10号。

接着又传到中国。

1923 年，商务印书馆发行的《新文化辞书》"Kulturismus"（文化主义）辞条便清楚地写道："欧洲大战终了，世界人士鉴于战争底悲惨和罪恶，对于军国主义而提倡文化主义。"该辞条专门说明了在德国和英国"文化"一词用法的差别，强调德国人对于"文化"概念的意义"把持更为精确，更为具体"，并特别介绍了一个柏林大学学者对于"文化"的定义："Kultur 底成立，必先有被文化的和文化的两种，前者是各个的人格，后者是艺术、科学、道德、宗教等一切精神的产物。把这些客观文化作工具，依个性底本质而助长人格，完成人格，就是文化底意义。"①

不过，在新文化运动初期，从内在精神特质层面整体反思传统文明，一开始仍是在以进化论指导下、包括物质发展在内的广义"文化"观念或现代"文明"观念为基础的框架下进行的。在 1915 年 9 月《青年》杂志创刊号上，陈独秀发表了著名的《法兰西人与近世文明》一文，称法兰西为创造近代文明的"大恩人"，对于"文明"即广义文化观念阐述了自己的见解，极具现代"文明"观的代表性。其中，他将中国传统文明或文化给以"文明"的资格和名义，却又将它明确定性为"古代文明"，同时关注文明的精神层面即价值深层，把西方现代文明视作以"科学"与"人权"为根本精神的不断发展体，并以之作为彻底变革中国传统文明或文化的进步目标——尽管他们并非完全没有认识到此一文明的弊端。这正是五四运动以前新文化运动的神髓所在。在这点上，我们既能看到它与戊戌思潮一脉相承的联系，也能看到它从精神价值层面实现根本超越的明显企图。

1915 年以后至五四运动以前，报刊上刊行的"文化"一词越来越多，但主要多是广义上的使用。1916 年 2 月，陈独秀在《吾人最后之觉悟》一文中，强调"欧洲输入之文化与吾华固有之文化，其根本性质极端相反"，呼吁从伦理道德方面学习西方现代文化，进行改造传统文化的根本变革，引起了社会上的强烈反响。值得注意的是，也是从 1916 年开始，以"文化"的名

---

① 唐敬杲编纂：《新文化辞书》，上海，商务印书馆，1923。

义出现的关于文化的专门化学术研究在中国正式出现，较高水平的"文化"专论开始问世，较为成熟的"文化"概念阐述和定义也已诞生了。在这方面，积极参与新文化运动的社会学家、《新青年》移办北京后即成为其著名七编辑之一的陶孟和（履恭），堪称最为重要的先驱人物之一。陶氏1916年和1917年在《新青年》等著名杂志上发表的《文化的嬗变》与《人类文化之起源》两文，较早在中国明确而正式地提出并阐释了广义"文化"概念的定义：

> 文化之名，世人所习见，而对于详确之观念，精密之解释，则常茫然，弗能应。盖以系统而研究文化，侪列科学，乃在最近代也。……人类自初生以迄于今，凡所成就，或为物质，或为精神；或为知，或为行；或为道德，或为制度。凡可以表示者，可以一名词统括之，曰文化。①

这种广义的"文化"概念定义和阐释，与陈独秀的"义明"定义基本旨意相通。它尚缺乏对于现代"文明"概念的反省意识和对"文化"民族性的认真关注与深沉体味，但却可以说构成了早期新文化运动强烈地整体性反传统旨趣的"文化"概念认知的基础之一。

五四新文化运动以前，现代"文化"概念和定义却并未引起国人的真正重视。这与历史发展的实际进程偏重于宪政改革不无关系。当新文化运动开始之后，随着人们对于实际文化问题的关注和讨论的深入，便自然出现了追究"文化"概念定义的需要。在广义的"文化"概念定义形成之后，反映实际运动中相对于政治和经济的狭义"文化"概念之定义也随之产生了。笔者所见到较早给狭义"文化"概念下定义的，乃是陈独秀。这位新文化运动的领袖1920年4月1日发表了《新文化运动是什么？》一文，从解说"新文化运动"的含义着眼，对狭义"文化"下了一个定义。他说：

> "新文化运动"这个名词，现在我们社会里很流行。……要问新文化

---

① 陶履恭：《人类文化之起源》，载《新青年》，第2卷5号，1917-01-01；《文化的嬗变》，载《大中华杂志》，第2卷第8期，1916-08。

运动是什么，先要问"新文化"是什么，要问新文化是什么，先要问
"文化"是什么。文化是对军事、政治（是指实际政治而言，至于政治哲
学仍应该归到文化）、产业而言，新文化是对旧文化而言。文化底内容，
是包含着科学、宗教、道德、文学、美术、音乐这几样；新文化运动，
是觉得旧的文化还有不足的地方，更加上新的科学、宗教、道德、文学、
美术、音乐等运动。①

在此文中，陈独秀还大谈文化运动应注重团体的活动，以加强国人的组
织力和公共心；要注重创造的精神，因为"创造就是进化"；同时他还强调这
一运动要影响到别的运动中去，如影响到军事上、产业上、政治上，要"创
造新的政治理想，不要受现实政治的羁绊"等等，从而明确地揭示出了文化
在整体上能够、而且必须影响现实政治的现代"文化"理念。另外，陈氏起
初在定义狭义"文化"的时候，还特别强调了文化由旧到新的发展过程中，
进行"运动"的必要性问题。

同陶孟和的广义"文化"定义相比，陈独秀的这一狭义"文化"定义，
可以说奠定了新文化运动继续开展下去的另一个"文化"概念认知基础。两
者表面上看似乎有所矛盾，实则构成了一个观念的统一体。它们在新文化运
动的提倡者们那里伸缩自如，成为其进行实际文化运动的观念依据。事实上，
"新文化运动"的正式命名之诞生，也应归功于这两种定义中所体现出来的那
些文化实际内涵的共同作用。目前，史学界似乎并未在意这一事实：即"新
文化运动"并非此一运动兴起之初时就已经出现的概念，而是后来社会上和
运动提倡者们自身迟到的命名。对于今人认知新文化运动在五四前后的差别，
这一点其实并非毫无意义的。

在"新文化运动"的名义出现以前，有关文化运动的论说多是并提政治、
经济、法律、思想、学术、道德、文学等现象，思想文化界尚没有出现将后
几项整合为一个狭义"文化"整体概念的自觉。无论是讲"伦理革命"、"文
学革命"、"戏剧革命"，还是揭发共和国体与孔教之间的矛盾，认为"要诚心

① 陈独秀：《新文化运动是什么?》，载《新青年》，第7卷第5号，1920-04-01。

巩固共和政体,非将这班反对共和的伦理文学等等旧思想,完全洗刷得干干净净不可"①,都是如此。这些活动,虽然的的确确都属于现代狭义上的文化方面的运动,但当时却还没有明确拥有一个具有整合性的狭义"文化"概念之共同名义。那时,社会上对这类运动多称为新思想运动,并以"新旧思想之激战"来概括当时的斗争形势,目标则是为了中国整体的"文明进步"。

"新文化"和"新文化运动"的名词流行开来,是在五四运动以后。1920年,君实在《新文化之内容》一文中曾明确指出:"一年以前,'新思想'之名词,颇流行于吾国之一般社会,以其意义之广漠,内容之不易确定,颇惹起各方之疑惑辨难。迄于最近,则'新思想'三字,已鲜有人道及,而'新文化'之一语,乃代之而兴。以文化视思想,自较有意义可寻。"② 可见,以"文化"代"思想"作为运动名义之变化,发生在1920年前后,这是当时人就已经真切感觉到了并加以揭示过的明显事实。

在五四前后的中国,这种狭义"文化"概念衍出的明显变化之所以出现,除了前面已经提及的有关原因外,与此期第一次世界大战所导致的所谓"西方物质文明破产论"也有直接关系。物质文明"破产",精神文明的地位自然急剧上扬,崇尚自由意志、直觉论和道德意识之类的哲学思想,如生命哲学、新人文主义等也随之更加活跃起来。而一旦这些哲学思想和前此已经提到的其他因素相结合,偏重精神的"文化"概念,就获得了绝佳的传衍环境。被视为五四后期"东方文化派"最大理论家的梁漱溟的代表作《东西文化及其哲学》的问世,可谓一个典型的例证。该书是第一本由中国人以中文自著的有分量的文化研究专著,也是在书名上正式带有了有别于"文明"的狭义"文化"概念的第一本中文哲学著作(这种狭义与直接指称教育、文学、宗教的总体的那种狭义"文化"又尚有差别),更是较早最大量使用"文化"一词的著作。此书源自于1920年在山东的一个演讲,1921年秋天正式出版后,到次年底即已由商务印书馆等印刷了五次,可见其在当时大受欢迎的程度。

在这本书中,梁漱溟给了"文化"一个定义,并将其与"文明"明确地区别开来。他说:"文化并非别的,乃是人类生活的样法。……但是在这里还要有一句声明:文化与文明有别。所谓文明是我们在生活中的成绩品——譬如中国所制造的器皿和中国的政治制度等都是中国文明的一部分。生活中呆实的制作品算是文明。生活上抽象的样法是文化。不过文化与文明也可以说是一个东西的两个方面,如一种政治制度亦可说是一民族的制作品——文明,亦可以说是一民族生活的样法——文化。"接着他又强调,生活的根本在"意欲",也即人生态度,它决定文化的根本精神。也就是说,在他看来,文化的实质不过是人生态度罢了。由此出发,他最终炮制出以西洋、中国和印度分别代表的"意欲向前"、"意欲调和持中"与"意欲向后"为根本精神的世界三大文化路向。①

五年后,"西化派"代表胡适对梁漱溟等人的主张予以驳斥,也强调"文明(Civilization)是一个民族应付他的环境的总成绩";"文化(Culture)是一种文明所形成的生活的方式"②。在"文化"概念的认知上基本没有超出梁漱溟的水平,但却在文化价值上选择了截然不同的方向,可见,对"文化"概念本身的理解,并不是导致当时文化思想态度和取向的根本所在。在中国,明确区分"文明"和"文化"概念,胡适比梁漱溟要晚,不过胡适并没有简单将"生活方式"的内容归结为纯精神的"态度",而是容纳了更多的物质因素。

1922年,同样作为当时"东方文化派"代表的梁启超,也给"文化"下了一个定义。他认为"文化者,人类心能所开积出来的有价值的共业也"。它是"人类以自由意志选定价值"的结果,包括"文化种"和"文化果"两类。"文化种是活的,文化果是呆的。"而所谓"文化种"则纯粹是精神性的东西,它决定着文化的根本性质。③

梁漱溟和梁启超此时对"文化"的这类界定,虽然与特指教育、文艺、

---

① 参见梁漱溟:《东西文化及其哲学》,53~55页,上海,商务印书馆,1987。

② 胡适:《我们对于西洋近代文明的态度》,见欧阳哲生编:《胡适文集》,第4卷,1页,北京,北京大学出版社,1999。

③ 参见梁启超:《什么是文化》,见张品兴主编:《梁启超全集》,第7册,4060~4063页。

科学、道德、宗教等的那种整合体之狭义"文化"概念还有差别，但却无疑将其向凸显这种狭义但又包容广义的"文化"复合概念推进了一步。这一点，从梁启超四年后有关认识的进一步变化里，不难获知。1926 至 1927 年间，梁启超在其名著《中国历史研究法（补编）》中，不仅明确界定了文化概念广、狭二义的双重结构，还强调了狭义文化的特殊意义。他所列的"文物的专史"，直接分为政治、经济和文化专史三大类，并明确指出，"文化这个名词有广义狭义二种：广义的包括政治经济；狭义的仅指语言、文字、宗教、文学、美术、科学、史学、哲学而言。狭义的文化尤其是人生活动的要领"①。这一定义，可视作现代"文化"概念最终定型的标志之一。另一标志则为1929 年流行颇广的《新术语辞典》对"文明"和"文化"的解释。②

此外，在笔者看来，五四以后，狭义"文化"的理解凸显、广义和狭义"文化"合构而成的现代"文化"概念的形成，与唯物史观在华的早期传播，也不无某种历史的关联。我们发现，在这种狭义或双重意义上使用"文化"概念的先驱者之中，受到唯物史观初步洗礼的似较为多见。其中，陈独秀和李大钊等又比较典型。

以李大钊为例。1919 年 9 月，初步接受唯物史观的李大钊在《"少年中国"的"少年运动"》名文里就曾写道："'少年运动'的第一步，就是要作两种的文化运动：一个是精神改造的运动，一个是物质改造的运动。"这里的"文化"显然属广义使用，包括物质和精神两个方面。但在同一文中，他又在狭义即精神层面的含义上，使用了"文化"概念，认为物质改造的运动，主要就是改造现代不合理的经济制度和组织，"因为经济组织没有改变，精神的改造很难成功。在从前的经济组织里，何尝没有人讲过'博爱'、'互助'的道理，不过这表面构造（就是一切文化的构造）的力量，到底比不上基础构造（就是经济构造）的力量大"③。可见，唯物史观中"经济"地位的凸显，

---

① 张品兴主编：《梁启超全集》，第 8 册，4854 页。

② 参见吴念慈等编：《新术语辞典》"文明"和"文化"辞条，245～246 页，上海，南强书局，1929。

③ 《李大钊选集》，236 页，北京，人民出版社，1959。

不仅没有妨碍，反而还有助于那种排除政治、经济内涵的狭义"文化"观念的衍出和早期传播。

实际上，当陈独秀等人开始信奉唯物史观、公开宣布大谈"政治"的时候（1920年9月就曾发表《谈政治》一文于《新青年》第8卷第1号），也正是他们在狭义上明确使用"文化"概念，"文化运动"和"新文化运动"的说辞与口号也逐渐流行开来的时候。同信奉唯物史观的陈独秀相比，唯心意识较强的梁启超，1922年在定义文化时，尚没有将"政治"排除在"精神的文化"范围之外。同样，梁漱溟在1921年定义"文化"时，虽明确区分了"文明"与"文化"，却也仍然将"政治"包容在作为"生活样法"的"文化"之中。可见，唯物史观的信奉对排除政治、经济的那种狭义"文化"观念的衍出，可能的确是有益的。而作为文化保守主义者的"东方文化派"人士，其所执著的"文化"概念，却未必像有的学者所想象的那样轻视政治。

当然，唯物史观在推动狭义"文化"概念形成的同时，其实也影响到了其认同者所领导的那种带有"文化主义"或"文化决定论"倾向的"新文化运动"自身。如前所述，陈独秀乃是中国最早具有明确、坚定的狭义"文化"概念的先行者之一。可当他有了明确而坚定的狭义"文化"概念之后，却转而限制和削弱了以往那种夸大"文化"作用的简单化做法。这时他开始强调"文化"不同于政治、经济、军事的独特性，并同时体认其自身运动、建设的艰难性和长期性。与此相一致，他虽然还声称重视"文化运动"，但在实际活动中，却也和新文化运动的另一主将李大钊一道，把主要精力自觉转移到社会政治运动中去了。1921年，陈独秀在《新青年》上发表《文化运动与社会运动》一文，其有关内容颇为值得关注。该文写道：

> 文化运动与社会运动本来是两件事，有许多人当做是一件事，还有几位顶呱呱的中国头等学者也是这样说，真是一件憾事！……又有一班人并且把政治、实业、交通都拉到文化里面了。我不知道他们因为何种心理看得文化如此广泛至于无所不包？若再进一步，连军事也拉进去，那便成为武化运动了，岂非怪之又怪吗！政治、实业、交通都是我们生

活所必需，文化是跟着他们发达而发生的，不能说政治、实业、交通就是文化。……最不幸的是一班有速成癖性的人们，拿文化运动当做改良政治及社会底直接工具，竟然说出"文化运动已经有两三年了，国家社会还是仍旧无希望，文化运动又要失败了"的话，这班人不但不懂得文化运动和社会运动是两件事，并且不曾懂得文化是什么。①

在陈独秀看来，他先前关注的利用文化运动作为改良政治和社会的工具的想法，如今已沦为荒唐，此时他已开始强调文化和文化运动不能夸大和奢望的所谓"独立"位置了。这表明，五四前与后，陈独秀对于文化运动作用的认识，实已发生了不容忽视的深刻变化。其表面仍遗留的对"文化运动"的重视，也已与五四前的那种重视不可同日而语。

如果说五四以前的新文化运动，仍是在广义"文化"即"文明"概念的总体框架之下进行，只是在这一框架下极力强调价值深层和文教层面（即是后来指涉的狭义"文化"）的优先发展意义而已——也就是采取了一种林毓生所谓的"借思想文化解决问题"的路径，那么五四以后，通常所说的"以马克思主义传播为主流"的新文化运动，其对于"文化"概念及其"文化运动"地位的认知和理解，则已然打上了唯物史观的鲜明烙印。此时的"文化"概念已明确凸显了狭义内涵，"文化运动"的优先性，也逐渐明显地让位给社会政治运动。

结　语

以上，笔者对清末民初现代"文明"和"文化"概念的兴起及其社会历史实践，进行了粗略的考察与分析。概而言之，现代"文化"概念的形成，大体经历了甲午以前的酝酿、戊戌时期及稍后几年"广义文化概念"也即"文明"概念的确立和广泛传播，以及新文化运动时期"狭义文化概念"勃兴

---

① 陈独秀：《文化运动与社会运动》，载《新青年》，第9卷第1号，1921-05-01。

与"广义文化概念"并行这三个阶段。特别是早期它曾经历过一个与名词意义上的现代"文明"概念基本重合的历史过程，这一点十分重要。传统的"文化"一词只有经过包容进化理念和物质、军武发展在内的"文明"概念内涵的转换，才有可能进入其真正的现代狭义形式。而现代"文明"概念在中国的流行，总体说来要比现代"文化"概念略早。"文明"的进化观，"文明"各组成部分构成一有机整体、必须连带变革与综合推进的时代意识及其直接携带的一系列现代性价值观念之勃兴，实构成为戊戌维新运动以及此后一系列变革、革命的重要思想基础。而至民国初年，广狭义"文化"概念相继作用并最终出现矛盾合构现象，亦影响了"新文化运动"的发生、功能与退场，值得进一步予以深究。

十、大义与私意：罗家伦"上书"
赶辜鸿铭"下课"①
——一份新见北京大学档案之解读

最近，笔者有机会得见北京大学所藏的一件档案，题为《罗家伦就当前学业问题给教务长及英文主任的信》，信中对辜鸿铭的英诗课大加非议，并建议学校取消其授课资格。因过去从未曾见有人明确提及此信，而胡适和罗家伦等知情人和当事人，在后来有关五四运动和辜鸿铭的回忆中，又显然有意回避和隐瞒了此事，所以私见以为若将此信内容加以披露，对我们了解五四时期的北大和新文化运动以及思想界的新旧摩擦都有意义，而且还可增加对辜鸿铭这位"文化怪杰"在北大的英文教学情形，他当时的

① 此文最初摘要发表于 2008 年 6 月 8 日的《光明日报》"史学版"，题为《罗家伦致信北大校方赶英文老师辜鸿铭下课——一份新见的北大档案的介绍与解读》，是为纪念五四运动而写。程巍先生见后喜欢，特来函商请将未删节的全文发表于《中国图书评论》，后改题为《编号"BD1919031"的北大档案》，发表于该刊 2008 年第 8 期。收入此书时改为今题。文中所用档案内容，系首次披露。它是笔者的博士研究生邱志红研究北京大学"英文门"历史时，在北大档案馆中率先发现。因此前受笔者郑重委托，凡见到档案里有关辜鸿铭的资料信息，即请告之，志红同学遂让我有先知为快的便利。在写作此文的过程中，李洪岩兄曾专门告知李季《我的生平》一书及其中有关辜鸿铭的重要资料。对于他们二位，我在此要致以特别的感谢。

实际处境以及罗家伦等"新青年"意气高昂、自以为是的精神状态之了解与感受。

罗家伦"上书"的正文及其背景

在北京大学的档案馆中，这份保存完好的当年北大学生的"上书"档案，既有标题，也有封皮。案卷号为 BD1919031，立案单位为"校长办公室"。其正文如下：

教务长

英文主任　先生：

　　先生就职以来，对于功课极力整顿，学生是狠（很）佩服的。今学生对于英文门英诗一项功课，有点意见，请先生采纳。学生是英文门二年级的学生，上辜鸿铭先生的课已经一年了。今将一年内辜先生教授的成绩，为先生述之：

　　（一）每次上课，教不到十分钟的书，甚至于一分钟不教，次次总是鼓吹"君师主义"。他说："西洋有律师同警察，所以贫民不服，要起 Bolshevism；中国历来有君主持各人外面的操行，有师管束内里的动机，所以平安。若是要中国平安，非实行'君师主义'不可。"每次上课都有这番话，为人人所听得的。其余鄙俚骂人的话，更不消说了。请问这是本校所要教学生的吗？这是英诗吗？

　　（二）上课一年，所教的诗只有六首另十几行，课本钞本具在，可以覆按。因为时间他骂人骂掉了。这是本校节省学生光阴的办法吗？

　　（三）西洋诗在近代大放异彩，我们学英国文学的人，自然想知道一点，我们有时间他，他总大骂新诗，以为胡闹。这是本校想我们有健全英文知识的初心吗？

　　（四）他上课教的时候，只是按字解释，对英诗的精神，一点不说，而且说不出来。总是说：这是"外国大雅"，这是"外国小雅"，这是

"外国国风"，这是"外国离骚"，这是"官衣而兼朝衣"的一类话。请问这是教英诗的正道吗？

有以上种种成绩，不但有误学生的时光，并且有误学生的精力。我们起初想他改良，说过两次，无赖（奈）他"老气横秋"，不但不听，而且慢（谩）骂。所以不能不请先生代我们作主，设法调动，方不负我们有这英诗的本旨。

校长优容辜先生的缘故，无非因为他所教的是英诗，教得好，而且与政治无涉，那（哪）知道内幕中这个情形。不但贻误学生，设若有一个参观的人听得了，岂不更贻大学羞吗？学生也知道辜先生在校，可以为本校分谤，但是如青年的时光精力何呢？质直的话，请先生原谅！

学生罗家伦谨上　五月三日

此信并可请校长一看。

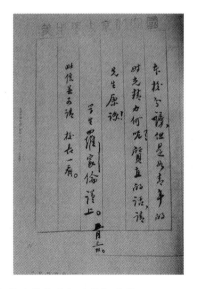

《罗家伦就当前课业问题给教务长及英文主任的信》片段

　　罗家伦此信写在 14 张"国立北京大学用笺"上（5 月 3 日所写 10 张，8 月 8 日补充 4 张），一手漂亮的毛笔字直行书写，竟完全采用的是地道的现代白话，八个新式标点符号的使用，也已相当熟练而准确，初览之下，便可使人感觉到一种跃然纸上的"新青年"气息。

　　该信最初写就的时间，是 1919 年 5 月 3 日，也就是五四运动的前一天。这样一个特定时间北大"新青年"领袖的行为，很容易引发人们对于新文化运动和五四那场政治运动之间历史关系的联想。它本身又可成为罗家伦后来在《蔡元培时代的北京大学与五四运动》中所认定的前者为后者之"基础"、后者反过来又扩大了前者"势力"论的小小佐证之一。

　　当是时，北京大学的校长是蔡元培，教务长是后来著名的经济学家和人口学家马寅初，英文门主任乃新文化运动主将之一的胡适。罗家伦 1917 年进入北大英文门，很快就与傅斯年等一道，成为当时北大学生中积极参与新文化运动的活跃分子，特别是与胡适等极为接近。这封信就是直接写给马寅初和胡适的。

　　辜鸿铭此时为胡适在英文门的同事，他进入北大英文门的准确时间目前还难以查出，但肯定比蔡元培 1916 年 12 月 26 日出任北大校长要早。严格说来，那种认为辜鸿铭进入北大是蔡元培"兼容并包"办学思想直接产物的流行说法，其实并不确切，他不过是蔡氏办学原则容忍的对象，即被续聘者而已。

　　从目前笔者掌握的资料来看，辜鸿铭进入北大英文门当不会早于 1914 年，也不会晚于 1915 年 9 月。有学者称，早在 1903 年辜鸿铭就曾"加盟北大"，且任副总教习。此说恐怕靠不住。但这一说法也并非毫无根据。在京师大学堂的档案中，确有两份电报存单，是管学大臣张百熙和荣庆发给湖广总督端方和两江总督张之洞，请他们催促其部下辜鸿铭来京就任京师大学堂副总教习一职的。时间是光绪二十九年正月二十五日，即 1903 年 2 月 22 日前后。前者写道："武昌端制台，大学堂奏派辜员外汤生为副总教习，祈（速其）来京，盼切。熙、庆。"后者写道："南京张宫保鉴，辜君鸿铭精通西学，早蒙识拔，钦仰尤深。刻学务需才，已奏派副总教习。请趣早临，无任叩祷。

熙、庆、艳。"① 不过，查阅现有的各种记载，当时的辜鸿铭应当是并未到任。那时，他高自位置，可能还没有看上这个职位。到了民国初年，他张扬地以遗老自居，穷困潦倒也不肯趋时，其就任北大英文门教授，恐怕多少也有为生计所迫的考虑。②

1917 年以后，北京大学逐渐成为新文化运动的中心。新派领袖陈独秀、胡适等在校长蔡元培的信任和支持下，大力提倡白话文和新文学，反对旧礼教和旧道德，一时引领时代风气、应者如潮，却也遭到辜鸿铭、刘师培等北大旧派人物的抵制，并引起一些对西方近代文化感到失望、对儒家传统仍有依恋的新派人士的反思。1918 年 6 月，杜亚泉主编的《东方杂志》从日本翻译发表《中西文明之评判》一文，对 1915 年辜鸿铭用英文出版的《中国人的精神》（即《春秋大义》）一书在西方引起的反响进行报道和评论，借以表达用儒家传统"统整"现代西方文明的意向，结果遭到陈独秀等"新青年"阵营的猛烈抨击。陈独秀在《新青年》上连续撰文，指责杜亚泉与主张复辟的辜鸿铭为"同志"。杜氏也为此进行了辩难。这样，1918 年秋至 1919 年初，在新旧阵营之间，有关中西文化问题的论争就趋于白热化程度。

1919 年 3 月间，不满新文化运动的林纾在《公言报》发表《致蔡鹤卿太史书》，斥责其所卵翼下的新文化运动"覆孔孟，铲伦常"，"尽废古书，行用土语"，是"人头畜鸣"。蔡元培则回敬《致〈公言报〉函并附答林琴南君函》，强调北大"循思想自由原则，取兼容并包主义"，以维护新文化运动。其回函中有言："例如复辟主义，民国所排斥也，本校教员中，有拖

① 《京师大学堂档案选编》，192～193 页，北京，北京大学出版社，2001。
② 拙文发表后，曾收到南京大学中国语言文学系周勋初前辈来信，指出辜鸿铭是否任教于京师大学堂，可能还需存疑。他说新中国成立初期在南京大学学习时，曾听汪辟疆老师在闲谈时提到，"他们当年在京师大学堂做学生时，对陈石遗（衍）不怎么看重，因为那时的学生都能做诗，故对陈氏没有什么高的评价。汪老师还说，他们学生当时最佩服的是严复与辜鸿铭，因为他们不但中文好，而且英文也好。汪老师是从京师大学堂转至北京大学的学生，在京师大学堂学了两年（或三年）。如此看，则辜鸿铭应当是在京师大学堂任教过的。此说可供参考"（见周先生 2010 年 10 月 19 日给笔者的来信）。笔者虽不同意周老意见，但愿意将此信息录之于此，以供方家辨析。——此注为收录本书时新补。

长辫持复辟论者，以其所授为英国文学，与政治无涉，则听之。"明眼人一看就知道，这里所提到的教员必是辜鸿铭。不过，蔡元培的辩护中那种不同情辜氏的反复辟之政治标准既已彰明，其著名的"兼容并包"主义如果不是新派自我保护的挡箭牌，又到底能实行到何种程度，或者说能够坚持多久，还是个问题。

激于"大义"与"私愤"的双重冲动

显而易见，罗家伦给北大校方所写的上述一信，正是当时北大内部新旧两派激烈斗争的产物。它既有陈、杜之争的背景因素，更是直接基于林、蔡之辩所作出的某种回应——一种来自北大学生中"新青年"方面的回应。蔡元培不是说辜鸿铭讲授英国文学，与政治无涉吗？罗家伦则要告诉教务长和校长的"内幕"是，辜氏在英诗课堂上"每次"教不到十分钟，甚至一分钟不教，就开始大谈所谓"君师主义"，不仅所教英文内容极为有限，而且观念顽固保守，他拒绝给学生介绍近代英美新诗，讲授英诗的方法也只是就字词而论，不讲且讲不出"英诗精神"之类的东西。罗氏在信中甚至指责辜鸿铭的英文课完全是耽误学生的精力和时间，不但"贻误学生"，一旦为外人所知，还要"贻大学羞"，即给北大丢脸。他最后强调，学校不能因为辜鸿铭留在北大可以为学校"分谤"，就拿学生的宝贵时光和精力来开玩笑、让其做牺牲品。看来，罗家伦的确深通学校管理者的心态，此次他也是下定决心要将辜鸿铭赶下北大讲台的。

就罗家伦写作此信的动机而言，他首先当然是激于新文化运动的"大义"，要自觉投身当时的北大新派对旧派斗争的"另一战场"。作为当时北大学生中最热衷于新文化运动的代表，1918年底与1919年初，罗家伦即与傅斯年等发起成立"新潮社"，并创办《新潮》杂志，一时意气风发，声名大著，成为当时文学革命论在青年学生中的大力弘扬者和白话诗文的有力实践者。这种思想的分歧和态度的对立，使得他当时对于辜鸿铭及其英诗课十分反感，实不足为怪。而反过来，辜鸿铭对像罗家伦这等"新青年"也决无好感，于是彼此间便又有了个人的恩怨。

著名报人张友鸾先生就曾生动地记述辜鸿铭和罗家伦之间互相"讨厌"的故事。据他说，辜鸿铭这位"名教授"因反感罗家伦这位"名学生"好出风头，不好好学英文，故上课时"十回有八回叫着罗家伦的名字，要他回答"。而罗家伦呢，对于这英诗课既无兴趣，英文底子又较差，每次点到他名字的时候，"他有时胡乱回答一通，有时简直就说'不知道'"。有一回，辜鸿铭听了他的回答很不满意，便当堂加以训斥。因为话说得很重，罗家伦有些难堪，就站起来辩解。结果招致辜鸿铭大怒，拍着桌子说："罗家伦！不准你再说话！如果再说，你就是 WPT！"罗家伦被吓得愣住了，只好忍气吞声，不再言语。下课后，他心中不快，尤其窝心的是挨了骂，还不知道所骂的WPT 三个英文字母究作何解。他就此请教自己尊重的老师胡适，也未能得到答案。于是有一天，趁辜鸿铭正讲得兴高采烈的时候，他凑上前去问道："上回老师不准我说话，骂我 WPT。这 WPT 是什么意思，我到现在还不明白。请老师告诉我：这是哪句话的缩写？出在哪部书上？"辜鸿铭一抡头道："你连这个都不知道吗？WPT，就是王、八、蛋！"此言一出，哄堂大笑。罗家伦恨得牙痒，却也无可如何。张友鸾最后还强调："北大学生，没有一个不知道罗家伦就是'WPT'的。"①

笔者研究辜鸿铭多年，知其的确有喜骂"王八蛋"之嗜。如清末时他就曾宣称："道二，不是王道，就是王八蛋之道。"后来徐世昌当民国总统，推崇颜、李学派，创办《四存》杂志，辜氏因有反感，也曾放言："'四存'，就是'存四'，可对'王（忘）八'。"由此可以想见，张友鸾所记一事或有可信之处。从前述罗家伦信中对辜鸿铭"骂人"极度反感一点，也可有所验证。若如是，就不难理解何以罗家伦要单独"上书"校方，且对自己的英文老师用语会如此刻薄激烈了。

不过 5 月 3 日那天，罗家伦写好此信后却并未马上送给校方。当天下午，他到清华大学参加一个纪念会，晚上 9 点赶回北大，便又投身到筹备次日集

---

① 张友鸾：《辜鸿铭骂罗家伦 WPT》，载香港《新晚报》，1979-04-03。

会抗议的活动中。在五四运动期间，罗氏有出色表现，他负责起草的《北京学界全体宣言》热血高呼："中国的土地可以征服而不可以断送，中国的人民可以杀戮而不可以低头。国亡了，大家起来呀！"这宣言曾激励无数中国人为爱国救亡而奋起抗争。但对于学生运动，顽固保守的辜鸿铭却并不理解，他因此与罗家伦再起冲突。

据罗家伦后来回忆，五四运动的时候，辜氏曾在日人所办的英文报纸《北华正报》上发表文章，"大骂学生运动，说我们这帮学生是暴徒，是野蛮人。我看报之后受不住了，把这张报纸带进教室，质问辜先生道：'辜先生，你从前著的《春秋大义》，我们读了都很佩服，你既然讲春秋大义，你就应该知道春秋的主张是'内中国而外夷狄'的，你现在在夷狄的报纸上发表文章骂我们中国学生，是何道理？'这一次把辜先生气得脸色发青，他很大的眼睛突出来了，一两分钟说不出话，最后站起来拿手敲着讲台说道：'我当年连袁世凯都不怕，我还怕你？'"[1] 这样，辜、罗师生之间的矛盾就更加趋于激化。

"上书"的正式递交及校方的最初反应

五四运动过去三个月之后，即 1919 年 8 月 8 日，罗家伦终于将上述这封写给北大校方的信呈交给了学校。信中又补充了如下内容：

这封信是五月三日上午写好的，次日就有"五四运动"发生，所以不曾送上。到今日学校基础已定，乃捡书呈阅。还有两件事要附带说明：

（一）本年学校将不便更动教授，但英文门三年级的英诗功课，只有二点钟，可否将辜先生这两点钟减去，让他便宜点儿。这两点钟我和我的同班，渴望主任先生担任。

（二）听说杜威先生下半年在本校教"哲学"同"教育原理"两课。

---

[1] 罗家伦：《回忆辜鸿铭先生》，载台湾《艺海杂志》，第 1 卷第 2 期。

这两课都是对于英文门狠（很）有关系的东西，可否请先生将他改成英文门的选科，让我们多得一点世界大哲学家的教训，那我们更感激不尽了。

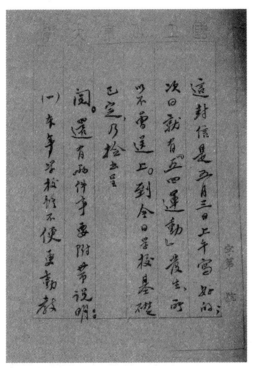

1919 年 8 月 8 日，罗家伦给北大校方的信（局部）

在信末，罗家伦还要求教务长也将此信交给代理校长蒋梦麟一阅（当时蒋氏到校视事仅有 17 天，蔡元培仍辞职未返京）。教务长马寅初收到此信后，相当重视，因信中内容涉及英文和哲学两系的课程安排问题，他当天就将此信转给哲学系负责人、以"辟'灵学'"著称的新派心理学家陈大齐（字百年），让陈与英文系主任胡适商量解决办法。他写道："百年兄：接罗君家伦来函，对于英文与哲学两门功课有所主张，兹特奉上，希与适之兄一商为荷。此请刻安。"至于陈大齐和胡适具体商量的处理意见如何，限于资料，暂无法得知。

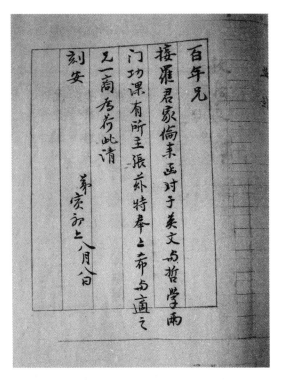

北大教务长马寅初接到罗家伦"上书"当天，请即陈大齐与胡适商办此事之信

从罗家伦所补充的两点内容和马寅初对他的态度来看，五四以后这位学生领袖的地位和说话的分量显然已今非昔比。他竟可以完全不把名扬天下的老师辜鸿铭放在眼里，还大胆以全班同学的名义，公然请求让英文系主任胡适替下辜鸿铭来为他们上英诗课。在笔者看来，罗氏之所以这样做，除了前面所提到的原因，尤其是他和辜鸿铭的冲突过于激化，而英诗又是其必修课而无法逃避之外，同罗家伦在五四运动中与蔡元培、马寅初、陈大齐、胡适以及后来的蒋梦麟等校方高层建立起的"战斗情谊"、密切接触和信任关系，当不无关联（从现存的一些当年通信可知），也同辜鸿铭此时与罗氏本人最亲近、钦佩、依靠的另一老师胡适之间的矛盾和争论业已公开化，有一定关系。至少在心理上，这些都可以给作为学生的罗家伦"上书"壮胆。

两个老师之间的"竞争"：胡适因素蠡测

在北大英文门内，胡适与辜鸿铭不仅是思想上的对头，也是教学上的竞争对手。他们都教英语文学，特别是英诗。起初，胡适仅教一年级的英诗，每周只有 1 课时；辜鸿铭则教二、三年级的英诗，每周都是 3 课时。罗家伦正是胡、辜共同的学生。但罗显然更喜欢胡适的英文课。1918 年，他还在胡适的指导和修改下，与胡适联名发表了轰动一时的易卜生戏剧《娜拉》。1919年 5 月，杜威来华讲学，胡适亲自做翻译，罗家伦则是胡适指定的笔录人之一。他上述补充的有关杜威课程为选修课的建议，就是直接因此而来。

如果说五四以前，辜鸿铭还只是在自己的英诗课堂上对胡适的文学革命论加以批评，那么五四时期经过学生运动的种种刺激，他们之间的正面争论也因此展开。1919 年 7 月 12 日，辜鸿铭应英文《密勒氏评论》之邀，对此前胡适在该报发表的关于文学革命论的文章进行批评，他为此撰写了《反对中国文学革命》一文。随后胡适也有所回应，接着辜氏又于同年 8 月 9 日写完、8 月 16 日再次发表《归国留学生与文学革命——读写能力与教育》一文，继续进攻。在这两篇英文文章中，辜鸿铭骂胡适"以音乐般美妙的声音"谈论所谓"活文学"或"重估一切价值"，其实不过是意义含混不清、让人莫名其妙的骗人把戏，即"套鸟的圈套"而已。中国的文言就像莎士比亚高雅的英文一样，绝非"死文学"。识字与受教育也并非一回事，事实上往往相反。他嘲笑胡适以粗鄙的"留学生英语"鼓吹的所谓"活文学"，最终的结果只能是导致大量"外表漂亮的道德上的矮子"[①] 罢了。

1919 年 8 月 3 日，胡适在《每周评论》上以"天风"为笔名，也发表了题为《辜鸿铭》的"随感录"，对辜鸿铭展开反攻。但他似乎不屑于与辜氏展开学理讨论，而有意采取了"诋毁"其人格的做法。他说辜氏早年最先剪辫，现在又坚持留辫，都只不过是"出风头"的心理在作怪，"当初他是'立异以

---

① 黄兴涛等编译：《辜鸿铭文集》（下），165～174 页，海口，海南出版社，1996。

为高，如今竟是'久假而不归'了"。发表此"随感录"当天，胡适恰好碰见辜鸿铭，辜氏对于文中一些不确的说法，曾当面加以纠正，还扬言胡适在报上"毁谤"了自己，要到法庭去控告他云云，但后来，此事却不了了之。

十余年后的1935年，胡适在《大公报》发表《记辜鸿铭》一文，曾谈到此事。文中写道："辜鸿铭向来是反对我的主张的，曾经用英文在杂志上驳我。有一次为了我在《每周评论》上写的一段短文，他竟对我说，要在法庭控告我。"① 可见他对此仍耿耿于怀。然而胡适对于他在《每周评论》上发表题为《辜鸿铭》的随感录五天后，其得意门生罗家伦就将前述上书正式递交学校、赶辜鸿铭下讲台，以及他和陈大齐等如何商量解决此事的经过，却硬是讳莫如深、只字不提。

这不能不促使我们更加关心罗家伦此信上交北大校方之后辜鸿铭的有关处境问题。从北大英文系的有关课程档案来看，1919年下半年至1920年上半年，正如罗家伦在信中已经得到的消息那样，课程早经排定，无法变动教授，故辜鸿铭二、三年级的英诗课仍得以保留。不过同时我们也看到，胡适的"近代英美诗选"此时却新被正式列入到本学年两个年级的选修课程当中，这无疑满足了罗家伦信中的部分要求。而1920年下半年至1921年上半年，辜鸿铭的英诗课便不复存在。所有英国文学的"诗歌"部分，都改由胡适来上，课为3学分，规定三个年级的学生均可任选。不仅如此，胡适还专门为杜威的女儿等专设了"英国史"、"欧洲古代文艺史"、"欧洲文学史（近世）"三门课程。目前，辜鸿铭究竟何时最终离开北京大学英文系，似还难以确证，但可以肯定的是，自1920年下半年之后，北大英文系的课程表上就已经不再有辜鸿铭的名字了。

或许诚如陈平原等学者所断言，此时辜鸿铭已被北大正式解聘，理由是其"教学不认真"或"教学极差"②。不过，他们都没有提到罗家伦的这封信和其他证据。五四以后，有关辜鸿铭一年内只讲"六首零十几行诗"的说法，早在陈独秀等人的口中就已有流传，而罗氏此信中也正有此说，因此，罗家

① 胡适：《记辜鸿铭》，载《大公报》"文艺副刊"，1935-08-11，第164期。
② 陈平原：《老北大的故事之二：校园里的"真精神"》，载《读书》，1997（5）。亦可参见邓小林：《民国时期国立大学教师聘任之研究》，201页，成都，西南交通大学出版社，2007。

伦很有可能就是此说的真正肇始者。

也因此，人们难免对该信在北大最终解聘辜鸿铭的过程中所发挥的作用，以及胡适当时可能的有关做法，产生一些联想（张中行先生的《胡博士》一文可以进一步激发此种思路①）。同时，陈平原那一理解蔡元培"兼容并包"方针时，对其生动注脚之"辜鸿铭故事"不能"掐头去尾"的机敏提醒，也会因此浮上心头。当然，这一切都还有待新的证据。

1920 年秋，就在辜鸿铭大体失去北大教职的时候，罗家伦、段锡朋等五位杰出的北大学生被蔡元培送往美国留学。临行前，胡适送给罗家伦一首多少让人感到有点暧昧和莫名其妙的诗，题为《希望》。诗写道：

> 要是天公换了卿和我，
> 该把这糊涂的世界一齐都打破。
> 再磨再炼再调和，
> 好依着你我的安排，
> 把世界从新造过。

1920 年 10 月 13 日，罗家伦在赴美的太平洋轮舟上草成《浪漫谈》一文，特将此诗得意地引录于文中。

辜鸿铭在北大的英文教学效果之他证

从罗家伦的该封"上书"中，人们很容易对当时号称中国"英文第一"的辜鸿铭之英语教学的负面评价，留下深刻印象。其实这也不过是罗家伦个

---

① 张中行在《胡博士》一文中写道："说起北大旧事，胡博士的所为，也有不能令人首肯的，或至少是使人生疑的。那是他任文学院院长，并进一步兼任中国语言文学系主任，立意整顿的时候，系的多年教授林公铎（损）解聘了。林先生傲慢，上课喜欢东拉西扯，骂人，确是有懈可击。但他发牢骚，多半是反白话，反对新式标点，这都是胡博士提倡的。自己有了权，整顿，开刀祭旗的人是反对自己最厉害的，这不免使人联想到公报私仇。如果真是这样，林先生的所失是鸡肋（林先生不服，曾发表公开信，其中有'教授鸡肋'的话），胡博士的所失就太多了。"其实，这在胡适，恐早已不是第一次了。——此注为收入本书时所新补。

人的一面之词，并不足为评价五四时期尤其是五四运动以前辜氏在北大英文
教学效果和影响的唯一凭证。

在辜鸿铭和胡适两人共同的英文学生中，除罗家伦之外，较有影响的还
有许德珩、李季、袁振英（笔名震瀛）等人。后两人1915年入学北大英文
门，分别担任班长和副班长，是其中英文造诣较高的学生。袁振英与罗家伦
一道，曾参与过胡适主持的"易卜生专号"，所编译的《易卜生传》是汉文中
关于易卜生最早的传记。他还曾最早为《新青年》大量翻译美国共产党机关
报 *Soviet Russia* 上的文章，成为上海共产主义小组的成员和社会主义青年团
的八个创始人之一。在30年代中期所写的几篇关于辜鸿铭的纪念文章中，袁
振英不仅表示极端佩服辜氏高超的外文修养，还认为他诙谐有趣的教学方法，
"学生也很喜欢"，并经常使得他们"乐而忘倦"。他反对辜氏的顽固态度，但却
同情其热爱中国文化，并不懈地向外进行传播的精神，相反对于胡适"以为中
国简直没有文明可言"的论调，则大表反感。他还声称1915年至1918年三年
间，差不多没有一天不同辜鸿铭见面，而辜氏"也很得学生爱戴，胡适之先生
也比不上。因为北大在五四运动以前，还有许多学生反对新思潮的"①。

李季也是民国时期传播社会主义的重要人物，他翻译出版过《社会主义
史》和《马克思传》等不少有影响的著作。1918年毕业后，胡适曾安排他在
北大代英语课，但他对胡适的为人为学却没有好感，后来更是不断写书批判
胡适的思想与学术。而对于辜鸿铭，他虽不赞成其保守的思想态度和政治立
场，却极为佩服其学问、人格魅力和教学方法。在30年代初所著的《我的生
平》一书中，李季大赞辜鸿铭乃"全中国英文学巨擘"，"为人极严正、刚直、
廉洁，不独擅长外国文学，并精研西洋的历史，素为世界有名的学者所推
重"。并表示在北大几年间，与辜鸿铭"关系最深，得益也最大"②。他深情地
回忆辜氏对他"始终像慈母一般爱护"、"像严父一般督责"，每遇他有过失，
即当面指斥、不稍宽贷的情形。他承认除了政治主张绝不同意辜氏之外，"在

① 震瀛：《记辜鸿铭先生》及"补记"、《辜鸿铭先生的思想》，分别载《人间世》第18、28、34
各期，1934—1935。

② 李季：《我的生平》，140～141页，上海，亚东图书馆，1932。

其余的行为中几乎都唯他的马首是瞻。例如不趋炎附势、阿谀取容，不将照片登在同学录上，教课时不肯迎合学生的心理、加以赞许，且常当面督责，这几点都是由他直接传染"①。对于辜鸿铭极度重视学生英语发音，经常选择一些浅近而有趣味和音节的诗句来让学生练习口音的教学法，李季也由衷叹服，认为这是当时一般英文教员都不注意的地方，但对于中国人学英语来说，却又是不容忽视的关键环节。他还生动地介绍了辜鸿铭见到学生口音不准时，总是说"open your mouth wide"（把口张大些），并将 5 个元音字母的发音部位用图示的办法，一一加以标明等一些具体的细节。

不过，在李季的记述中，最令人对罗家伦"上书"驱辜一事产生对比，对当时北大英文门的教学产生感慨的，还是 1916 年底蔡元培接掌北大之前，他们全班同学曾集体驱赶一位老师，兴奋地迎来辜鸿铭的故事。此前，其主要的专任英文教师 C 先生常以妓院为家、从不好好地备课和上课，这引起他们的强烈不满，因而激烈要求校长改聘辜鸿铭来给他们上英文课。为达到这一目标，他们甚至不惜罢课数星期，最后才迫使原校长点头应允。李季对此特别记述说："自 C 去而辫子先生来，我们不啻'拨开云雾见青天'，大家都有长足的进步，而我因得到他的特别指教，尤为孟晋。"②

有趣的是，不到三年，这位学生心目中的"青天"，转而却又成为"新青年"罗家伦驱赶的对象。这时，学生驱赶老师的理由和方式也已发生新的变化。因此，从某种意义上可以说，我们所新见到的这份北大档案，不仅为今人认知五四时期的新旧之争，也为感受当时正变化着的大学师生关系，提供了一点新的历史依凭和资源。

晚年罗家伦对辜鸿铭之"论定"

最后，让我们还是回到该信的作者罗家伦，读读他晚年所写的那篇《回

---

① 李季：《我的生平》，181～182 页。
② 同上书，161 页。

忆辜鸿铭先生》的文章，看看他对昔日所驱赶的这位老师究竟作何评价。我们发现，在该文中，罗氏早已不再有往日的那种年轻气盛，他虽然还是将辜氏归为"老复辟派的人物"，还是认为其思想行为"不免故意好奇立异，表示与众不同"，但却始终都尊称辜鸿铭为"先生"。他记述自己曾跟辜鸿铭上英诗课三年，前后背熟过几十首英文长短的诗篇。当时上课最难的不是背诗，而是用英文翻译千字文，"这个真比孙悟空戴紧箍咒还要痛苦"。他再也没提辜鸿铭的教学效果问题。在讲述辜氏趣闻逸事的同时，罗氏总掩饰不住对这位老师的文学天才和外语能力表示钦佩之意。他赞辜鸿铭是一个无疑义的"有天才的文学家"，认为其"英文写作的特长，就是作深刻的讽刺"，有时"用字和造句的深刻和巧妙，真是可以令人拍案叫绝"。他还强调："善于运用中国的观点来批评西洋的社会和文化，能够搔着人家的痒处，这是辜先生能够得到西洋文艺界赞美佩服的一个理由"等等。可见历经几十年的文化人生和学术磨砺，他对辜鸿铭的认识评价已经相当平静、理性和客观了。

不过，同胡适一样，晚年的罗家伦也丝毫没有提到他早年曾"上书"北大校方、处心积虑赶辜鸿铭"下课"之事。要不是档案还在，我们今天恐怕也永远无缘了解此事的真相了。值得一提的是，这一隐瞒，实际上已经造成某种误导。有的罗家伦研究者已然声称，罗氏当年在主张新文学和新文化之余，还能"兼容并蓄"，比如对像辜鸿铭那样顽固而有见识的学者的授课，他也会经常主动地去听听，云云。这一类历史的误会固平淡无奇、屡见不鲜，却又总让人感到遗憾和无奈。

好在"隐瞒"的历史本身，也往往带给史家意外的收获，并引发读者别样的感悟，这又何尝不是一种历史的补偿呢？

十一、畸变的历史：近代中国"黄色"
词义变异考析①

　　近年来，时常有学者或文化人从中国民族文化自尊的角度强调，不宜再将"黄色"一词作为色情和淫秽的代名词来使用。他们认为，这一中国传统语境中本来象征高贵和尊严的色彩词，其含义的剧烈转变其实历史并不长，不过是近代以来中西文化互动的变异产物。然而这些文章未能深化探讨"黄色"一词内涵演变的近代轨迹，未能深入揭示其"淫秽"含义在中国得以生成的具体历史过程、时代契机与因缘，并在此基础上分析其所潜藏的文化意蕴。故此，本文试图在这些方面，作出新的研究努力。

传统语境下"黄色"一词内涵的基本倾向及近代延展

　　在任何一种文化中，赤橙黄绿青蓝紫都不仅是只表示物理含义的颜色词，而且还被赋予各种不同的文化内涵。在中国传统文化中，"黄色"基本上属于

　　① 本文系与硕士研究生陈鹏合写，曾发表于《历史研究》，2010（6），原题为《近代中国"黄色"词义变异考析》。收入本书时，文中最后一个小标题略有变动。

被崇尚的颜色。不仅汉民族很早就尚黄，很多与"黄"相连的组合词汇，多富积极含义，而且在藏族和维吾尔族的传统文化中，也有类似现象。藏传佛学的知名研究专家扎雅·罗丹西饶活佛说："黄色作为佛之增业的本色，是福、禄、寿、教证（指教法和证法）兴旺发达的象征。人们把黄色作为尊贵、高尚的象征，特别尊重。"① 这与蒙古族和汉族里的佛教文化相通。② 在维吾尔族文化里，黄色象征着"丰收、阳光、高贵"，黄色为金色，这种意念化的延伸与古代维吾尔人崇拜太阳神的信仰有关。③

　　时至近代，种族的肤色区分及其西方知识也影响了中国人对"黄色"的文化感知。据汉学家冯客研究："在欧洲，黄色种族的观念也许起源于 17 世纪末，乃是对耶稣会士关于黄色的符号价值之记载的反应……'黄种人'的观念在 19 世纪的西方文学中被迅速普及。它通过传教士传到中国。"就种族分类而言，尽管分类图式各异，但"绝大多数西方科学家，当他们援引肤色标准时，却建议使用白种、黄种和黑种这样的分类法。这一三分的图式与诺亚的三个儿子相对应——山姆（Shem）、加弗斯（Japheth）和哈姆（Ham），它们的后代分别居住在三块大陆"④。近代中国人在与西方列强的接触和对抗中，对自己"黄种"的肤色和"黄种人"的归类，逐渐具有了强烈的自我意识，加之德皇威廉二世等有感于日本在经济、军事方面日益强盛的现实威胁，在西方鼓噪"黄祸论"，又从反面刺激和强化了这一意识，因而为中国传统的"尚黄"文化，注入了新的时代内涵。20 世纪初年，中国人的黄种自觉意识空前高涨。当时国人对"黄"和"黄色"等字词格外敏感，特别是那些以黄帝作为祖先的革命者，往往以"黄"字自名，用于表明自己的汉族认同并致力

---

① 扎雅·罗丹西饶著，丁涛、拉巴次旦译：《藏族文化中的佛教象征符号》，汉文版序，5 页，北京，中国藏学出版社，2008。

② 除了儒佛之教崇"黄"外，中国本土的道教，也呈现出一种尚黄的特色。参见姜生：《道教尚黄考》，载《中国哲学史》，1996（1—2）。

③ 参见阿布都克力木·热合满等：《维吾尔习俗》（维吾尔文），161 页，乌鲁木齐，新疆青少年出版社，1996，转引自乌买尔·达吾提：《维吾尔语颜色词的文化特征探析》，载《语言与翻译》，1999（1）。

④ 冯客著，杨立华译：《近代中国之种族观念》，51、52、72 页，南京，江苏人民出版社，1999。

于激发同类的民族与种族自尊观念。如黄轸更名为黄兴，陈天华取笔名为思黄，秦力山的笔名叫巩黄，章士钊的笔名竟有黄藻、黄中黄、"黄帝子孙之一个人"等等。

由于西方种族学知识的传入和民族意识的强化，20世纪初年的革命者产生了总结传统"尚黄"文化的自觉。国粹派代表刘师培作于1905年的《古代以黄色为重》一文，开篇就写道："近代以来，种学大明，称震旦之民为黄种。而征之中国古籍，则五色之中，独崇黄色。"刘师培通过整理汉籍里"黄"的用法，提出黄训为光，"故震旦支那之义，皆起于光辉"；同时，黄与皇通，"故上古之君，皆称为皇。黄帝者，犹言黄民所奉之帝王耳"；女娲抟黄土为人，为"富贵贤智者"之谓，实不得完全以荒谬斥之，强调明末清初思想家王夫之的名著《黄书》所以以"黄"字命名，正体现了此种精神，等等。① 刘氏此文是对传统"尚黄"文化的一次较为系统的总结，也是他从政治文化角度对当时兴盛的种族和民族革命浪潮的一种独特呼应。

进入民国后，对"黄色"的文化尊崇并没有因帝制的覆灭而消亡，而是得到进一步延展。1923年，闻一多在诗作《色彩》里称，"绿给了我发展，红给了我情热，黄教我以忠义，蓝教我以高洁"②。其中，黄色仍然被视为民族"忠义"文化的代表。1925年，《东方杂志》发表《颜色与心理》一文，依然强调"'黄'是色中最庄严的一种。我们一见宫殿的金碧辉煌，寺院的庄严灿烂，无有不起一种崇拜偶像之感。这便是我们感觉黄色的一种习惯的反应……黄色含有表彰'尊严'和'高贵'的意味"③。1929年，一篇题为《我们的黄色》的散文凝聚了新的时代政治文化特色和现代民族自觉内涵，以喷薄的激情和诗一般的语言，真挚和热烈地拥抱"黄色"，反复声称"我们是黄色的我们！我们爱我们的黄色！"：

> 我，素性，喜欢黄色，喜欢我的黄色胜于其他各色：因为红绿，在我的眼里，是虚饰的象征；黑白，在我的神经上，是相争底表示。只有

---

① 参见刘师培：《刘师培全集》，第4册，46页，北京，中共中央党校出版社，1997。
② 《闻一多选集》，第1卷，72页，成都，四川文艺出版社，1987。
③ 《颜色与心理》，载《东方杂志》，1925年第22卷第4号。

那诚实而和平的黄色，最惬我的心，最能博得我的爱慕。……

……为我们所足践的，是结实的黄土；为我们所身衣口食的，都是从黄土中生产出来的。黄色是我们的人种；黄帝是我们的族祖；黄河两岸是我们所居的可爱的家乡。我们所宗所有的都系黄色；黄色是我们生于斯，长于斯，一切于斯的本色。黄色的我们，难道不喜欢，不爱慕我们的黄色吗？

我们既是黄色的人，应该保护我们黄色的纯洁，发扬我们黄色的精神，光耀我们黄色的华彩；使红绿自愧其污秽，使黑白不夸其纯单，使其他各色渐渐地同化于我们的黄色！

我盼望黄色的人们，宁死也不愿丧失我们固有的色彩。……

我们是黄色的我们！我们爱我们的黄色！①

这里，一种以黄种及自身文明为基础的现代民族认同观念，已经蕴藏其内。这或许是当时国人表达尊崇民族色彩之黄色最为生动和具有代表性的文字。

1934 年，时任广州市长的刘纪文郑重提议定黄色为市色，明确从象征色彩与民族国家关系的角度阐述理由，他在提案中写道：

近世各国，关于国制之旗帜器服，莫不有其规定之色素，以代表其国家民族之精神，至其他各大城市，亦多有采用某色以代表其区域之精神者，是知色素之与国家民族及地域关系之为何如矣！本市民物繁庶，为西南各省都市冠，复以其对外交通利便，已渐跻于国际都市之林，实中外观瞻所系，自宜规定市色，以崇体制而表精神。查七色之中，以黄为尚，夫五行于土色为黄，是广土众民之义也。五方于中央为黄，是致中和育万物之义也。又黄老人也，诗乐只君子，遐不黄耇，则绵历久远之意存焉。又黄稚年也，男女始生为黄口，则发荣滋长之意存焉。况我族为黄帝轩辕氏之后，古称黄虞，又曰黄炎，黄之历史已久，黄之意义

---

① 黎祯祥：《我们的黄色》，载《我们的教育：徐汇师范校刊》，1929 年第 3 卷第 6 期。

弥彰。因拟定黄色为本市市色。是否之处，合提请公决。①

该提案经该市第 131 次市政会议议决通过，黄色因此一度成为广州市的市色。这一具有代表意义的事件表明，时至民国中期，20 世纪初年所形成的以"黄色"作为民族国家象征色彩的概念含义，仍然在一定程度上得到了继承和重视。甚至可以说，它继续构成许多中国人现代民族国家意识及认同的有机组成部分。

具有讽刺意味的是，十年之后，中国人长期珍重、近代以降又格外赋予其民族象征意义并声称应"保护其纯洁"的"黄色"，在社会流通层面竟然迅速地加入了庸俗和淫秽之义，而且这一负面含义日益显豁和占优，与象征高贵、尊崇的传统含义矛盾并存。在这一变化过程中，正如许多学者所已经指出的，西方有关"黄色"概念的传入，无疑产生了直接影响。可是，这些概念究竟何时传入中国，其影响又是如何实现的？这些问题，迄今尚没有得到学界应有的解答。

"黄色新闻"与"黄色工会"：西方贬义的黄色
概念传入中国考

在英文里，作为黄颜色对应词的"Yellow"，除了表颜色的本义之外，亦带有一些贬义色彩，1918 年出版的《韦氏新国际英语词典》就标示其有"嫉妒、忧郁、怯懦、吝啬、卑劣可耻、骇人听闻"② 的含义，此类基本语义延续至今没有发生显著的变化③，且一直未见色情、下流、淫荡之意味，而英语世界真正与色情相对应的颜色词应该是"Blue"，指（电影、笑话、故事等）含

---

① 《市长提议拟定黄色为本市市色意见案》，载《广州市政府市政公报》，1934（487）。

② *Webster's New International Dictionary of the English Language*，p.2361，Springfield，Mass：Merriam，1918.

③ See *Oxford Dictionary of English*，p.2042，Oxford；New York：Oxford University Press，2005；*Collins English Dictionary*，p.1861，Glasgow：Harper Collins Pub.，2006.

有性欲或色情的内容，如色情电影即称"Blue Movie"。① 在俄语、法语和德语等语言里，表示黄颜色的词汇，象征意义特别是消极含义虽有差别，但也均无直接的淫秽内涵。② 实际上，要想找到主淫秽含义的中文"黄色"一词的概念来源，无法直接从外文颜色词里面得到现成答案。只能先回到中文世界，从相关的外来词演变本身去找线索。

据笔者查考，在近代中文词汇里，来自西方、带有"黄色"二字且真正传播开来的外来词和新概念，其实只有五个，它们都是复合词，即"黄色新闻"、"黄色工会"、"黄色国际"、"黄色组合"和"黄色贸易"。尤以前两个影响较大。

"黄色新闻"，英文作"Yellow Journalism"或"Yellow Press"。1929 年出版的《不列颠百科全书》收录了该词条，指出在 19 世纪末报纸发行量竞争激烈的背景下，一股哗众取宠、耸人听闻的新闻浪潮风靡美国，此类新闻被称为"黄色新闻"。其中普利策和赫斯特两位报人的竞争将此风推向极致，其影响在于很多报纸改变了内容特色，并采用通栏大字标题等手法。③ 新近发行的《不列颠百科全书》更给予其明确定义，标明"黄色新闻""指报纸出版中利用过分渲染的文章和耸人听闻的消息以吸引读者和增加销路"，并进一步指出其利用彩色连环画和大量图片的做法得到广泛使用。④《大美百科全书》则特别说明"黄色新闻"系不惜编造不以事实或主题为依据的新闻，突出报导犯罪行为、性行为、暴力事件等，并详细介绍了两家报纸利用衣衫褴褛、长着一口参差不齐的牙齿、外衣印上一层淡淡的黄色的"黄色小孩"展开竞争的情形，"黄色刊物"、"黄色新闻"等专门术语也由此而生。⑤ 在《苏联百科

---

① See *Oxford Dictionary of English*，p. 182.

② 参见黑龙江大学俄语语言文学研究中心辞书研究所编：《大俄汉词典》，521 页，北京，商务印书馆，2001；薛建成主编译：《拉鲁斯法汉双解词典》，1069 页，北京，外语教学与研究出版社，2001；肖金龙：《中德语言颜色象征意义对比》，载《武汉大学学报》（哲学社会科学版），1994（4）；等等。

③ See *The Encyclopaedia Britannica*，vol. 16，p. 357，London：Encyclopaedia Britannica Co. Ltd；New York：Encyclopaedia Britannica, Inc. ，1929.

④ See *The New Encyclopaedia Britannica*，vol. 12，p. 832，Chicago, Ill. ：London Encyclopaedia Britannica，2007.

⑤ See *Encyclopedia Americana*，vol. 29，pp. 663 - 664，Danbury, Conn. ：Scholastic Library Pub. ，2006.

词典》里，列有"黄色报刊"一词，解释是："竞相发表耸人听闻的丑闻和虚假消息的反动资产阶级报刊。"① 不难看出，"黄色新闻"一词产生至今，西方人对它的诠释尽管各有侧重，略显差别，甚至被赋予明显的阶级意味，但捏造、夸张、刺激、渲染、耸人听闻的核心内涵一以贯之，没有多少变异，更无法从中直接推出色情、下流、淫秽的特指语义来。

"黄色工会"，英文作"Yellow Union"。《苏联百科词典》解释为："指领导人推行同企业主进行阶级合作政策的工会。"② 《辞海》的释义更详细："黄色工会，一般是指被资本家收买、控制的工会。据传说，1877 年法国蒙索莱米讷市一厂主收买工会，以破坏罢工；罢工工人打碎工会的玻璃窗，资方用黄纸糊补，故被称为'黄色工会'。"③ 这一语义在西方多个语种里均有体现，俄语里"黄色"可以表示"妥协主义的，出卖工人阶级利益的（指工会等）"；法语里"黄色"有"破坏罢工者"的意思；西班牙语里的"黄色"亦可解释为"（与资方）同流合污"④ 等等。可见，"黄色"一词在西方普遍渗透到政治运动之中，并程度不同地带有右翼、妥协、改良意味。该词还由此衍生出"黄色国际"（指第二国际）、"黄色组合"（指第二国际及改良派等的联合组织）等一系列政治色彩浓厚的词汇和概念，它们在民国时期，也都曾得到一定的传播。

至于"黄色贸易"，则是由"黄祸"论发展而来，指的是"日本的以绝对侵略性向欧美市场发展的一种贸易政策"⑤。它与中文"黄色"的现代语义变化几无关系，也传播甚少，故毋庸多言。

下面，大体看看"黄色新闻"和"黄色工会"这两个影响较大的西来概念在中文世界里的传播情形。

就笔者所见，早在 1914 年，《东方杂志》就已有文章从批评的角度谈到

---

① ② 《苏联百科词典》，542 页，北京，中国大百科全书出版社，1986。

③ 《辞海》，第 2 册，964 页，上海，上海辞书出版社，2009。

④ 黑龙江大学俄语语言文学研究中心辞书研究所编：《大俄汉词典》，521 页；薛建成主编译：《拉鲁斯法汉双解词典》，1069 页；孙义桢主编：《新时代西汉大词典》，124 页，北京，商务印书馆，2008。

⑤ 《黄色贸易》，载《申报月刊》，1935 年第 4 卷第 3 号。

了"黄色纸"。其文曰:"美报固有一大缺点……即置重兴味轻视事实是也。此种恶风,行之已久,今可谓达于其极。阅报者即对于实事,常疑美报为虚中构造,是非受黄色纸之反动。"① 这里的"黄色纸"指的是刊载捏造不实报道,以迎合读者趣味的不良报刊。由于该文是专门谈论世界各大报纸的内容并进行比较,故其介绍具有一定的专业性。四年后的 1918 年,该杂志登载了一篇专门记述纽约报纸的文章,又使用了"黄色新闻纸"概念,提到:"有所谓黄色新闻纸者,犹言轻薄之新闻纸也。考其语源,则纽约世界报,于日曜附录中,好以儿童入画。而画中之儿童,又必着黄色之衣服。世人则以此为其挑拨性之隐语。"② 直接赋予"黄色报纸"以轻薄、挑拨之特质。这种摄义取向,为以后的可能转义埋下了伏笔。

1924 年,《国闻周报》有人专文介绍美国的新闻事业,对"黄色新闻"的外延作出明确界定,认为黄色新闻就是那些刻意耸人听闻、引人兴趣的新闻,而"所谓动人耳目之新闻者,不外乎各地暗杀、抢劫、离婚、苟合之事"③。1933 年,《申报月刊》的"新辞源"专栏,更有对这一概念的特别介绍:"黄色新闻(Yellow Press),是指将某种琐屑的新闻,借记者的一特殊活动,而使成为一件'特别纪事'之谓。此种新闻的特色,就在于'新奇动人'。因之他是不惜无中生有或牵强附会,将一新闻,加之以特别的渲染,成为一夸张曲折的特别纪事。"作者并强调,此类新闻做法在中国"似正盛行于各报之间"④。这些介绍虽然还很零星,但大体准确地反映了"黄色新闻"和"黄色报刊"在西方的基本内涵。

在随后的 30 年代中期至 40 年代初期,国内对"黄色新闻"概念的介绍和使用逐渐增多,认识和理解也日益丰富、具体。不仅有些专业的新闻学研究刊物对西方的"黄色新闻"进行介绍和评论,还有一些社会上流行的大众知识辞典,也都将该词收录其中,由此可见其传播的深度与广度。

---

① 《世界新闻纸内容之比较》,载《东方杂志》,1914 年第 10 卷第 11 号。
② 持三:《记纽约世界报》,载《东方杂志》,1918 年第 15 卷第 9 号。
③ 汪英宾:《美国新闻事业》,载《国闻周报》,1924 年第 1 卷第 14 期。
④ 《申报月刊》,1933 年第 2 卷第 11 号。

如 1935 年，复旦大学新闻学会主办的《新闻学期刊》第 1 期，有两文谈到美国的"黄色新闻"，一则强调"黄色化"的普遍为近代美国新闻事业特点之一，指出"所谓黄色，其意系指用黄金万能的手段，为办报方针的报纸。换言之，即是办报者不惜巨金，聘请优秀之记者，收罗足以骇人耳目的新闻，用劝诱夸张的编辑方针，使中下层读者对之极感兴味"①。一则将"黄色新闻"作为新闻罪恶加以谴责，认为它是世界上最令人作呕的东西，充满着威吓、哄骗、诬蔑、麻醉，是"民众的仇敌"②。"新闻罪恶"的认知几年后在燕京大学新闻学会主办的《报学》里得到回响，有学者著文干脆将黄色新闻理解为"罪恶新闻"，认为中国小报为了维持生计，"将罪恶新闻扩大、渲染，使之能迎合低级趣味，而吸引更多的读者"③，这违反报业道德，贻害社会。

相比之下，当时一些词典对"黄色新闻"的解说，似更能反映其社会化传播的水准。1936 年，《大众实用辞林》已收录"黄色新闻"一词，认为"黄色新闻"是新闻纸的第四版，所载多为社会琐事。④ 1937 年，《现代知识大辞典》的专门词条则认为，"黄色新闻即专登软性的'社会新闻'，铺张扬厉，绘声绘影，以吸引读者"⑤。1940 年，《抗战建国实用百科辞典》将黄色新闻解释为"指报纸上所记载关于盗窃、风化及其他一切足以合迎一般人的低级趣味的新闻"⑥。

可见在内容上，当时中国人所理解的"黄色新闻"之负面意义，不仅包括刺激、暴露、捏造、污蔑、挑拨、欺骗、麻醉，也包括了软性、轻薄、低级趣味等等方面。而就低级趣味而言，则多是泛指，不仅涉及所谓风化，也指涉盗窃、暴力等等方面的新闻。如 1936 年，左翼作家夏衍在一篇影评中，就用"黄色新闻"专门指代盗匪之类的新闻。⑦

① 唐克明：《近代美英新闻事业鸟瞰》，载复旦大学新闻学会：《新闻学期刊》，1935（1）。
② 胡子：《现代新闻事业的危机》，载复旦大学新闻学会：《新闻学期刊》，1935（1）。
③ 首第成：《报纸与罪恶新闻》，载燕京大学新闻学会：《报学》，1941年第1卷第1期。
④ 参见蔡丏因：《大众实用辞林》，889页，上海，世界书局，1936。
⑤ 现代知识编译社：《现代知识大辞典》，956页，上海，现代知识出版社，1937。
⑥ 文化供应社编：《抗战建国实用百科辞典》，436页，桂林，文化供应社，1940。
⑦ 参见夏衍：《〈怒焰〉观感》，载上海《大晚报》，1936-08-09，转见《夏衍全集》（电影评论·上），168页，杭州，浙江文艺出版社，2005。

不过也应看到，这一时期已有用者有意无意地将黄色新闻与色情相关的词汇、事件混用，体现出一种向后者转化的过渡性倾向。正是在这一类自觉或不自觉的使用过程中，"黄色新闻"原本包有的色情部分，在寓意范围内被逐步前置。比较早的，如评论家柯灵在 1939 年的《乐祸篇》中谈到上海色情文化的流行时，就以刊登淫文秽词、猥亵文字的小报居首，强调这些低俗的东西即是"给黄色新闻做材料"①，这里的"黄色新闻"虽不特指淫秽、下流的新闻，但在相互混用中，已蕴涵滑向此端的可能。在古代中国，表达男女之间的暧昧关系、感情纠葛时，往往使用"桃色"、"花边"、"粉色"这些词语，可在 1941 年《中国艺坛日报》的一则报道中，则明确将桃色事件纳入"黄色新闻"②，这或许预示了"黄色"含义向淫秽进一步转化的某种可能性。

值得指出的是，到 40 年代中后期时，"黄色新闻"语义的变异忽然加速，色情的主导含义得以迅速确立。如前所述，"黄色新闻"因为其自身即蕴涵低俗新闻之意，而此类新闻又不可避免地大量涉及男女关系、色情、淫秽之事，故易被与表示色情意义的词汇混用，久而久之其原来多方杂陈的广泛意义范围逐渐萎缩，色情、淫秽之意则愈发凸显。同时，对于这一时期"黄色"词义的扩散而言，"黄色新闻"的酵母作用得以充分发挥，其淫秽庸俗的含义波及其他文化部门。而"黄色"在"黄色音乐"和"黄色电影"等领域里被极端狭隘的"色情"化使用，反过来，又进一步约定了"黄色新闻"的淫秽含义。

这一时期，人们在谈论"黄色新闻"时，常常将其与"海淫海盗"紧密联系在一起。不少报刊在介绍黄色新闻时，总爱冠以"海淫海盗"之类的修饰词，而所列新闻，也多为社会新闻中猥亵、卑鄙之事。③ 有人甚至谴责黄色新闻实际上意味着："社会之淫乱盗窃，报纸加以宣传后，使淫乱盗窃者技术越发高超。"④ 1947 年，国民政府内政部长张厉生在记者招待会上强烈要求减

---

① 柯灵：《柯灵杂文集》，228～229 页，北京，三联书店，1984。
② 《桃色事件：黄色新闻》，载《中国艺坛日报》，1941-03-23。
③ 如《大报的黄色新闻》，载《精华》，1946 年第 2 卷革新第 32 期。
④ 许孝炎：《我所见到的中国新闻事业》，载国立政治大学新闻学研究会编：《新闻学季刊》，1947 年第 3 卷第 1 期。

少刊载黄色新闻，直接将其与低级趣味等同起来，指责其"不是荒唐，便是无耻，自然更没有教育的意义"①。尤其值得一提的是，1947 年南京中央政治大学新闻研究会主办的《新闻学季刊》登载《新闻道德之研究》一文，明确认定"黄色新闻"一味地偏爱夸张渲染之手法，势必走向低级趣味："为满足读者之好胜心理，集中注意力于污秽故事，人家私事，淫书淫画等。"② 这既是时人从专业角度，对"黄色新闻"走向淫秽内涵之趋向和成因的一种分析和警告，同时也表明这一走向在当时已经或正在进一步地成为新闻的现实。

　　"黄色新闻"色情含义的强化和形成，还体现在其他方面。这一时期，已有学者对所谓"软性新闻"、"花边新闻"和"黄色新闻"进行自觉区分，认为前两者意在调剂读者的阅读兴趣，是新闻工作者对于各种含有趣味和幽默感的逸闻趣事，用轻松的笔调，加以报道和刊载的可取形式。在这种情况下，增加一个花边，取一个富有意味的标题，未尝不可。但若是掺杂了低级趣味的因素，有伤道德风化，则失去了其趣味之价值，这才流为"黄色新闻"。③还有人专从色彩的文化象征角度，对新闻类型加以区分，认为所谓"白色新闻"指的是歌功颂德、指鹿为马、黑白颠倒的替政府宣传的新闻；"黑色新闻"即内幕新闻；作者虽未明确给"黄色新闻"下定义，但根据其后文对上海文化的批判可以推断，那些狎亵色情、荒淫无耻、荒诞神奇、海淫海盗的东西即为"黄色新闻"所统辖。④ 在此，早期"黄色新闻"包罗万象的含义已经被白色、黑色新闻所分解，意义进一步狭隘化和明确化。与此同时，以前通常所谓的"桃色新闻"之正式名目，这一时期也已明确被"黄色新闻"所替代。如 1944 年，《上海社会月报》在创刊号的"黄色新闻"专栏里，明确指出："'黄色新闻'即'桃色新闻'，内容是绯色的，在新闻学上有这个专门的名词，扩大一点说，就是社会新闻，不过它的质素'粉红色'一点吧了。"1946 年，有杂志报道作家丁玲"恋爱成功"的消息，采用了"赤色圈里的黄

----

① 唐汕：《新闻副刊的社会意义》，载《申报》，1947-06-27。
② 国立政治大学新闻学研究会：《新闻学季刊》，1947 年第 3 卷第 1 期。
③ 参见胡博明：《新闻价值的衡量标准》，载《大众新闻》，1948 年第 1 卷第 6 期。
④ 参见知微：《上海，这没有文化的城》，载《人民世纪》（南京），1949 年第 1 卷第 3 期。

色新闻"① 之说法。凡此种种，都证明这一时期"黄色新闻"的淫秽色情含义基本上已经定型了。

我们还可以从 1947 年至 1949 年间，一些新闻界的学者有感于国人对"黄色新闻"原意的扭曲，撰文为"黄色新闻"正名的事实，从一个侧面验证上面的判断。1947 年，邵燕平撰写《"黄色新闻"的罪恶》一文，提出："国人每聆'黄色新闻'四字，多引起桃色故事的联想，以为男女、三角等问题等构成的事件，称为'黄色新闻'，实则黄色新闻包罗颇广，初不限于男女、三角等问题所构成的事件。"② 1948 年，一篇题为《黄色新闻的起源》的文章，也对当时人们误解"黄色新闻"的原义，提出辨析。指出："其实这名词已有半个世纪的历史，在新闻学上已是个众所公认的称谓，并非任何人所杜撰……现在中国所谓'黄色报纸'，是指的一般四开小报，也就是那些不以报道正式新闻为主体，而专门刊载内幕新闻侧面消息以至主要用低级趣味吸引读者的小报，这种报纸，其实与新闻史上所谓的'黄色新闻'，颇有不小的差别。"作者因此回溯了美国"黄色新闻"起源的种种故事，指出西方黄色报纸"专以刺激感情方式处理新闻"为特征，并特别强调，西方"黄色新闻"那种内具的自由正义的追求之内涵，实远为当时的中国新闻界所不可企及："现在的小报还算不了黄色报纸。即使'黄色'也罢，如果能像普列哲那样为自由正义而奋斗，在今日的中国到是应该欢迎之不暇的。"③ 这种对中西方"黄色新闻"内涵差异的批评，说明这一时段"黄色新闻"词义被歪曲和误解，绝非零零星星的个别现象，而是已然成为一种社会常态。

需要说明的是，尽管"黄色新闻"的色情含义已经为社会广泛采纳和接受，但基本正确的理解和使用，在一部分人那里是依旧存在的。④

---

① 《赤色圈里的黄色新闻：丁玲恋爱成功》，载《精华》，1946 年第 2 卷革新第 2 期。
② 国立政治大学新闻学研究会：《新闻学季刊》，1947 年第 3 卷第 2 期。
③ 目文：《黄色新闻的起源》，载《大众新闻》，1948 年第 1 卷第 4 期。
④ 参见姚炯：《取缔黄色新闻》，载《申报》，1945-04-28；吴啸亚：《宣传工作之检讨与意见具申》，1948 年 8—9 月，见《中华民国史档案资料汇编》第 5 辑第 3 编《文化》，90 页，南京，江苏古籍出版社，1999。两文中所提的"黄色新闻"均为恶意渲染之新闻，而无淫秽意味。其他类似例证不赘引。

同"黄色新闻"相比，"黄色工会"及相关词语内涵的输入和传播，则要清晰和简单得多。据笔者所见，早在 1921 年中共驻共产国际代表团的俄文文件《中国共产党第一个纲领》里，就提到："中国共产党彻底断绝同黄色知识分子阶层及其他类似党派的一切联系。"① 这里的"黄色"带有阶级调和、改良之意，同时也表明这一语义承袭了苏俄的理解。在 1922 年的《中国共产党加入第三国际决议案》和 1925 年《对于中央执行委员会报告之决议案》② 等文件里，又用到"黄色国际"、"黄色工会"等词，也都是沿袭苏俄的用法。在以后的中共文件里，这一语义被大量、反复使用，用来指斥国民党领导下的工人组织。

在 20 至 30 年代的中国，"黄色工会"等词广泛流传到社会。不少人文社会科学方面的辞典收录并介绍了这些词汇和概念的含义。如 1929 年出版的《社会科学大词典》就说黄色"为右翼、妥协的渐进派和改良派的象征。赤色为左翼、战斗的急进派和共产派的象征。中立派则属于桃色"，黄色国际指"第二国际"，"黄色组合"则是"对赤色组合讲的话，又叫做阶级协调组合"③。同年上海南强书局出版的《新术语辞典》亦持同样看法。1936 年出版的《大众实用辞林》也解释说："黄色国际就是第二国际；黄色组合谓主张劳资妥协的改良主义的组合。"④ 1937 年，《现代知识大辞典》则说："黄色工会指不主张革命、赞助劳资协调的工会。"⑤ 类似的例子不一而足，其传播之广泛可见一斑。

有关西方黄色这一语义的传播，还体现在国人特别是左翼文化人的有关实践中。丁玲作于 1932 年的《五月》一文，就有"白色"和"黄色"的资本家与买办们的说法。⑥ 夏衍 1933 年发表的《关于〈脂粉市场〉之结尾原编剧人有所声明》一文，则有"黄色之欺骗与自慰的梦想"⑦ 的句子。"黄色"都

① 《中共中央文件选集》，第 1 册，3 页，北京，中共中央党校出版社，1989。
② 同上书，70、327 页。
③ 高希圣等：《社会科学大词典》，256、646 页，上海，世界书局，1929。
④ 蔡丏因：《大众实用辞林》，889 页，上海，世界书局，1936。
⑤ 现代知识编译社：《现代知识大辞典》，956 页，上海，现代知识出版社，1937。
⑥ 参见《丁玲全集》，第 5 卷，8 页，石家庄，河北人民出版社，2001。
⑦ 《夏衍全集》（电影评论·上），5 页。

是在贬义上使用的。①

"黄色工会"一类词汇中的"黄色"用法原本与色情无关，但增添了"黄色"的负面意味，很容易与颓废、麻醉、腐朽等词语概念联系起来，故在后来"黄色"词义实现畸变的过程中，实际上起到了某种催化剂的作用。

"黄色"一词淫秽含义的生成、扩散与定型

"黄色"一词成为色情的代名词，与"黄色新闻"有直接关系。但该词的含义在中国从耸人听闻的刺激性新闻，到狭隘化成淫秽色情新闻的转换，既不是孤立地在新闻学内部实现的，其最终的社会化，也是"黄色"一词跳出新闻业以后，波及其他诸多文化领域后才得以形成的结果。

这种以"黄色"为纽带的跨领域文化互动，早在30年代中后期就已星星点点地出现。如1935年，即有人将专注于描写女明星一举一动、一言一笑的新闻称作"桔色新闻"，并解释说"桔色系粉红色与黄色的混合色"②。这里，粉红色有传统色情的意味，黄色则突出了新闻刺激、轰动的现代含义，可见两种颜色的合流趋势已然出现。同年，影星阮玲玉自杀，一时间"阮玲玉香殒记"一类的戏剧多如雨后春笋，阮氏的感情纠葛成为卖点，戏剧揭人隐私、报道内幕的夸张渲染成分昭然若揭，故时人称："倘例诸'黄色新闻'名词，此可谓'黄色新戏'矣。"③ 不过，此处"黄色"的西方语义尚未完全变化。到1939年，有读者给《电影新闻》来信，痛斥上海人"黄"色特别浓："喜欢读战事新闻中间的'敌兵怎么怎么样子的奸淫女同胞'之类的

① 当时国内的"黄色"用法，也有难明其义的。如1934年，一篇名为《闽逆决退守黄色实验区》的报道里，将福建十九路军起义者描述为"黄色分子"，说他们"黄化"农工群众，还自鸣得意地创造出"黄匪"的概念，以区别于赤色，并强调"黄色和红色将混成"，这里的"黄色"含义就不太容易把握。似不像改良意味的"右翼"，倒像取诸基督教里的"背叛"之义。此文载《社会新闻》，1934年第6卷第4期。

② 陈歌辛：《进退漫谈》，载电影新闻编辑部编辑：《电影新闻》，1935年第1卷第4期。

③ 沙：《黄色新戏之广告》，载《北洋画报》，1935-04-27。

'豆腐'，'寻开心'之类文字。此类黄色杂志在上海层出不穷。"① 这里的"黄色"不仅用来形容不良杂志，更推及一个城市的社会风气和文化氛围。

不过，"黄色"语词被大规模借用到社会文化其他领域的现象，还是发生在 40 年代中后期以后。正是在这一社会化扩散过程中，"黄色"的淫秽含义得到逐步的彰显和强化，并最终定型。

1946 年前后，"黄色"一词已经开始被广泛运用到一般社会刊物、音乐、电影、文学等各主要文化领域，"黄色刊物"、"黄色音乐"、"黄色电影"、"黄色文学"等今人耳熟能详的词汇相继出现。这可以说是当时"黄色"一词淫秽色情含义生成、扩散和定型的典型表现。

就"黄色刊物"而言，因为刊物与新闻同质性较强，对它的理解同"黄色新闻"有着很大的相似性，故容易直接转移。1946 年，在一篇题为《论查禁"黄色刊物"》的短论里，"黄色刊物"一词就已出现，不过作者将"内容文字，诲淫诲盗，或捏造谣言，诽谤他人"列为"黄色刊物"的基本特点②，虽未局限于淫秽和色情的范围，但已明确指向了低级趣味，且首揭"诲淫"之义。次年，沈杨在《介绍黄色刊物》一文中，对其内容的界定也是："黄色刊物，终是包罗万象的。有因果报应的故事，有卿卿我我，鸳鸯蝴蝶的章回或不章回的小说，有三角，四角，多角……有这'奇侠'，那'姻缘'这'溯'那'幕'这'盗'那'探'……。"③ 一言以蔽之，黄色刊物"集谣言之大成，尽色情之能事"④。这些解释几乎都可以从人们对"黄色新闻"的理解里找到根源。不过，此时人们在使用"黄色刊物"一词时，已有相当多的用者开始从混杂含义里抽取并强调其"淫秽、色情"之意。如 1946 年，就有人指斥香港"黄色小报"专谈风月、诲淫诲盗、充满色情文字⑤；亦有作者指出统治集团虽未直接制造淫书、开色情公司，但却纵容、利用色情的东西麻醉人民，

---

① 耳食：《陈云裳与上海的黄色》，载电影新闻图画周刊社编辑：《电影新闻》，1939 (1)。

② 参见《论查禁"黄色刊物"》，载《海光》（上海 1945），1946 (30)。

③ 沈杨：《介绍黄色刊物》，载《正风》，1947 (2)。

④ 《文化市场上的黄色风气》，载《新世代》，1949 (1)。

⑤ 参见林友兰：《香港文化壁垒》，载《申报》，1946-05-12。

于是"黄色新闻书刊的来历，人民已经怀疑了"①，这里"黄色新闻书刊"的色情意义被凸出，不仅反映了而且加剧着人们对"黄色"色情含义的摄取和解读。更多的文章虽未明说，但字里行间里也流露出这一语义，如有人说："黄色刊物"像"黄河决口似的在泛滥……软软的轻轻的豆腐干刊物……东一张'肉照'，西一张'肉照'"②，或称"刺激'性机能'的淫欲、强调'色情狂'的黄色读物"③ 等等。一篇名为《再谈黄色刊物》的文章认为，欣赏此类刊物的人，都是些"陶醉于色情里的飘飘然的"、"整天迷迷胡胡、不辨黑白，忽略了自己的生活，只会欣赏'大腿'"之类的阿Q，大声疾呼社会各界应共同摒弃这种"荒淫无耻的东西"，肃清"惨胜以后的新麻醉剂的鸦片烟"④。其"黄色刊物"里的黄色之色情含义，已经十分明显。

"黄色电影"的出现和传播，在表现"黄色"词汇淫秽色情化的主导含义方面，更加直露和鲜明。1948年，有文章批评中国电影界拍摄刺激肉欲的镜头，是"拾好莱坞的黄色之糟糠，将毒素裹在糖衣下，去麻醉一般小市民"，认为"中国人不需要买好莱坞的大腿，听爵士音乐，看神怪故事，武侠打斗法宝机关等无稽的玩意儿，更不要恐怖暗杀与自杀等害人的坏货，肉欲淫荡的毒汁"⑤。同年，电影人夏衍猛烈抨击美国影片为"黄色的、猥亵的、赞颂着人性里面最下流最卑鄙的堕落行为的影片"⑥。1949年，上海出现一篇名为《人民的呼声：打倒黄色电影!!》的报道，直截了当地使用了"黄色电影"一词，认定为："毒害观众的、色情的、无稽的、荒诞的、粗制滥造的"⑦ 影片。

"黄色音乐"的提法也在这个时候出现。以往人们鞭挞低俗音乐时，多用"桃色、靡靡之音、淫乐"等词，现在则找到了"黄色"这一替代品。1945

---

① 李亥：《谈色情文学》，载《新华日报》，1946-10-23。

② 水深：《漫谈黄色刊物》，载《宁波日报》，1946-10-14。

③ 王平陵：《今后的出版事业》，载《申报》，1946-08-02。

④ 桐华：《再谈"黄色刊物"》，载《人民世纪》（天津），1946（4）。

⑤ 《太太万岁》，载《益世周刊》，1948年第30卷第11期。

⑥ 夏衍：《推荐〈丹娘〉》，载香港《华商报》，1948-04-24，转见《夏衍全集》（电影评论·上），211页。

⑦ 《人民的呼声：打倒黄色电影!!》，载《青青电影》，1949年第17卷第16期。

年，音乐批评家杨琦撰文对当时音乐创作色情倾向的"黄色逆流"进行了批判，指出乐坛最流行的《红豆词》在曲调、和声、曲式和歌词上，专门迎合小市民胃口，"假使一个人骤然听来，又跟'郎呀郎呀'及'香格里拉'等黄色歌曲有什么分别呢"。他指摘该歌曲的创作者刘雪庵"连头也不回地走向黄色音乐的道路上去了"①。该文是我们目前所见到的最早使用该词的文献。②1946 年，一篇题为《清除靡靡之音》的文章对当时流行的"靡靡之音、淫靡软媚的乐曲"提出批判，希望中央文化运动委员会不只是停留在召开"清除黄色音乐座谈会"的层面，还要能真正将会议所决定的事项，一一付诸实施。③ 实际上，当时多数使用者，都将"黄色音乐"归为"色情娱乐"④ 的范畴，或谓"谈情说爱的靡靡之音、含义粗俗下流"⑤，或称"淫靡风气"⑥ 等等。正由于"黄色音乐"已经成为靡靡之音的代名词，故当时即有论者专门

---

① 杨琦：《论音乐作品的色情倾向——从刘雪厂的〈红豆词〉说起》，见杨琦：《在音乐战线上》，119～123 页，南京，江南出版社，1951。

② 需要特别说明的是，一种流行的说法认为"黄色歌曲"一词的始作俑者为聂耳，我国老一辈音乐电影人王为一、王云阶老先生在 1959、1980 年先后撰文回忆称聂耳曾使用过"黄色歌曲"一词，后者更是明确指出："'黄色歌曲'则是从三十年代聂耳批判当时那些色情的歌曲开始使用的词。"（参见王为一：《记聂耳的一件事》，原载《羊城晚报》，收入《国魂颂——纪念聂耳散文集》，97 页，昆明，云南民族出版社，2008；王云阶：《从衡量靡靡之音的尺寸谈起》，原载《文汇报》，1980-06-07，收入《怎样鉴别黄色歌曲》，37 页，北京，人民音乐出版社，1982）2007 年搜狐博客上的一篇题为《国歌作者竟是"黄色"之父》的博文也沿袭此说法，更进一步强化了这一论调（参见张锐：《感念黄色时代（二）国歌作者竟是"黄色"之父》，网址为 http://zrde. blog. sohu. com/61192203. html）。但笔者经过多方考证，均不见聂耳的著作里有"黄色歌曲"的用法，相反，在聂耳时代饱受批判的作曲家黎锦晖曾指出 20 至 30 年代之交，"还没有'黄色歌曲'的称谓，归入流行歌曲之内"（黎锦晖：《我和明月社》，载《文化史料》，1982（3）、1983（4）），可见将聂耳视为"黄色歌曲"一词发端者的看法是不准确的。依笔者之见，此误可能系"黄色歌曲"一词在 40 年代中后期特别是新中国成立后大规模流行的背景之下，人们在作回溯性质的研究时，误加诸曾对"靡靡之音"有过激烈批判的聂君身上所致。美国学者安德鲁·琼斯（Andrew F. Jones）的著作《留声中国：摩登音乐文化的形成》（宋伟航译，台北，台湾商务印书馆，2004）对黎锦晖的"黄色音乐"有出色的研究，但也未对这类词汇现代含义的形成作探讨，2009 年 11 月，他曾表示希望笔者把这一研究进行下去。特此致谢。

③ 参见《清除靡靡之音》，载《文化先锋》，1946 年第 6 卷第 5 期。

④ 言：《建设文化的首都》，载《文化先锋》，1947 年第 6 卷第 22 期。

⑤ 卢冠六：《对于"黄色歌曲"民歌及创作民歌旧有歌曲及新创作的歌曲等之意见》，载《活教育》，1949 年第 5 卷第 5—6 期。

⑥ 《文运会取缔黄色歌曲》，载《上海教育周刊》，1947 年第 1 卷第 4 期。

对此提出辩论，认为"黄色音乐"的坏处，还不仅限于歌词的淫荡，更在于其"情感不真实"①，缺乏曲调与和声之美。值得一提的是，早年因大量创作、演唱流行歌曲的黎锦晖、黎明晖父女此时分别被冠以"黄色音乐的始祖"和"黄色歌手"的头衔。②

"黄色文学"一词，此时也成为批判术语。对于诲淫诲盗的色情文学，各种批判早已有之，但冠以"黄色"称谓，此前尚未经见，至少还很少见，此时却被广为使用。1947 年，管军的《论才子佳人小说与黄色文学》一文，将"黄色文学"界定为反映"污秽亵荡的欲念；三角四角恋爱，色情性欲"③ 一类的作品。1948 年，绍祖在其《论"黄色"文学》一文中，则强调："黄色文学是与这靡废时代结着血肉因缘的……诱惑坠落，赋予人生一种淫乐之感，要求坠落企图压迫正义退出现实而自毙。逃避正面的人生，脱离现实，封锁人类于狭小的情欲的圈子里。忘却世界，不敢正视自己，粉红而麻木，淫逸而自卑。"作者在分析了其时代背景后，进一步说道："黄色文学以一种肉麻的滥调加上爱情的应时灵感；套上奇异的故事，再加上民主文艺的外表，既民主而又钟情，既悲欢而又合离，便完成了'黄色文学'的奇迹。"④ 同年，绍祖还用到"黄色文艺"一词，特别说明："'黄色'文艺，并不是说那伟大爱情的描写，而是专指它除了渲染一些色香艳丽的情欲词藻以外，根本没有内容，反映与人都是有害的。"作者认为一般的文艺作品为反映现实生活而有男女生活的描写，无可厚非，但需以"决不淫污超俗而不下流"为前提，若是"故意铺张生活的一面，把乳峰的颤动加以肉麻和神化，使之浸透于色情狂欢里"⑤，则流为"黄色"作品。"黄色文艺"的淫秽含义在这里得以完全确立。同时，和"黄色音乐"传播类似，那些大写特写下流低俗的文章者，此

---

① 钱仁康：《从黄色音乐到民歌》，载《音乐评论》，1948（23）。
② 参见骆英：《电影·广播与黄色音乐》，载《综艺：美术戏剧电影音乐半月刊》，1948 年第 1 卷第 7 期；《黄色歌手黎明晖如今厌恶毛毛雨》，载《自由新闻》，1948（5）。
③ 管军：《论才子佳人小说与黄色文学》，载《大地周报》，1947（93）。
④ 绍祖：《论"黄色"文学》，载《人民世纪》（南京），1948 年第 1 卷第 1 期。
⑤ 绍祖：《漫评"黄色"文艺》，载《人民世纪》（南京），1948 年第 1 卷第 2 期。

时也获得了"黄色作家"的称号。①

这一时期，其他文化领域也不可避免地以"黄色"批判负面对象。如随意捏造、夸张渲染的广告被称为"黄色广告"②；含有色情、淫秽内容的打油诗被称为"黄色打油诗"③；报道花边新闻的专栏被命名为"黄色舞台"④；色情、消极、麻醉人生的靡靡之音泛滥被斥为"黄色艺术"抬头⑤；等等。"黄色"虽不尽然都是色情之义，但起码可归为低级趣味。

1946 年前后，人们还对社会上出现的各种低俗文化现象，概括出"黄色文化"一词，以涵括一种整体的颓废的文化氛围和社会风气。同时，"黄色文化"自身也成为专门的研究对象，与"黄色新闻"、"黄色音乐"等语词组成一个概念群。了解"黄色文化"概念内涵的变化，对于认知当时"黄色"词义的变异有特别的意义，它对负面特别是色情含义的"黄色"词义的扩散，可能发挥过整合功能。

据笔者所知，1946 年时，已经有人发表《略谈黄色文化》一文，开始专门讨论所谓"黄色文化"。作者认为，黄色文化的基本特征是"注重趣味，富于刺激性，冷嘲热讽，大捧小骂，攻奸揭私，暴露黑暗，一种别出心裁新鲜别致的风味，深深地抓住了读者的心理"。这里的"黄色"似乎还未脱西方"黄色新闻"的原义。但作者同时指出，出版社和创作者"为了出奇制胜，争取生意眼，不得不搬出一大套噱头来，有的刊些女人大腿的照片，汉奸藏女人，要员爱娇妾的艳闻，拼命趋向低级色情的调儿。有的竭尽造谣中伤之能事……一窝风的转向浅薄、胡闹，卑耻猥亵的，没落的作风"⑥。"黄色文化"的"淫秽"内涵得到极度凸显。一年之后，著名的《时与文》杂志发表《广州的黄色

---

① 参见杜鲁：《黄色女作家走上白衣路线：苏青化名做看护》，载《上海滩》（上海 1946），1946（13）；林焕平：《扬弃·改造·提高：略论夺取黄色堡垒》，载《今文艺丛刊》，1948（1）。

② 李果：《论黄色广告》，载《报学杂志》，1948 年第 1 卷第 7 期。

③ 《黄色打油诗，惹恼众学生》，载《东南风》，1947（36）。

④ 《黄色舞台》，载《建国漫画旬刊》，1947（4）。

⑤ 参见也梅：《广播流行歌曲应走的方向》，载《综艺：美术戏剧电影音乐半月刊》，1948 年第 1 卷第 5 期。

⑥ 萧挺：《略谈黄色文化》，载《新生中国》，1946 年第 1 卷第 7 期。

文化与倒退教育》① 一文，其中使用的"黄色文化"概念已然呈现一种整体转向色情淫秽之义的鲜明特征。该文从多角度审视当下的广州文化，强调报纸没有一家不走"黄色"路线，多为肉麻读物；海淫书刊泛滥全市，多是下流淫书；流行电影也是美国的"大腿电影"，充满打、情、舞、轻佻的内容；等等。

这一时期，"黄色"还独立成词，开始表达色情含义。如"黄色高潮"②、"黄色气氛"③、"黄色污流"④ 一类提法，在社会上就已纷纷出现。今天尽人皆知的"扫黄"一词，也已问世。1946 年，有人提出，对于社会上泛滥的色情、堕落、荒淫的黄色污流，"必须作尽情的'扫荡'!"⑤ 1948 年，李兆珑在《论黄色文化》一文中，两次直接使用了"扫黄"一词，并提出"扫黄"的两个要点，希望"文化界扫黄的目标应当扩大"⑥。这是笔者目前所能见到的最早的"扫黄"提法。到 1949 年时，更出现了明确以"扫荡黄色文化"为标题的文章。⑦

可以基本判定，在 40 年代中后期，"黄色"的色情含义已经基本定型，尽管并非百分之百纯粹，但即便在不纯粹的使用语境中，"淫秽、下流"的义项也多居于核心地位。

新中国成立后，"黄色"一词继续广为使用，除色情和粗俗无聊的含义外，其他如夸张、渲染、捏造等意思，逐渐淡化乃至退出，色情之义开始更加突出、强化。1950 年，杂文家聂绀弩发表《论黄色文化》一文，将黄色文化界定为："色情文学，大腿影片，软性音乐和跳舞，猥亵的照片和画片，玩弄女性的新闻和言论等等，谓之黄色文化……它的基本内容是动物性的歌颂，官能的歌颂，肉体的歌颂……它是一种意识形态，游惰者，没落者，吸血者，一切没有灵魂只有肉体的人们的意识形态。"⑧ 1950 年出版的《新知识辞典续编》这样定义"黄色报刊"："指专门刊载色情文章和无聊

---

① 《广州的黄色文化与倒退教育》，载《时与文》，1947（12）。
② 《新夜报黄色"可爱"：潘公展年老风流，黄色高潮方兴未艾》，载《大光明》，1946（13）。
③ 廷笙：《黄色气氛笼罩大后方》，载《上海滩》（上海 1946），1947 年革新第 3 期。
④⑤ 楼棲：《泛滥的黄色污流》，载《民潮》（香港），1946（2）。
⑥ 李兆珑：《论黄色文化》，载《再生周刊》，1948（225）。
⑦ 参见方远：《扫荡黄色文化》，载《文艺生活》（桂林，海外版），1949（18—19）。
⑧ 《聂绀弩杂文集》，560 页，北京，三联书店，1981。

的低级趣味的小报和期刊。结果是传播毒素，腐烂青年的思想。"① 而 1951 年杨荫深编辑的《新辞典》对"黄色"的解释是："荒淫而无聊的，（黄色刊物）"、"反动的，（黄色工会）"②，原先的多重含义被抽离出去，色情之意进一步强化。1952 年出版的《新订新名词辞典》将"黄色"解释为："西洋习惯，黄色象征卑鄙污浊，故带低级趣味的淫秽书刊，就叫黄色书刊。"同时，该辞典对"黄色音乐"的解释则是："黄色是色情的代表，黄色音乐就是一般专以迎合小市民的低级趣味的淫靡恶劣的音乐。反动统治者曾用这种满是毒素的音乐——软绵绵的情调来麻醉并腐蚀人民，使人忘记被压迫和被剥削的苦痛，因而也丧失了人的斗争意识，所以说黄色音乐纯粹是为反动统治服务的。"③

　　"黄色"一词的淫秽和色情用法并不局限于大陆，台湾和香港等地亦然。1968 年台湾出版的权威工具书《中文大辞典》，把"黄色"定义为"今谓低级趣味涉及男女猥亵也"④。1976 年台湾出版的《辞汇》也标示："黄色小说"即内容多涉及淫秽风化的小说；"黄色新闻"即内容淫荡有伤风化的新闻记载。⑤ 而 1972 年林语堂主编的《当代汉英词典》在解释"黄"字时，则特别指出其"catering to sex interest"（迎合性的兴趣）之意，并说明此意"borrowed from 'yellow journalism', now used more widely"（借用于"黄色新闻"，如今被更加广泛地运用），故"黄色新闻"在"yellow journalism"之外，还可英译为"sex stories in papers"，"黄色小说"则对应"sexy novels"⑥。到 1987 年，香港出版的《最新林语堂汉英辞典》又将"黄色新闻"固化为今日通行的"pornographic report"⑦ 之译法。如此典型的"文化旅行"变异故事，在中西文化关系

　　① 赵景深等编校：《新知识辞典续编》，372 页，上海，北新书局，1950。
　　② 杨荫深：《新辞典》，599 页，上海，广益书局，1951。
　　③ 春明出版社编审部新名词辞典组编辑：《新订新名词辞典》，5119、8028 页，上海，春明出版社，1952。
　　④ 中文大辞典编纂委员会编纂：《中文大辞典》，第 38 册，430 页，台北，"中国文化学院"出版部，1968。
　　⑤ 参见陆师成主编：《辞汇》，1506 页，台北，文化图书公司，1976。
　　⑥ 林语堂编著：《当代汉英词典》，244 页，香港，香港中文大学词典部，1972。
　　⑦ 黎明等编撰：《最新林语堂汉英辞典》，181 页，香港，大盛出版有限公司，1987。

史上，恐怕也具有某种独特性。

何以至此？"黄色"词义双重变异的成因分析

在近代中国，"黄色"词义的变异有着双重内涵，一是国人对西方输入的新知概念"黄色新闻"产生误解和曲解；二是中国原本象征高贵尊崇的传统含义之黄色出现占据优势的、大众化的矛盾义项——色情、淫秽、低俗，形成同一词义结构内部的雅俗对立。笔者将这一词汇现象，称为"畸变"。在前文，我们曾揭示出西方"黄色新闻"的原义在中国不断缩小词义的范围，其内蕴的淫秽色情部分在其义项结构中被逐渐前置、变成核心，乃至独占义项的过程。但如果仅仅将视线局限于这一过程本身，很可能会夸大其自身转变的内在自然性成分，而不免轻忽其所包含的深刻畸变性。事实上，要想真正了解这一问题的实质，必须正视和强调一个事实，那就是前文所提到的，尽管在抗战胜利以前，"黄色新闻"概念在中国的传播过程中，其淫秽内涵也有被人摄取和强调之处，但这一概念的原义还是大体上得到较了为准确的传达，而且这种传达显然还占据着主导地位。实际上，"黄色"含义真正发生淫秽化变异，是在 1946 年前后，也即抗战胜利之初。这一点，无疑与当时的社会环境和时代背景存在着紧密的关联。

首先，抗战刚刚结束，人们从长期战乱的紧张压抑和动荡的生活中舒缓过来，逐渐萌生了争相享乐的念头，正如时人针对低级趣味的色情歌曲再度流行所指出的："以为抗战胜利，可以歌舞升平了，可以'复原'到以前的糜烂生活了。"① 而这一情况在上海、广州等城市社会表现尤甚。此等城市日渐弥漫起淫秽色情泛滥、享乐至上等种种社会风气，这实为来自西方而又涵括淫秽低俗义项的时髦之"黄色"命名，以及这一概念的淫秽色情化转换本身，创造了适时的社会条件。1948 年，《论黄色文化》一文就明确地指出，"黄色

---

① 袁钘：《从黎派音乐说到时代曲》，载《新音乐月刊》，1946（4）。

文化最茂盛的是刚刚胜利的时候，因为发抗战财、胜利财、甚至接收财者等等的集中都市，而形成的畸形的繁荣。"① 1949 年，《黄色文化的末路》一文也强调，像上海那样的大城市之所以"黄色文化"根深蒂固，就是因为当时"其有闲阶级多，物质引诱强、吃吃玩玩的个人主义很厉害、追求无限止的享乐"等风气盛行，抗战胜利后"黄色"毒氛依旧。② 还有人注意到并揭示了当时造成黄色文化流行的更多社会因素。1946 年，《"黄色"的命运》一文就分析说："社会的腐败，有闲人士生活上的荒淫，正当的文化出版界的冷落……社会动荡不安，物价的高压，生产的废弛，财富的集中，知识分子与公教人员生活上备受的压迫，莫不是使文化衰落，黄色乘机崛起的主要因素。"③ 此外，还有人提到国民党文化专制政策所产生的影响，认为它使读者们"看惯了'胜利八股'，读厌了'建国公式'"，很快因为苦闷而转向黄色文化。④ 总之，在抗战胜利之初的中国各大城市，淫秽色情文化一度泛滥成灾，引发强烈批评。

对于这一恶俗文化泛滥的现象，自然需要有一个形象的、具有一定整体概括力度的时髦词语去反映和批评，而恰好来自西方的"黄色新闻"一词此时已经得到一定传播，于是便被一知半解的人们糊里糊涂地抓来使用。当然，这也与传统中文里通常被用来表达类似含义的色彩词汇如桃色、粉色等过于局限在"男女暧昧关系"的狭小空间，难以反映和概括内容更为丰富复杂的低级、淫秽内涵，有着一定关系。于是在角逐中，变异的"黄色"一词也就阴错阳差地流行开来。在这一进程中，不少主动使用者最初是一知半解，而更多的人一开始时则是将信将疑、随流从众。如 1948 年，美学大师朱光潜对"黄色"一词的最初使用，就属于后一种情况。在《刊物消毒》一文中，朱光潜提及"印着电影名星乃至于妓女照片的红红绿绿的小型刊物"时，就曾疑惑地写道："我说'红红绿绿的'，本是事实，不过据说它们的通行的台衔是

---

① 李兆珉：《论黄色文化》。
② 参见余雷：《黄色文化的末路》，载《文艺报》，1949（7）。
③ 《"黄色"的命运》，载《宇宙线》，1946（2）。
④ 参见萧挺：《略谈黄色文化》，载《新生中国》，1946 年第 1 卷第 7 期。

'黄色刊物',为什么是'黄色',恕我无知。反正这些就是现在中国一般识字的民众所读的书。"可见当时黄色一词的色情化使用,连朱光潜这样的文化人一开始也没有弄得十分明白,他一方面表示了存疑,但同时在后文中,他却也随众地照搬照用,将刊载"桃色新闻、贪官污吏的劣迹,社会里层的奸盗邪淫的黑幕,以及把这一切乌烟瘴气杂会在一起的章回小说"的刊物,照例称为"黄色刊物"①。此种情形,在当时应当说具有一定代表性。同时,黄色一词的色情化使用,正如其他流行词语一样,往往有核心而难有边界。朱光潜照例将一些刊载与色情、贪污劣迹混杂事项等有关的刊物称为"黄色刊物"②,恰好也表明了词语的能指和所指之间那种既关联又紧张的互动关系。

其次,变异的"黄色"概念生成和流行开来,与抗战胜利后迅速形成的国共对峙、特别是国民党的腐败和遭受各方抨击的舆论环境有直接关系。抗战一结束,百废待兴的中国很快被拖入了内战泥潭,与之俱来的是社会人士和左翼知识人对国民党的抨击,"黄色工会"概念的"腐败、妥协、麻醉、堕落"含义,黄色文化的麻醉剂和反动堕落的含义,成为抨击国民党、帝国主义、资本主义、封建主义的有力武器。当时有人就认为,"色情文化是荒淫社会生活的反映,是资本主义社会里的产物;更早以前,在封建君主的宫廷里,糜烂的宫廷生活,就是淫书淫画的制造场……回到收复区来的国民党政府当局竟容许敌伪文化政策的继续执行,甚而怂恿它的继续执行,而对于宣传民主的书报,则封锁压迫,唯恐不力"③。1946 年,学者吴晗指责国民党的文化专制政策封杀民主刊物,却使"色情的黄色刊物摆满了每个报摊"④。1947 年,林默涵也指出,反动派利用黄色小报等色情的东西来腐蚀人心的同时,也反映了他们自己的腐烂和堕落。⑤ 当时还有人侧重于"黄

---

① ② 朱光潜:《朱光潜全集》,第 9 卷,321 页,合肥,安徽教育出版社,1993。

③ 楼棲:《泛滥的黄色污流》,载《民潮》(香港),1946(2)。

④ 吴晗:《论文化杀戮》,载上海《民主周刊》,第 44 期,1946-08-11,转见《吴晗文集》,第 3 卷,308 页,北京,北京出版社,1988。

⑤ 参见默涵:《垂死的"流氓文化"》,载《新华日报》,1947-01-18。

色"的麻醉意味，以反讽的手法揭露国民党的纵"黄"策略，指出"黄色"能麻醉人，使人由硬变软，使人们安定下来，达到所谓的"国泰民安"。① 在这里，由"黄色新闻"和"黄色工会"所引发的语义流变，显然已经得以重合。

另外，八年抗战，中国人抗拒的是来自所谓"同文同种"的日本的残暴侵略，这是一次黄种人内部的冲突。而帮助我们的却多是白人国家。于是白黄种族之间的紧张感舒缓下来，"黄色"作为族类象征、东亚内部力量整合的意义严重弱化，这可能成为"黄色"原有的民族尊崇和文化象征含义被轻视、而低俗淫秽意涵得以附体并在大众流通层面迅速占据某种表义优势的一个微妙而深层的原因。1946 年，一篇题为《黄色的话》的文章，对当时人们把为求醒目、套印着红色的报眉及标题的刊物视为"黄色刊物"大为不满，指出："黄色，毕竟是一种温和的色彩，且古今来一致公认它是一种正色，所以人们都欢迎它，乐于亲近它……你祖宗的皮肤颜色，便是黄色的。难道你能反对么？"② 这类发自民族自我内心深处的抗议之声，在当时却显得相当的微弱，这绝非偶然。

"黄色"一词含义的畸变，与近代特别是五四后中国人民族自尊感尤其是文化自尊心、自信心的严重失落亦不无关联。1946 年，《黄色的恐怖》一文的编者按就写道："黄色究竟作何解释，却为《辞源》所不载。记得病名有'黄疸'……所以上海某报副刊说黄色是病态的象征。黄色刊物就是'病态刊物'，中国乃'病夫之国'，所有低级出版品为'黄色刊物。'③ 这其中所透露的，毋宁说正是一种自暴自弃、自我作践的民族悲观心理和变态情绪。对西方的"黄色新闻"等一类文化概念中的"黄色"内涵一知半解，便视为时髦，敢于且乐于囫囵吞枣地加以使用，而对传统的民族肤色之象征义、对于那种代表高贵和尊崇的"尚黄"文化传统却如此漫不经心，竟任外来变异的淫秽色情义与之矛盾并存，以至"黄色"形成一种畸形复合的词义结构而不以为

---

① 参见如斯：《论"黄色"之可爱》，载《人民世纪》（南京），1949 (2)。
② 《黄色的话》，载《海燕》，1946 (6)。
③ 《黄色的恐怖》，载《益世周刊》，1946 年第 27 卷第 23 期。

意，这在那个半殖民地时代的中国，尤其是在那个内战不已，政府无暇顾及真正的文化建设，而语言学家又难以尽责的特定时期，实在也并不奇怪。奇怪的倒是，今天许多学者对此畸形存在早已习以为常、认为它们之间原本就并行不悖，这或许更该加以反思。

图书在版编目（CIP）数据

文化史的追寻——以近世中国为视域/黄兴涛著. —北京：中国人民大学出版社，2011.5
（人文大讲堂）
ISBN 978-7-300-13647-9

Ⅰ.①文… Ⅱ.①黄… Ⅲ.①文化史-研究-中国-近代 Ⅳ.①K250.3

中国版本图书馆 CIP 数据核字（2011）第 076676 号

人文大讲堂
文化史的追寻
——以近世中国为视域

黄兴涛　著

Wenhuashi de Zhuixun

出版发行	中国人民大学出版社			
社　　址	北京中关村大街 31 号		**邮政编码**	100080
电　　话	010 - 62511242（总编室）		010 - 62511398（质管部）	
	010 - 82501766（邮购部）		010 - 62514148（门市部）	
	010 - 62515195（发行公司）		010 - 62515275（盗版举报）	
网　　址	http://www.crup.com.cn			
	http://www.ttrnet.com（人大教研网）			
经　　销	新华书店			
印　　刷	北京华正印刷有限公司			
规　　格	170 mm×210 mm　16 开本		**版　　次**	2011 年 5 月第 1 版
印　　张	14.25 插页 3		**印　　次**	2011 年 5 月第 1 次印刷
字　　数	205 000		**定　　价**	35.00 元